____________________ 님께

성공과 행복을 기원합니다.

201　　년　　월　　일

드림

자기경영의 성찰 365

성공멘토

SUCCESS MENTOR

자기경영의 성찰 365

성공멘토

SUCCESS MENTOR

강 종 태

소프트전략경영연구원

성공멘토:
자기경영의 성찰 365

저자 / 강종태(姜宗泰)
발행처 / 소프트전략경영연구원
발행인 / 박동준
편집인 / 박소현
디자인 / 김현진
초판발행일 / 2011년 12월 1일
등록일 / 1993년 2월 10일
등록번호 / 제22-146호

주소 / 서울 마포구 성산동 133-3 한올빌딩 6층 한결미디어 출판COMPLEX
전화 / 02-704-6691, 02-704-3360
www.aiasm.com

ISBN 978-89-7736-133-1 03040

멘토 [Mentor]

현명하고 신뢰할 수 있는
상담 상대, 지도자, 스승, 선생의 의미로 쓰이는 말.

머리말

사람들은 모두 인생에서 성공하고 행복하게 살기를 바란다. 그러려면 먼저 자신에게 무엇이 성공이며 행복인지를 정해야 한다. 그리고 어떤 요건들을 구비하고, 어떻게 노력해야 되는지를 충분히 알아야 한다.

그동안 삼성그룹에 입사하여 사원에서 경영자에 이르기까지 수많은 도전과 제들과 씨름하였다. 여러 상사와 동료, 그리고 부하들과 함께 생활해오면서 어떻게 해야 자신의 인생에서 성공을 창조할 것인지에 대하여 진지하게 고민하고 지도해왔다.

33년간의 직장생활 과정을 돌이켜 보면, 제각기 현실을 통하여 여러 가지로 많이 알고는 있지만 일과 직업, 그리고 인생을 살아가는 일상에 대하여 핵심과 본질을 제대로 알지 못하고 행동하는 직원들도 많았으며, 열심히 노력하고는 있지만 그 추진 방법 등이 미흡하여 시행착오도 많이 하는 것을 볼 수 있었다.

그럴 때마다 '성공하는 인생과 행복한 삶을 위한 요소들을 올바로 인식하고 원리들을 미리 터득하여 추진하였더라면…' 하는 내용들을 요약 정리하여 후진들에게 전달하면 좋은 참고가 될 것이라는 주변의 요청에 부응하여 날마다 스스로 성공으로 이끄는 성공 멘토의 기본을 정리하여 책으로 출간하게 되었다.

스스로 자신을 성공으로 이끄는 성공 멘토의 내용 구성은 하루에 한 주제씩 선정하여 그 내용을 이해하고, 성찰하고 깨달으며, 실행하고 정리하는 방식으로 자기화할 수 있도록 하였다. 자기 성공 멘토의 핵심 키워드는 성공과 행복이며 '경쟁력'과 '차별화' 그리고 '공감성' 이다.

즉, '성공 멘토의 테마 365개와 더불어 스스로 깨닫는 +α'를 매일 하나씩 음미하고 성찰하여, 경쟁력을 갖추고 차별화 할 수 있는 특성과 능력을 갖추도록 노력하면서, '아하~!'하고 공감하여 일상에서 실천한다면 자기의 실력이 강화되어 성공을 실현해 갈 수 있다.

성공 멘토에서 제시하는 활용 포인트를 참고하여 매일 그리고 지속적으로 성찰하고 실천한다면, 누구나 반드시 소망하는 것들이 이루어진다.

2011년 11월
소프트전략경영연구원

회장 **강 종 태** 드림

감사의 글

이 책을 집필하는 동안 여러분들에게 도움을 받았습니다.

우선 그동안 필자와 인생의 대부분을 함께 동고동락해왔던 삼성의 선배님, 동료들과 후배들에게 또한 심심한 감사의 뜻을 전합니다.

또한 이 책의 후반에서 소개하고 있는 주요 성공멘토의 테마에 대한 기저작물 내용의 인용에 대하여 흔쾌히 허락해주시고 도움을 주신 공병호 경영연구소의 공병호 박사님, 한국 카네기 연구소의 최염순 대표이사님, 한국투자밸류자산운용(주) 이채원 부사장님, RE 멤버스의 고종환 사장님, HR 파트너스의 박광엽 대표컨설턴트님, 김영사 편집자 김윤경님, 지식노마드 PM 정범모 편집자님, 청림출판의 김순미 편

집부장님, 아침나라 편집부장님의 협조와 조언에 진심으로 감사의 뜻을 표합니다.

이 책은 아내 박 혜순의 도움으로 경제적인 걱정 없이 5년간 후진들의 성공을 위한 집필에 몰두할 수 있도록 한 덕분에 탄생할 수 있었습니다. 감사의 마음을 지면으로 대신하고자 합니다.

활용 포인트

1. 자기 경영의 성찰이란?

· 반성과 관찰로 자기마음을 돌이켜 살피는 자기성찰自己省察이다.

· 깊게 생각하여 본질(핵심)과 원리를 깨달아 지혜를 얻는다.

· 자신의 생각과 마음을 가다듬어 바꾸거나 수정하게 하는 것이다.

2. 자기 경영의 성찰을 잘하면,

성공과 행복의 지혜와 노하우를 갖게 되어, 한 차원 높은 개안開眼의 경지로 성공적인 인생과 행복한 삶을 누리게 된다.

3. 자기 경영의 성찰 방법은?

① 자리에 앉아 복식호흡을 몇 분간하여 심신을 안정시킨다.

② 하루의 자기 경영의 성공멘토의 내용을 읽은 뒤에 내용을 음미하면서 본질을 깨닫는다.

③ 성공 멘토의 핵심이나 질문사항을 종이에 적어, 하루 중에 2~3번 생각을 다시 해본다.

④ 성찰내용과 방법을 자기생활에 적용해 보거나 참고를 한다.

⑤ 성찰질문에 답을 기입하거나, 별도로 성의 있게 작성하고 그것을 붙여서, 자기것으로 만들어야 효과를 볼 수가 있다.

4. 월별 성공멘토의 내용과 구성

1월: 성공과 행복의 총론으로, 무엇이 성공이고 행복인지를 분명히 안다.

2월: 생애설계와 취업으로 실무능력을 배우며, 20대에 할 일을 인식한다.

3월: 30대 과장으로 사명선언문에 따라 전문능력 등을 함양한다.

4월: 부장급으로 리더십과 관리능력으로 실력을 발휘하며, 가정과 자산관리도 충실히 한다.

5월: 임원으로 승진요건과 경영관리 능력을 갖추어 좋은 평가를 받는다.

6월: 최고경영자(CEO)가 되기 위하여 노력하고, 최고의 지위에서 뛰어난 경영능력으로 경영성과와 인간적인 면에서 성공을 실현한다.

7월: 인생 2막 미션을 설정하며 이직, 전업, 퇴직, 재취업에 잘 대응한다.

8월: 진정한 웰빙으로 여가활동과 공동체를 위하면서 창업에 도전한다.

9월: 미래를 위한 설계와 인생 3막의 생활태도를 점검한다.

10월: 성공하는 인생의 역할 모델이 되는 훌륭한 30인의 인생에서, 삶의 지혜와 용기 그리고 업적을 배운다.

11월: 성공과 행복의 길라잡이 도서 15권으로 자신과 인생을 성찰한다.

12월: 인생에서 꼭 해야 할 일을 하며, 행복하고 성공적인 인생으로 마무리를 하도록 한다.

한 해를 사는 것은 한 평생을 사는 것과 비슷하다. 한 해의 계획수립과 일생의 사명을 정하고 성찰하여 실행하면 자신의 인생은 반드시 성공적인 인생이 된다.

목차

성공과 행복은 환경에 달린 것이 아니라, 자기 자신에게 달려있다.
성찰(省察)의 깊이가 자기 인생을 결정한다.

존 러벅

1월의 자기성찰

새로운 길

윤 동 주

내를 건너서 숲으로
고개를 넘어서 마을로

어제도 가고 오늘도 갈
나의 길 새로운 길

민들레가 피고 까치가 날고
아가씨가 지나고 바람이 일고

나의 길은 언제나 새로운 길
오늘도… 내일도…

내를 건너서 숲으로
고개를 넘어서 마을로

1月
성찰

1일: 신년 목표
2일: 실행 계획
3일: 실행력
4일: 성공이란?
5일: 성공요소
6일: 성공의 단계
7일: 행복이란?
8일: 행복요소
9일: 욕구 5 단계
10일: 꿈과 꿈 다음의 꿈
11일: 자신을 바로알기
12일: 진로 탐색
13일: 목표 설정
14일: 목표성취의 노하우
15일: 성공인의 특징
16일: 경쟁력
17일: 차별화
18일: 글로벌 인재조건
19일: π 형 인재
20일: 영어 마스터
21일: 컴퓨터 실력
22일: 프로가 되는 원칙
23일: 적극적인 정신자세
24일: 인생관과 인생철학
25일: 평생 친구 그룹화
26일: 대인 관계의 기본
27일: 커뮤니케이션의 핵심
28일: 콤플렉스 극복
• 성공 멘토링 Tip : '꿈을 실현하는 방법'
29일: 행복 만들기
30일: 부자의 경제학
31일: 건강 장수의 비결

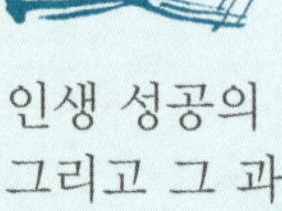

인생 성공의 비결은 매 순간 자신이 완수해야 할 과업을 가지고 사는 것이다. 그리고 그 과업은 전 생애를 다 바칠 수 있고, 모든 것을 다 걸 수 있는 것이여야 한다.

헨리 무어

1월 1일

성공이란?

새해엔 늘 새로운 꿈과 결심을 하고, 계획을 세우고 성취의 희망에 부푼다. 스스로 자신의 인생의 성공과 행복을 창조하는 계획방법에는 목표설계 방법과 생애설계 방법의 2가지가 있다. 자신이 추진하기 좋은 계획방법 중에서 하나를 선택하여 끈기 있게 추진하라. 자신의 현실을 더욱 보람 있는 한 해로 만들 수 있으며 후회 없는 삶을 창조하고, 삶의 질의 향상을 얻을 수 있다.

1. 목표설계 방법 : 새해에 달성하고 싶거나, 바꾸고 싶은 일들을 우선순위별로 몇 가지를 정하여 추진하는 방법이다.

2. 생애설계 방법 : 장기 인생계획의 달성항목 중에서, 올해 해당되는 사항을 계획하여 추진하는 방법이다. (2 월 2 일 참조)

목표설계방법(예)

(　　)년 목표

1. ○○ 취업하기(　월)
2. ○○ 자격증 취득
3. ○○ 중급 배우기
4. 선정도서 ○○권 읽기

기타

- 헬스운동 ⇒ ○○kg 감량
- 금연하기
- ○○ 승진하기
- 결혼(이사, 출산) : (　　월)
- ○○ 테마여행

생애설계방법(예)

(　　)년 추진계획

1. 사회적 일
   - ○○ 승진하기 (　　월)
   - ○○ 회 봉사활동
2. 자기계발
   - 제2외국어 배우기 (　　월 등록)
   - ○○ 도 운동 입문
3. 교양과 취미
   - ○○ 권 책 읽기
   - ○○ 동호회 활동
4. 자산 증대
   - 연금, 보장보험 가입
   - 마이홈 취득 (　　)평형
5. 가정 행복
   - ○째 자녀 ○○ 입학 지원
   - 월 1회 문화생활 하기

◈ 새해의 최우선 목표는 무엇입니까?

[　　　　]

1월 2일 실행 계획(Action Plan)

새해의 목표와 계획의 실천은 생애 최고의 해로 만들겠다는 의지와 각오만으로는 부족하다.

⊙ 구체적인 추진계획과 일정을 정하는 '실행계획 일정표' 를 작성한다.

⊙ 실행계획은 연간 계획에 따른 분기별 추진 일정 또는 월별 일정으로 정하고 일일계획 내용을 비고란에 기록할 수도 있다.

⊙ 실행계획 일정표를 복사하여 수첩과 서재 앞에 부착하여 시각화하고, 자주 상기하여 보면서, 실행 사항을 기록하고 점검하면서 추진해 간다.

[예] 행계획 일정표

구 분	추진사항	일 정				비 고
		1/4	2/4	3/4	4/4	
1. 사회적 일	· 목표초과달성	←→	←→	←→	←→	·150%
	· 영업력 강화교육	↔				·(　)월 승진
	· OO 봉사하기	↔	↔	↔	↔	
2. 자기 계발	· 영어중급 수강		←→	←→		· OO 어학원
	· OO 자격증 취득			↔ 응시		· 주 5 일 목표
	· 체력단련 (헬스)	←→	←→	←→	←→	
3. 교양 / 취미	· · ·					
4. 자산증대	· · ·					
5. 가정행복	· · ·					

◈ 금년도 실행계획을 [예]를 참고하여 완성하여 보세요!

1월 3일 실행력

실행 계획의 성패는 오직 '실행하느냐? 실행하지 않느냐?'의 차이이다. 기존 습관에 안주하여 편안하게 그냥 살아간다면 희망찬 미래는 없다.

나폴레옹이 영웅 대접을 받는 진정한 이유는 '알프스를 넘어서 공격한다'는 작전 계획을 실행에 옮겨서 승리한 때문이다.

⊙ 실행에 있어서는 꼭 실천한다는 의지력과 How to의 방법을 찾는 자세가 필요하다.

⊙ 실행하다 보면 작심삼일(作心三日)로 중단하고픈 마음이 생긴다. 이때는 다시 작심하고 무조건 실천해 보는 것이 중요하다.

⊙ 실행력은 매일/매월 점검으로 계획을 체크하고 보완하면서 끈기 있게 추진함으로 더욱 빛난다.

⊙ 실행 계획의 일부를 가족에게 공개하여, 나쁜 습관(핑계, 변명, 합리화)을 극복한다.

※ '성공의 차이는 실행력의 차이다.'

참고 『실행에 집중하라』, 래리 보디 공저, 김광수 역.

◈ 작심삼일이 반복되는 경우에는 어떻게 하십니까?

[ ]

1월 4일 성공이란?

인생에서 성공의 정의는 '자신이 목표하고 소망하는 바를 성취하는 것' 이다. 즉, 삶에서 자신이 좋아하는 일에 헌신하고, 가족이 화목하며 경제적인 여유를 갖고, 주변 사람들에게 재능과 부를 나누어, 좋은 평가를 받는 것이 성공이다.

또한 성공은 자신의 가치관에 따라 무엇을 성취할 것인가에 대하여 최우선 가치를 두느냐에 달려 있다.(지위, 부, 발명, 작품창작 등)

성공은 바로 자신의 인생에 대한 열정에 의하여 결정되기 때문이다.

※ 진정한 성공의 기준은?
- 자기분야에서 최고(고수, 1인자)가 되어
- 사회성장과 기술발전 등에 큰 공헌(기여)을 하는 것.
- 이를 통하여 사회적으로 존경을 받는 것이다.

자신이 인생에서 열정과 의지로 성취해 놓은 것에 대해, 만족감을 느껴는 사람이야 말로 진정으로 성공한 사람이다.

◈ 자신이 생각하는 '성공'은 어떤 것입니까?

[ ]

1월 5일 성공 요소

성공하는 데는 많은 요소와 원칙 및 비결들이 있다.

성공하신 분들의 성공담을 요약하면 '전문능력과 적극적인 추진력, 열정과 노력, 긍정적인 자세, 리더십, 책임감, 기회포착과 융통성, 인간관계 등을 잘해야 한다'는 것이다. 성공비결의 실천이 인생의 성공에 가장 중요한 요소라는 점을 알 수 있다.

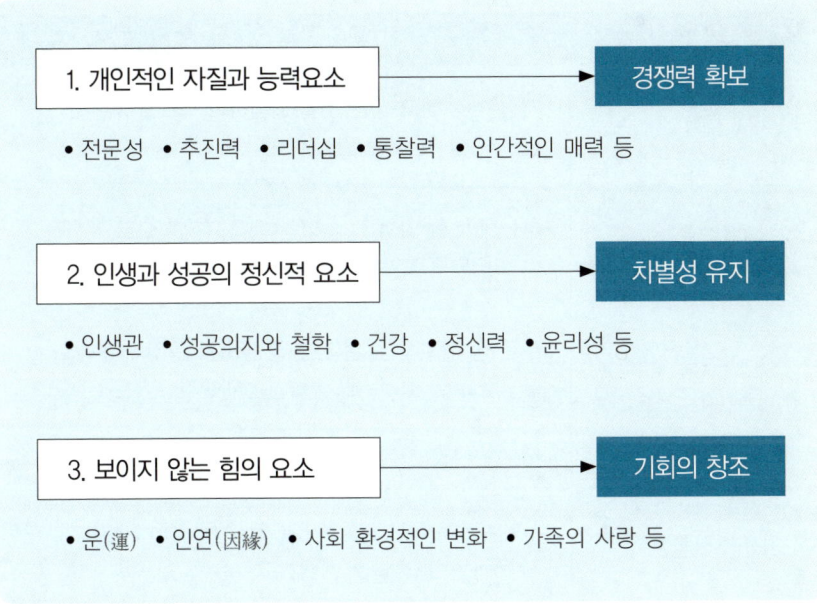

1. 개인적인 자질과 능력요소 → 경쟁력 확보
   - 전문성 • 추진력 • 리더십 • 통찰력 • 인간적인 매력 등

2. 인생과 성공의 정신적 요소 → 차별성 유지
   - 인생관 • 성공의지와 철학 • 건강 • 정신력 • 윤리성 등

3. 보이지 않는 힘의 요소 → 기회의 창조
   - 운(運) • 인연(因緣) • 사회 환경적인 변화 • 가족의 사랑 등

◈ 자신이 생각하는 '성공요소'에는 어떤 것이 있습니까?

1월 6일 성공의 단계

성공은 온갖 어려운 과정을 극복하여 목표달성의 성취감과 행복감을 느끼게 한다.

성공의 정상에서는 국가와 사회에 도움이 되는 업적을 남기며, 도중에 물의를 일으키거나 불명예로 중도하차 하는 일이 없도록 하고, 내려오게 될 때에도 잘 하산하여 끝이 좋아야 된다.

성공의 단계	단계별 추진 내용
1. 목표설정	자신이 꼭 하고 싶은 것을 발견하여 목표를 세우고, 반드시 성취한다는 결심을 한다.
2. 계획수립과 실행	추진해야 할 일과 달성 기간 등을 구체적으로 계획하고, 방법을 연구개발 하며 전력으로 추진한다.
3. 난관극복	추진 중 애로사항, 실패, 상황변화 등 온갖 난관에도 불구하고 집념으로 끈기 있게 돌파한다.
4. 목표달성	목표한 바를 성취하고, 그 분야에서 제 1인자가 된다.
5. 성공의 환원	사회와 후진에게 재능, 기술, 지식 등을 전수하여, 그 분야의 발전에 공헌한다.

※ 사회적으로 많은 업적과 모범을 보여서 존경을 받으며, 사후에도 훌륭한 이름을 남기는 것이 성공의 완성이다.

◈ 자신은 지금 어느 단계에 있습니까? [ ]

1월 7일 행복이란?

⊙ 행복이란 무엇인가? **'소망하여 성취한 것에 만족감을 느끼는 상태다.'**

행복은 시간적 느낌으로 기분이 좋은 상태이며, 욕구충족의 만족 상태에서 온다. 행복은 저 멀리 존재하는 것이 아니다. 행복은 자기 자신의 마음속에 존재하며 지극히 주관적인 것이다.

1. 행복은 불행하지 않은 모든 것이다.
   - 개인적인 불행 : 실직, 질병, 가정불화, 기본적인 빈곤 등.
   - 사회적인 불행 : 혼란, 과도한 경쟁의식, 상대적인 박탈감 등.

2. 하고 싶은 일을 열심히 하고, 그 일을 능력껏 하여 성취한 기쁨에 있다.

3. 행복한 삶은 희망적인 사항과 현실적인 여건의 조화에서 온다.
   - 좋아하는 일을 좋아하는 사람들과 마음껏 하는 것과 그렇지 않는 것

4. 행복도 연습해야 진정한 행복에 도달할 수가 있다.
   - 매일 웃으면서 행복한 태도로, 삶을 즐기는데서 느낄 수 있다.
   - 자기가 소유한 것에 감사하는 마음을 갖는다.

5. 남에게 친절하고, 미소 짓고, 베풀기를 좋아하는 것 등이 행복의 길로 안내를 한다.

◈ 자신이 생각하는 '행복의 정의'는 무엇입니까?

[ ]

1월 8일 행복의 요소

가장 행복한 삶은 자기가 하고 싶고, 자기가 하는 일에서 의미와 보람을 부여하는 삶이다.

1. 의미와 보람 있는 삶

   하는 일에서 생기가 나며, 남을 돕는 사람이 그렇지 않은 사람보다 더 행복감을 느낀다.

   – 하는 일의 의미, 성취감의 보람, 존재가치 인정, 사회공헌 활동 등.

2. 즐거운 삶

   쾌락적인 요소는 시간이 지나면, 또 다른 것을 더 크게 추구하려고 한다.

   – 몰입의 취미생활, 유쾌한 체험, 대인 관계의 기쁨, 가족여행 등.

3. 만족스런 삶

   소유는 자신의 욕구를 충족하게 하지만, 일시적인 만족일 뿐 욕구는 계속 생긴다.

   – 기본욕구 충족, 정신과 신체의 건강, 가족화목, 여유 있는 재산 등.

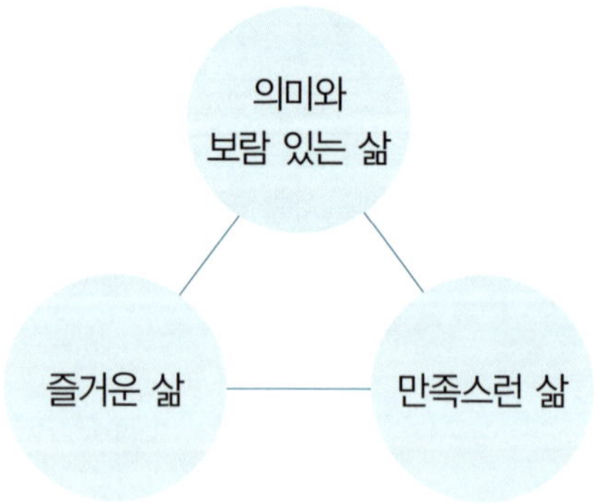

행복의 구성요소

◈ 행복의 요소에서 무엇을 우선적으로 생각하십니까?

[ ]

욕구 5단계

행복으로 가는 길에 인간의 5가지 기본적인 욕구충족 단계가 있다. 이들 욕구는 순차적이지만 서로 상관되어 있고 복합적으로 일어난다. 욕구의 모든 단계가 충족되어야 궁극적으로 행복해 진다.

1단계 기본적이고 생리적인 욕구단계
- 경제적인 수입과 의식주 등의 욕구.

2단계 안전과 안정의 욕구단계
- 안전한 직장과 직위
- 안정적인 작업환경의 보장 등.

3단계 사랑과 소속감의 욕구단계
- 가족이나 애인과의 사랑관계 유지
- 원하는 집단에 속하고 싶은 욕구 등.

4단계 자기존중의 욕구단계
- 지위, 명예 등으로 스스로의 자긍심과 남들로부터 인정과 존경을 받으려는 욕구.

5단계 자아실현의 욕구단계
- 자기가 하고 싶은 일을 하고, 최고의 존재가 되어 자기의 꿈을 실현하려는 욕구.

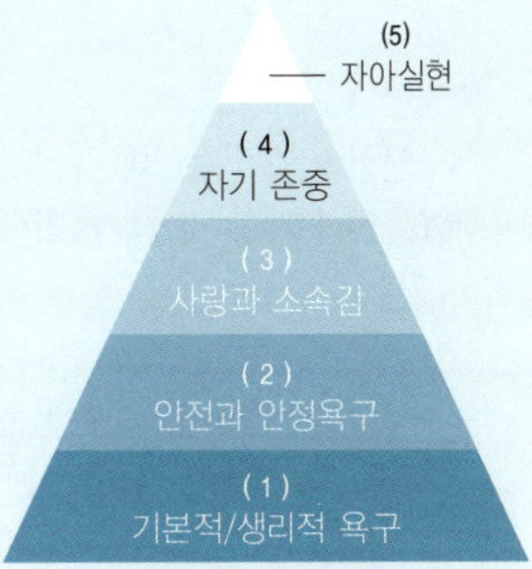

애브러험 매슬로우
(Abraham H.Maslow)
인간욕구 5단계

◈ 자신은 어느 욕구단계에 있다고 생각하십니까?

1월 10일 꿈과 꿈 다음의 꿈

나는 이런 일이 좋아서 꼭 해보고 싶다. 나는 ○○이 되어 이러한 것을 하려고 한다. 나는 어떤 꿈을 꾸고 있는가?

자기만을 생각하는 사람은 위대한 꿈을 가질 수 없으며, 자기 이외의 누군가의 기쁨과 행복을 바라는 마음에서 멋진 꿈과 훌륭한 목표가 생긴다.

1. 꿈 노트 만들기

자신이 되고 싶은 것, 자신이 하고 싶은 것들을 노트에 적어서, 미래의 문을 여는 청사진(설계도)과 함께 만든다.

(예) 아놀드 슈왈제네거는 어린 시절 책상에 3가지 목표를 적어 놓았는데
① 영화배우가 된다.
② 케네디가의 여인과 결혼한다.
③ 2005년에 캘리포니아 주지사가 된다.
그리고 아놀드 슈왈제네거는 이 3가지 목표를 모두 성취하였다.

2. 꿈 다음의 꿈 갖기

성공한 인물은 꿈을 꾸면서, 꿈을 성취한 다음에 '무엇을 하겠다' 는 꿈까지 꾼다. 이것이 꿈 다음의 꿈이다.

- '변호사가 되어서 뛰어난 인권변호를 하겠다.'
- '부자가 되어서 ○○장학재단이나 빌게이츠의 빌&멜린다게이츠 재단같은 인재육성재단, 사회봉사재단을 만들겠다' 등

※ '꿈'이 중요하지만, '꿈 다음의 꿈'을 가진 사람이 진정으로 성공하는 사람이다.

참고 『된다 된다 나는 된다』, 니시다 후미오 저, 하연수 역

◈ 자신의 '꿈'과 '꿈 다음의 꿈'은 무엇입니까?

[ ] → [ ]

1월 11일 자신을 바로알기

성공하는 사람들은 자기 자신의 기본을 분석하여 성격(性格), 기질(氣質), 재능(才能)에서 자신의 장점과 강점을 찾아 육성시키고 다른 사람들에게 분명히 보여 주어야 한다.

누구든 약점은 있으므로, 자신이 좋아하고, 잘 하는 일의 강점에 최대한 주력하고, 약점은 방해가 되지 않을 정도로 보완하거나 관리하는 것이 필요하다.

1. 자신을 아는 방법

- 스스로 자기의 '성격, 재능, 지식, 기술'을 돌이켜 본다.
- 남의 평판을 들어 본다.
- 각종 테스트를 받아 본다.
  ▸ 무엇을 잘 할 수 있는지를 파악한다.

2. 재능을 발견하는 방법

- 어떤 문제를 해결하는 과정에서 파악되는 무의식적인 반응에서 강점을 발견한다.
- 내면의 소리에 관심을 기울인다. (예, '~을 하고 싶다.')
- 빠른 속도로 기술이나 특기를 습득하는 분야를 찾아낸다.
- 어떤 재능을 발휘할 때 자신의 기분이 좋아지고 만족감을 느끼는가를 착안한다.
  ▸ 무엇을 잘 할 수 있는지를 파악한다.

3. 심리유형검사 (MBTI)

각 개인은 자신의 기질과 성향에 대하여 4가지 이분법 척도에 따라 하나의 범주로 특징지을 수 있는데, 이런 경향을 알고 학습이나 업무에 활용하면 성과가 오른다.
(예) 외향적 ⇔ 내향적, 감각적 ⇔ 직관적, 사고적 ⇔ 감정적, 인식 ⇔ 판단

• MBTI (Myers-Briggs Type Indicator)

참고 『위대한 나의 발견 - 강점혁명』, 도널드 클리프먼 저, 박정숙 역.

◈ 자신의 '강점'은 무엇입니까? [   ]

1월 12일 진로 탐색

자신의 강점을 찾는 방법으로 내가 어떤 일과 역할에 적합한지를 적성 검사를 활용하거나 또는 자신이 원하는 것에 집중하여 진로를 탐색하고 결정한다.

⊙ **잘 모를 경우, 자신이 원하는 것이나 마음에서 시키는 일을 선택하라.**

(예) 노벨상(생의학)을 수상한 로버츠 호비츠 MIT 교수는 난치병 치료 방법을 개발해 보자는 마음이 시키는 대로 그 일을 하였으며, 그 결과로 노벨상을 받게 되었다고 술회하였다.

⊙ **자신이 원하는 것이 무엇인지를 모르는 사람들은 대부분 자신이 원하는 것이 없는 것이 아니라 자신이 원하는 일을 찾는 방법을 모르는 경우가 많다. 이럴 경우, '직업 선호도 검사'를 해보라.**

(예) 흥미검사 결과에 따라 적합한 직업과 업무를 찾아낼 수 있다.

이와 같은 방법은 개인의 환경여건과 인생관, 경험 및 능력에 따라 달라질 수 있으므로 종합적인 적성 분석과 직업 선택을 병행하여 결정한다.

◈ 자신의 '내면에서 시키는 일'은 무엇입니까?

[ ]

1월 13일 목표 설정

인생에서 '무엇을 할지, 무엇이 되고 싶은지'를 중심으로 목표를 우선 정하라. 성공의 길은 다양하지만, 야망(野望)을 가진 사람이 성공할 확률이 훨씬 높다.

⊙ **야망의 3대 요소는 '명확한 목표설정, 추진 에너지, 집념(성공의지)'이다.**

(예) 빌 클린턴 대통령은 16세 때 케네디 대통령을 만난 후, 대통령을 장래의 목표로 정했다고 한다.

⊙ **자신의 장래희망과 목표를 구체적으로 5~6가지 적어보고, 그 중에 가장 의미 있는 것 3~4가지로 압축한다.**

⇒ 내 삶에서 진정으로 성취하길 원하는 것, 1~2가지만 선택하고 준비하도록 한다.

⊙ **확실한 목표 설정은**

- 남이 정하는 것이 아니라 나만의 정직한 목표이고
- 자신이 열정을 느끼고
- 실현 가능성과 구체적인 계획(일정)이 있어야 한다.

참고 『Midas Method』, 스튜어트 골드스미스 저, 양성찬 역

◈ 자신의 목표를 기술해 보세요!(6하 원칙의 선언문처럼 하면 더 좋음.)

[ ]

1월 14일 목표 성취의 노하우

목표를 정하고 목표 성취를 위해 노력하는 과정은 미래의 목표 달성을 위한 최선이자 유일한 방법으로, 성취를 위해 대가를 치르는 과정이다.

1. 수첩에 목표와 실천방안을 달성 기한과 함께 글로 작성한다.

2. 매일 스스로 동기부여를 한다.
   - 목표를 시각화(글씨, 그림 등)하고, 달성 모습을 상상해 본다.
   - 자신의 목표를 점검하면서 '나도 할 수 있다'라고 암시한다.
     - 좋은 일을 생각하면 좋은 일이 생기는 것과 마찬가지로, 할 수 있다고 생각하면 할 수 있게 된다.

3. 자신의 분야에서 최고가 되도록 필요한 역량을 키운다.
   - 핵심 업무 수행에는 목숨을 거는 자세로 추진한다.

4. 추진 중의 장애물을 극복하면서 끈기 있게 도전한다.
   - 최선과 최악의 시나리오에 대한 대책을 세워서 대응한다.

5. 성공에 도움이 되는 사람들과 신뢰 관계와 인연을 쌓아 간다.

6. 목표실현을 위한 3가지 도구의 활용이 도움이 된다.
   - 목표를 적는 메모 종이, 실행 계획과 일정을 적는 수첩, 일기장.

참고 『목표 그 성취를 위한 기술』, 브라이언 트레이시 저, 정범진 역.

◈ 자신만의 목표성취 노하우에는 어떤 것이 있습니까?

[ ]

1월 15일 성공인의 특징

성공한 사람들은 대표적인 지식 근로자이며, 정보와 지식, 기술을 수단으로 새로운 가치와 제품·서비스를 창출해낸다.

성공한 사람들은 세상의 수많은 기회 속에서 꿈과 목표를 찾아내어, 내재된 능력을 개발하고 용감하게 실천에 옮긴 결과, 자신과 타인들의 삶을 풍요롭게 만드는 진정한 성취를 이룬다.

1. 원대한 목표를 세우고, 그 성취에 전력투구를 하라.
   – 세상사람 중에 3%만이 목표를 기록하여 성공을 하였다.

2. 위기 상황에서도 불굴의 정신과 낙관적 태도로 헤쳐 나가라.
   (예) 어니스트 섀클턴이 이끈 남극 탐험선이 난파당한 후, 28명 전원을 무사히 귀환 시킨 원동력이 바로 불굴의 정신과 낙관적 태도였다.

3. 자신이 선택한 일을 사랑하고, 강한 열정을 쏟아 부어라.

4. 진정한 부(富)는 정당한 노력(근면, 노동, 생산)의 대가임을 명심하라.

5. 변화를 기꺼이 수용하고, 기존의 사고에 얽매이지 말라.
   – 변화란 무엇의 끝이 아니라, 새로운 시작으로 인식하고 적극 대응한다.

◈ 이런 특징들을 자신의 것으로 만들려면 어떻게 해야 할까요?

[ ]

1월 16일 경쟁력

경쟁력이란 어느 분야에서 경쟁우위를 점하는 뛰어난 능력을 갖추는 것이다. 사람들은 1등 밖에 기억하지 않는다. 어떤 일에서든지 최고(절대 우위)를 지향하라. 경쟁력은 상대적인 것으로 경쟁 상대(비교우위) 보다 한발 더 뛰어나야 한다.

경쟁우위에 있다면 경쟁에서 1등을 하는 『No.1 전략』을 구사할 필요가 있다.

경쟁력(競爭力)의 확보 요건

⊙ 능력이 있다고 많은 것을 하기보다 '선택과 집중'으로 선택한 분야에 자기의 모든 것을 쏟아 부어라.
- 우선은 해야 할 일보다, 하지 말아야 할 일을 먼저 골라내라.

⊙ 그 분야에서 최고의 '이론과 실제'를 겸비하라.
- 아무리 작은 분야에서도 우선 최고(No.1)가 되면 모두의 머릿속에 남는다.

⊙ 경쟁우위를 위한 난제들을 해결할 '창의력(아이디어)'을 키워라.

◈ 자신의 '경쟁력'은 어떤 것입니까?

[절대적인 것 :]

[상대적인 것 :]

1월 17일 차별화

차별화란 남에겐 없고 나에게만 있는 것을 발휘하여 '남들이 하지 않는 것과 남이 할 수 없는 일'을 찾아서 남과 다르게 하는 것이다. 또한 차별화는 새로운 사고와 새로운 눈으로 세상을 보면서, 남과 비슷하게 하면 진다는 현실 태도에 의하여 실현된다.

즉, 남들이 '안 하는 것'에 대하여 'Only One 전략'으로 1등을 하는 것이다.

차별화(差別化) **방법**

◉ '이것 하나는 똑 부러지게 잘 한다'는 것과, '인생에서 꼭 하고 싶은 일'을 생각하여, 자신만의 길을 결정하라.

◉ 초기 단계부터 차별화된 설계와 강력한 추진 의지를 발휘하라.
 – 원하는 것에 집중하면 온리 원(Only One) 전략의 방법이 보인다.

◉ 남의 것을 참고하여 자기만의 것으로 만들어라.

◉ 모든 면에서 남다른 생각과 아이디어로 문제들을 해결해 나가라.
 – 생각(관점) 바꾸기, 초점 바꾸기, 문제 중심의 질문하기 등.

참고 『Only One』, 설기문 저, 쌤앤파커스.

◈ 자신의 'Only One'은 무엇 입니까?

[ ]

1월 18일 글로벌 인재조건

동양적인 인재조건은 신언서판(身言書判)으로 '용모와 건강, 말하기, 글쓰기, 판단력'을 기준으로 인재를 채용하였다.

글로벌 시대에는 세계 시민으로서의 사고와 책임을 갖고, 다양한 부문에서 협력과 경쟁으로 그 역할을 다하는 인재로써 4 가지 조건이 필수적이다.

1. **다양한 전문성** : 세계적으로 경쟁할 수 있는 다양한 전문분야를 융합하여 대응하라. ⇒ (예) 기술 + 경영, 연구 + 마케팅, 재무·금융 + M&A

2. **외국어 의사소통 능력** : 특히 영어로 의사소통은 필수적이며, 제2 외국어로는 진출국가의 언어까지 마스터하라.

3. **과제해결 능력** : 정확한 판단력과 창의적인 아이디어, 도전정신과 인맥활용 등으로 과제를 해결하라.

4. **세계인으로서의 자기 이미지 연출** : 세계 속의 비즈니스를 장기적인 관점에서 보고 대표성 있는 언행과 성실한 태도로 신뢰성을 확보하라.

◈ 자신을 글로벌 인재로 육성하기 위하여 스스로 어떻게 계발하고 있습니까?

[ ]

1월 19일 π(파이)형 인재

⊙ 현대 사회에서는 T자 형 전문가가 되는 것이 필수적이다.

– 전문성도 점점 유동적이 되고, 보다 넓고 다양한 지식과 역량을 요구한다. T의 수직축은 특정분야의 전문가(Specialist) 수준의 지식과 기술을 보유하며, 수평축은 인접분야(경영일반 Generalist)의 폭넓은 교양과 지식을 갖는 것으로, 자신만의 T를 가져야 한다.

◈ 자신의 주 전공은 무엇입니까?

⊙ 지식 정보사회에서는 경쟁력을 갖춘 π 형 인재가 중요시 된다.

– 정보와 지식, 기술이 결합되는 복합화(융합화)시대에는 폭 넓은 지식을 갖춘, 복수 전공인재인 멀티 플레이어가 각광을 받는다.
(예) 전자공학과 컴퓨터공학, 컴퓨터공학과 경영학(인문학) 등.

⊙ 통신과 방송의 결합으로 인터넷 TV가 되듯이, 이종 기술의 결합으로 새로운 가치의 창출이 요구되고 있기 때문이다.

⊙ π 의 수평축은 폭 넓은 지식과 능력을 보유하면서, 수직축은 주 전공과 복수전공 분야에서 전문지식과 기술을 갖추는 것이다.
(또는 주 전공 하나에 부전공 2분야를 더하여 경력관리를 해 갈수 있음.)

◈ 복수 전공(전문분야)은 무엇입니까?

+

1월 20일 영어 마스터

글로벌 시대의 공용 언어 중에는 영어가 우선이다. 외국 사람과 영어로 의사소통할 수 있다는 것 자체가 엄청난 경쟁력이다. 대학시절이 아니면 사원시절에 반드시 정복해 놓아야 큰 활동이 보장된다.

1. 영어를 취미로 삼아 즐기면서 배운다.

- 영화 애호가는 비디오나 C D로, 음악을 좋아하면 팝송으로, 시사 관심가는 매일 영어신문이나 뉴스위크등 주간지로 배운다.
- 가족이나 친구와 자주 영어로 말을 한다.
- 필요시 발음교정 스쿨의 도움도 받는다.

준비물 영영사전, 생활회화 교재, 영어 드라마나 토크쇼 녹화물, 관심분야 영어 잡지나 신문을 구독함.

2. 영어 공부비결

- 소리 내어 읽기(매일 30분씩): 원어 역사책 한권을 달달 외울 정도로 함.
- 듣기 연습 ⇒ 관심분야 원서를 읽고 ⇒ 주제를 정해서 쓰기 연습을 함.
- 단어실력의 증대: 타임지나 원서를 읽으려면 필수적임.
- 원어민 이성친구와 교제하는 것도 하나의 방법임.

• 관심과 집요함으로 티핑 포인트를 넘어야 영어의 달인이 될 수 있다.

참고 영어 원서: 아가사 크리스티의 추리소설 등
원어 역사책: History of Western Civilization (시카고 대학교)
단어 실력: Word Power Made Easy

◈ 자신의 영어 실력은 어느 정도입니까? [ ]

1월 21일 컴퓨터 실력

정보화 시대에는 컴퓨터와 인터넷을 이용하여, 시간과 공간을 초월하는 업무수행이 가능하며, 많은 시간과 비용을 절감하고 이를 통해 개인과 조직의 생산성이 향상 된다.

1. 컴퓨터 활용능력

⊙ 하드웨어(H. W) : PC의 제 기능 및 구성사양의 관리와 운영이 원활한 수준

⊙ 소프트웨어(S. W) :

- 문서 작성의 '워드프로세서'(MS워드, 한글 등)
- 표 계산프로그램인 '스프레드 시트'(Excel)
- '데이터베이스' 관리(Access)
- 프레젠테이션용 '파워포인트'

⇒ **3급 이상의 실력 또는 자격증을 취득한다.**

2. 인터넷 활용수준

- 인터넷상의 각종 브라우저의 사용과 이메일이나 메신저 등으로 개인 간, 그룹 간의 문자나 정보자료를 신속히 교환할 수 있도록 한다.
- 블로그 또는 카페 등의 운영으로 자신의 관심분야에서 교류를 확대한다.
- 모바일 오피스 시스템으로 출장 시에도 결재와 자료검색 그리고 문서 작성 후 조치와 활용을 신속하게 처리할 수 있도록 한다.

◈ 어떤 정보화 자격증을 취득 하였습니까?

[ ]

1월 22일 프로가 되는 원칙

어느 분야(세일즈, 기술, 스포츠 등)이건 프로페셔널의 반열에 도달하려면, 그 분야의 '지식, 태도, 기술, 습관화' 4부문에서 원리와 원칙을 알고 익혀서, 10년 정도는 내공을 충실히 쌓아야 프로페셔널이 될 수 있다.

1. 이론무장 (理論武裝 : Knowledge)
   - 지식과 기술의 이론적 체계와 본질 및 핵심을 파악하고 깨달아서, 자기 것으로 만들어야 한다.

2. 정신 무장 (精神武裝 : Attitude)
   - 적극적인 태도와 신념으로 무장해야, 그 분야에서 어려운 난관을 극복 할 수 있으며, 그 정신력으로 최고의 위치에 오를 수 있다.

3. 기술 무장 (技術武裝 : Skill)
   - 그 분야의 기술과 노하우·방법 등을 깊고 넓게 알고 익히고, 관련되는 주변 기술까지 알아야 성과를 낼 수 있다.

4. 습관화 (習慣化 : Habit)
   - 3가지 무장을 매일 단련하고 연습하여 천성 같은 습관이 몸에 붙어야 강력한 힘이 발휘된다.

※ 이것을 요약하여 'K.A.S.H. 원칙'이라고 한다.

◈ 자신의 전공분야에 적용해 본다면 무엇을 추진하겠습니까?

1월 23일 적극적인 정신자세

'생각이 바뀌면 행동이 바뀐다'는 원리에 따라서, 부정적인 생각을 우선 긍정적인 생각으로 바꿔야 적극적인 자세와 행동이 생긴다.

미국의 저명한 심리학자는 '인간은 하루에 5~6만 가지의 생각을 하는데, 그 중에 85%가 부정적인 생각이며, 15%가 긍정적인 생각'이라고 할 정도로 사람들은 부정적인 생각을 많이 한다.

앞으로 부정적인 생각이 나면 '스톱'하여 부정적인 생각을 단절하고, 마치 자동차의 변속 기어를 바꾸듯이 적극적인 자세와 긍정적인 생각으로 '전환'을 한다.

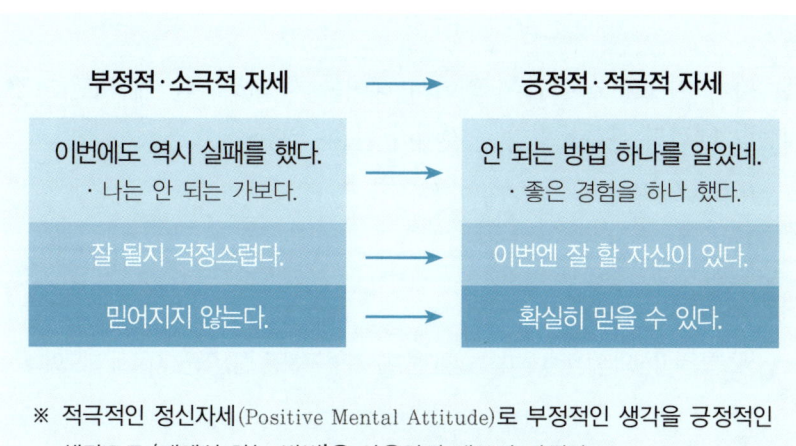

부정적·소극적 자세	→	긍정적·적극적 자세
이번에도 역시 실패를 했다. · 나는 안 되는 가보다.	→	안 되는 방법 하나를 알았네. · 좋은 경험을 하나 했다.
잘 될지 걱정스럽다.	→	이번엔 잘 할 자신이 있다.
믿어지지 않는다.	→	확실히 믿을 수 있다.

※ 적극적인 정신자세(Positive Mental Attitude)로 부정적인 생각을 긍정적인 생각으로 '재해석 하는 방법'을 사용하면 태도가 바뀐다.

◈ 적극적인 자세를 갖는, 자신만의 방법에는 어떤 것이 있습니까?

1월 24일 인생관과 인생철학

인생을 살아감에 있어서 어떠한 것이건 시작이 중요하며 매사에는 순서가 있다. 인생에서 성공과 행복에 도달하려면, 인생관과 인생철학부터 올바르게 갖추는 것이 필요하다.

인생관

인생을 어떻게 보느냐의 관점으로 가치관(價値觀)에 달려 있다.

가치관은

- 인생이란 무엇인가?
- 어떻게 살아야 올바로 사는 것인가?
- 내가 살아가는 목적과 사명은 무엇인가?

와 같은 근본적인 물음에 대한 해답이다.

즉, 자기 인생을 살아감에 있어서 태어난 사명(使命)을 깨닫고, 그것을 실현할 때까지 분투노력하는 것이라 할 수 있다.

◈ 자신의 '인생관'은 무엇입니까? [ ]

인생철학

인생철학은 자신의 인생관에 따라 삶을 현실에서 추구하는 실천적인 지혜와 태도이다.

– 인생의 진정한 의미를 알고, 보람과 행복을 추구하는 신념, 신조임.
  예를 들면,

- 교만하지 않고 매사에 겸손하다.
- 누구에게도 지지 않도록 노력한다.
- 상대를 존중하면서 배려를 한다.
- 남을 즐겁게 하고 선행을 쌓는다.

◈ 자신의 '인생철학'은 무엇입니까? [ ]

1월 25일 평생 친구 그룹화

좋은 친구 한 사람 만나는 것은 인생에서 더없는 축복이다. 좋은 친구는 지위에 의한 친구가 아닌 인생의 친구로서 처음부터 꿈과 취향을 함께 하며 미지의 먼 길을 함께 걸어가는 사람이다.

좋은 친구란?

- 내가 힘들 때 내 편으로 도움이 되는 친구.
- 쓴 소리(비판, 잔소리)도 마다하지 않는 친구.
- 솔직한 마음을 털어 놓을 때 잘 수용하는 친구.
- 친구가 잘 되었을 때 배 아파 하지않고 축복해 주는 친구.
- 말이 없어도 감정이 서로 잘 통하는 친구다.

좋은 친구를 만드는 비결은?

- 내가 먼저 좋은 친구가 되어 주는 것이다.
- 시간, 돈, 노력의 투자와 공통관심사(취미, 레포츠 등)를 같이 한다.
- 친구에게 도움받은 것은 머리에 새기고, 나쁜 것은 기억에서 지워버린다.
- 초, 중, 고등과 대학교에서 동창이나 동아리에서 만난 친구들 중에서 4명씩을 별도 그룹으로 만들어 소중하게 평생 가꾸어 간다.
- 결혼 후 부부모임(여행, 운동 등)으로 발전시키면 최고의 우정이 된다.

◈ 좋은 친구 그룹이 몇 팀이나 있습니까? [ ]

1월 26일 대인 관계의 기본

성공과 행복의 열쇠는 타인과의 관계를 잘 맺는 데에 있다. 카네기 공과대학이 졸업생 1만 명을 대상으로 '성공 요인'을 조사한 결과, '두뇌 능력과 기술적인 훈련은 15% 이나, 대인 관계능력은 85%로 나타났다' 고 밝혔듯이, 타인을 깊이 알고 움직일 수 있는 대인 관계능력의 중요성에 유의할 필요가 있다.

1. '상호 반응주의'를 인식한다.
   – 즉 자신이 먼저 호감을 주면, 호감을 받게 된다는 진리이다.

2. 상대방의 요구, 필요사항을 먼저 충족시켜 준다.

3. 모든 사람을 자신의 중요한 고객(VIP)이라고 생각한다.

4. 자신과 성격이나 취향이 다른 점을 인정하고 결점까지도 이해한다.
   – 매끈한 돌이나 거친 돌이나 다 제각기 쓸모가 있다. (도산 안창호)

5. 효과적인 대화로 소통을 잘 하고, 기본 예의와 에티켓도 잘 지킨다.

◈ 대인 관계에서 어려움을 겪는 것은 무엇입니까?

[ ]

1월 27일 커뮤니케이션의 핵심

말을 하였다고 상대방이 그 내용을 모두 다 알아듣고 이해하는 것은 아니다. 또한 상대방이 이해했다고 해서 그것에 동의하거나 행동하는 것은 아니므로 의사소통(커뮤니케이션)의 주체는 발신자보다 수신자에 있다.

1. 발신자는 늘 '수신자 중심'으로 말을 한다.

- 수신자의 입장, 생각, 욕구를 알고서 잘 알아듣도록 말을 한다.
  - 좋아하는 일을 좋아하는 사람들과 마음껏 하는 것과 그렇지 않는 것
- 말하고자 하는 내용을 잘 이해하고, 생각한 후에 말을 한다.

2. 수신자는 먼저 경청을 잘 하고 대답을 한다.

- 발신자의 말하는 내용을 이해, 공감하면서 의도까지 생각을 한다.
  - 잘 듣는 것은 마음으로 듣는 것이다.
- 답변은 '무엇을, 어떻게' 말할지를 생각한 후에 한다.

3. 공통

- 말하고 듣는 테크닉을 구사하면서 오해를 일으키지 않도록 표현한다.
  - 특히 현재 대화와 관계가 없는 내용은 삼가 하면서, 쌍방향의 의사소통에 신경을 기울인다.

◈ '의사소통이 잘 안 된다'는 말을 듣는 경우에는 어떻게 대응하십니까?

1월 28일 콤플렉스 극복

성공한 사람들 가운데도 콤플렉스가 없는 사람이 없다. 완벽할 수 없는 것이 사람이며, 남들이 보기에는 티끌 같은 열등감도 자신의 눈에는 주먹만 하게 보인다.

콤플렉스(Complex)**는**
자기가 다른 사람보다 못하고, 핸디캡이 있다는 생각에서 생긴다.

즉 외모, 말 더듬는 버릇, 신체장애, 질병, 학력, 가난, 대인공포 등에서 오는 콤플렉스를 숨기거나 불안해하지 말고, 콤플렉스와 핸디캡마저도 나의 일부로 인정하면서 극복하는 태도가 성공으로 이끈다.

– 야구공에는 실로 꿰맨 자국이 있다. 그 상처자국 때문에 야구공이 멀리, 높이 날아가듯이. 자신의 약점을 사랑하고 극복하다 보면 오히려 자신의 무기가 될 수 있고 성공의 원동력이 될 수 있다.

(예) 스티븐 호킹 물리학박사는 루게릭병 환자이며, 노벨 문학상을 받은 헤르만 헤세는 언어장애를 가졌다.

(예) GE의 잭 웰치 전 회장도 어릴 적부터 말을 더듬는 버릇이 있었다. 그런데 '네가 너무 똑똑하기에 혀가 머리의 회전을 못 따라 가는 것이다.'란 어머니의 말에 자신감을 갖게 되었고, 그 후부터 당당하게 말함으로써 결국 세계적인 경영자가 되었다.

◈ 자신의 '콤플렉스'는 무엇입니까? [ ]

'꿈을 실현하는 방법'

간절히 원하여 이 방법을 충실히 실천하기만 하면 꿈은 이루어진다. 옥수수 한 알이 수백 개의 알곡을 맺고 또 다시 거듭나는 것처럼, 우리의 마음도 이 같은 전능한 능력을 지니고 있다.

① 원하는 꿈 목록을 적는다.
② 매일 그것을 세 차례 읽는다.
③ 읽은 후에는 대상의 달성모습을 생각한다.
④ 마음속에 있는 위대한 잠재능력에게 이야기(암시) 한다.

그러면, 이 능력이 자신의 현재의식에게 소원성취의 비결을 제시해 준다.

참고 『It works (꿈을 실현시키는 빨간책)』, RHJ 저, 서재경 역, 매경신문사

1월 29일 행복 만들기

행복도 긍정적인 마음에서 비롯되지만 구체적인 행위를 통해서 얻게 된다. 이는 마치 행복해서 웃는 것이 아니라 웃어서 행복해 지는 것과 같다. 누가 나를 행복하게 해주는 것이 아니라 자신이 만들어 가는 것으로, 행복할 수 있는 일이나 방법에 대한 지식을 많이 가지고 사용해야 행복해 진다. 오늘 내가 행복한 사람이 되겠다는 선택을 하고 노력을 한다.

⊙ 지적인 활동(창작, 연구, 목표도전, 강연 등)으로 '대뇌의 행복감'을 느끼게 한다.

⊙ 스포츠, 게임 등으로 '경쟁에서 승리한 기쁨' 을 맛본다.

⊙ 봉사활동, 기부 등 나눔의 실천으로 '봉사와 나눔의 만족감' 을 가진다.

⊙ 자신만의 취미(희귀본 수집, 만들기, 여행 등)로 '몰입과 성취의 기쁨'

⊙ 가정에서 즐거움과 사랑의 희열 등에서 '감정적인 행복감'을 경험한다.

참고『털 없는 원숭이의 행복론』, 데즈먼드 모리스 저, 김동광 역.

◈ 자신은 어떤 것을 할 때 '행복한 즐거움'을 느끼십니까?

[ ]

1월 30일 부자의 경제학

우리 시대 보통 사람들의 큰 소망 중에 하나는 '부자가 되는 것'이다. 부자가 되기 위해서는 부자들의 재테크 방법을 알고 실행하기 전에 우선, 자기 본업에서 성공할 수 있도록 무형의 자산 가치를 높여야 한다.

1. 자신의 가치를 인정받을 수 있는 직업과 업무에 충실을 기한다.

– 자신의 능력과 가치를 향상시켜 승진하는 것이 더 현명한 방법이다.

2. 자기 스스로 만족 할 수 있는 '부자의 기준'을 정한다.

– 더 이상 늘릴 필요가 없다고 생각하는 부(富)의 총량을 결정해야, 평생 돈의 노예로 살지 않고, 남이야 얼마를 가졌든 상관없이 만족한 삶을 살게 된다.

3. 이기는 투자만 하는 '부자들의 경제법칙'을 알아야 한다.

– 금리기준으로 경제현상을 보고, 돈의 흐름을 꿰뚫어 본다.

– 저 성장기에는 투자 수익률을 올리는 방법으로 투자를 한다.

– 부자는 투자손실보다 불필요한 비용지출을 더 싫어한다.

– 20년간 누적수익률 최고의 투자는 복리예금 〉 채권 〉 부동산 〉 주식 순임.

– 새로운 성장 트렌드 파악을 위해 직관력과 정보력을 기른다.

- 언론매체, 미술, 음악, TV 프로그램 등에도 관심을 기울인다.

참고 『시골의사의 부자경제학』, 박경철 저, 리더스북

◈ 자신의 '부자기준'은 얼마입니까?

1월 31일 건강 장수의 비결

통계적으로 고학력과 고소득자, 성공한 상급자가 더 장수하며, 기혼자이며 대화할 상대가 있고, 주거 환경이 좋은 곳의 거주자가 더 건강한 것으로 나타났다.

1. 올바른 영양섭취와 유해 식품군은 삼가 한다.

- 특히 1일 적절한 3식을 하며, 물은 2ℓ 이상을 섭취한다.

2. 적합한 운동을 규칙적으로 한다.

- 신체운동(걷기, 스트레칭, 헬스, 스포츠 등)과
- 두뇌운동(독서, 퍼즐, 취미활동 등)을 병행한다.

3. 스트레스와 질병관리를 잘 한다.

- 스트레스 해소와 내성을 강화하고, 정기검진에 따른 사후조치를 제때, 제대로 이행한다.

4. 긍정적인 사고와 여유 있는 태도로 생활 한다.

- 늘 좋은 쪽으로 생각하고, 남에게 베풀고 감사하는 마음을 가진다.

5. 안전사고를 조심하며, 각종 규정의 준수로 예방관리를 한다.

- 휴식과 적정 수면유지로 '교통, 화재, 골절사고' 등에 유의한다.

◈ 건강관리를 위하여 가장 신경 쓰는 것은 무엇입니까?

[ ]

2월의 자기성찰

미국의 빈농 출신인 링컨, 기계공 출신의 포드, 지하실에서 쥐와 함께 살았던 디즈니 - 그들은 무엇으로 찬란한 인생의 문을 열 수 있었는가? 그것은 젊은 시절에 읽었던 '책' 때문이었다. 즉, 독서를 통해 아메리칸 드림의 기수가 될 수 있었다.

이규태 (前)논설위원

자기경영 성공멘토 365

2月 성찰

1일: 직업관

2일: 생애설계

3일: 역할 모델

4일: 경쟁력 있는 전문가

5일: 필수 직무능력

6일: 업무 연구방법

7일: 수명과 보고요령

8일: 효율적인 업무처리

9일: 좋은 부하되기

10일: 기획력

11일: 발표력

12일: 스토리 텔러

13일: 창의력

14일: 개선 활동

15일: 아침형 직장인

16일: 자격증 취득

17일: 업무 연출력

18일: 자기계발

19일: 전략적인 독서

20일: 독서노트와 스크랩

21일: 배우자의 만남

22일: 사랑의 표현

23일: 결혼서약의 준수

24일: 재무 설계

25일: 종자돈 만들기

26일: 재테크 투자원칙

27일: 자기관리

• 성공 멘토링 Tip: '진짜 걱정거리'

28일: 20대 건강관리

2월 1일

직업관

직업관이란 직업에 대하여 가지고 있는 일정한 관념으로, ①경제적 수단 ②능력발휘의 장 ③사회적인 역할실현의 3 개 측면에서, 어느 측면을 보다 강조하느냐에 따라서 각기 고유한 직업관이 성립된다.

⊙ 진정으로 삶의 가치와 보람을 느낄 수 있는 일(천직, Life Work)을 발견하고, 그것을 달성하기 위한 직업과 직장을 선택하여 자신의 직업인생을 만들어 간다.

⊙ 직업은 사회적인 분업을 통하여 각자가 분담하는 사회적 역할이며, 자기표현의 수단이다.

- 사회속의 자신이라는 존재의식을 형성하고, 사회에 기여하여 그 공로로 평가를 받는다.

⊙ 직장선택은 좋아 하는 일을 할 수 있는 곳, 앞날을 다양하게 디자인 할 수 있는 일이 가능한 곳으로 결정한다.

- 지금 하는 일에서 행복감을 느껴야, 그 직업이나 직장이 맞는 것이다.

⊙ 직업의식을 투철하게 갖는다.

- 각 직업에서 요구하는 특유한 가치관, 태도, 직업윤리 등을 발휘한다.
- 동료들과 느낌을 공유하고, 성취감과 의미를 찾을 수 있게 노력한다.

◈ 자신의 '직업관'은 무엇입니까?

[ ]

2월 2일 생애설계

생애(生涯)설계란 자신의 생애목표를 발견하고, 달성하기 위한 장기적인 계획을 세워, 목표달성의 과정과 성취하는 인생을 위한 설계도다.

생애목표란 자신의 생애를 걸고 추구할 보람 있는 일(자신만이 할 수 있는 일)이며, 그 일을 통하여 삶의 가치와 자신의 생존의미를 실감할 수 있는 것(Life Work)이다.

1. 취업 후 생애목표를 발견하는 방법
   ① 자기적성에 맞고 경쟁력과 차별화가 되는 분야의 '전문가'가 되는 길
   ② 큰 영향력을 행사할 수 있는 '최고 경영자'로 승진하는 길이 있다.

2. 자기일생의 생애설계는 직업생활인 제 1인생과 퇴직 후 제 2인생으로 경력에 의한 창업이나 사회공헌(봉사)활동 등을 설계하는 것이다.

3. 제 1인생 30년의 설계는 예를 들면 '사회적 일, 자기(능력)계발, 교양과 취미생활, 자산증대, 가정행복'의 5개 분야로, 30년간의 연도별 목표와 달성하기 위한 추진항목을 계획표에 구체적으로 적는다.

4. 매년 초에 수정 보완하여 새로운 '인생계획표'를 작성하고, 1년 목표수립에 해당 계획사항을 포함케 한다.
   – 장단기 계획표를 주기적으로 점검하면서 개선점을 반영하여 실행해 나간다.

참고 『라이프 워크의 설계와 달성』, 井上富雄 저, 박달규 역

◈ 자신의 생애목표(Life Work)는 무엇입니까? [ ]

나의 인생 계획표

[예]

작성: 201 .   .   .

연도 / 구분	5년 ( )세 20 년	10년 ( )세 20 년	20년 ( )세 20 년	30년 ( )세 20 년	비고
1. 사회적 일 • 업무성과 • 직위승진	–OO업무 전문화 –과장 ( )세	–업적 수준 증대 –부장 ( )세	–OO분야저술 /강의 –임원 ( )세	–사회 공헌 활동 –최고경영자( )세	
2. 자기계발 • 학습계획 • 건강증진	–OO자격증취득 –영어마스터 –헬스 운동	–MBA(대학원) –제2외국어 –등산, 테니스	–경영관리교육 –의사결정과정 –OO道 운동	–OO경영대학원 (AMP과정) –기수련, 골프	
3. 교양과취미 • 교양/친교 • 취미활동	–필독서 선정* –OO악기/스포츠	–OO포럼활동 –OO동호회	–이업종 교류모임 –테마여행/댄스	–OO조찬회 –사진, 역사	*1주 1권 목표
4. 자산증대 • 자산형성 • 자산운영	–저축 O억 목표	–OO연금 /보장보험 설계 –마이홈 취득(30대)	–금융자산투자 –주택확대(40대)	–노후자금 OO억준비 –수익성 자산 취득	
5. 가정행복 • 결혼/행사 • 자녀성장	–결혼 ( )세 –첫째 ( )세	–10주년 여행 –둘째 ( )세	–부모 고희( )년 –자녀교육 ( )	–은혼식 ( )년 –결혼자금 ( )	

◈ 자신의 '장기인생 30년 계획표'를 작성하거나, '5개년 계획표'를 별도로 작성해 보세요.

2월 3일 역할모델

'앞으로 나도 저런 사람이 되겠다'와 같이 누구를 성공모델로 삼느냐에 따라 자신의 성공목표 최대치가 달라 질 수 있다.

성공한 사람들에게는 성공의 본보기인 자신의 역할모델(Role Model)이 있었는데, 이런 역할모델은 자기가 마땅히 해야 할 직책이나 임무 등에서 본보기가 되는 대상이나 존경하는 인물을 말하며 성공으로 가는 내비게이션이다.

(예) 박찬호 야구선수의 우상은 '놀란 라이언' 메이저 리거였다. 그의 피칭을 본받아서 한때 메이저리그 최고 강속구 투수의 반열에 올랐다.

⊙ 자신의 역할모델을 찾는 것은 필수다.

롤 모델을 찾을 때는 역사인물보다 동시대의 유명한 인사, 자신이 속한 분야의 전문가나 최고경영자, 성공한 인물 등에서 스스로에게 동기부여가 될 수 있는 사람이 좋다.

⊙ 롤 모델을 찾았으면 철저히 그를 벤치마킹해서 닮는다.

그의 강점과 성공사례를 분석 연구하여, 자신에게 적용하며 그와 같이 되도록 노력한다.

⊙ 직원들 행동방식의 변화를 유도할 때도 롤 모델은 효과가 있다.

기업 조직에서 사람들은 영향력 있는 인물들을 행동모델로 삼는데, 그들이 솔선수범하는 모습을 보일 때 직원들의 변화는 시작된다.

◈ 자신의 '역할모델'은 누구입니까? [ ]

2월 4일 경쟁력 있는 전문가

전문지식과 창조적 마인드가 수반되지 않는 상태에서, 열심히 일하겠다는 의지와 노력만으로는 급속한 변화에 대처하는 능력이 떨어진다.

기업의 핵심요구는 맡은 일을 잘 하고, 뛰어난 성과를 실천하는 '전문 인재'를 원한다. 따라서 경쟁력 있는 전문가로 되는 길은 핵심 인재로 인정받겠다는 열정과 좋은 태도를 바탕으로 하여 추가적으로 '3가지 지식 조건'을 갖추어야 한다.

1. 담당 직무에 대한 지식과 기술이 충분해야 한다.

- 그 업무에서 국내 최고의 수준급이거나, 세계적으로 경쟁이 가능하다고 인정되는 수준이다.
- 자신이 이룩한 업적을 객관적인 수치로 제시하는 노력도 필요하다.

2. 동종 산업분야의 지식이나 기술을 알아야 한다.

- 담당 직무 외에 자신이 속해 있는 산업 분야의 영업, 생산, 개발 및 사업 전개에 필요한 지식, 기술의 숙지와
- 업계의 전반적인 수준도 모두 파악할 수 있는 마인드가 필요하다.

3. 어떤 분야의 업무이든 '마케팅에 대한 지식'이 있어야 한다.

- 마케팅은 소비자가 원하는 상품과 서비스를 제공하는 것으로, 업무와 연관되는 모든 고객을 만족시켜야 성공하기 때문이다.

◈ '3가지 지식조건'을 어느 정도로 갖추었다고 생각하십니까?

[1.] [2.] [3.]

2월 5일 필수 직무능력

자신의 직무수행에 대하여 특정한 임무수행에 필요한 직무지식과 기초 업무능력을 갖추어야 직장인으로 성공적인 출발을 하게 된다.

1. 의사소통 능력	지시내용을 잘 경청하여 이해하고 전달하며, 자신의 의사 표현과 발표 등으로 원활한 커뮤니케이션을 한다.
2. 업무 이해력과 추진력	담당 업무에 대한 이해와 매뉴얼 연구 등으로 업무지식과 기술을 익혀 책임 있게 추진한다.
3. 기획력과 보고기술	지시 및 추진할 업무에 대해서 시행 안을 기획하고, 중간 및 결과보고를 상사가 찾기 전에 제대로 해서 좋은 이미지를 준다.
4. 대인 관계와 협동력	자신을 조직에 융화시켜 동료들이나 상사와 원만한 관계를 유지하고, 협동정신으로 공동목표를 달성하는데 기여한다.
5. 업무 관리능력	목표에 따른 계획수립과 달성방안을 적극 추진하고, 결과에 대한 정확한 평가로 업무개선까지 담당한다. 즉, P ⇒ D ⇒ C ⇒ A 관리 사이클을 뛰어나게 실천한다.

◈ '필수 직무능력'은 주로 어떻게 배우고 있습니까?

[ ]

2월 6일 업무 연구방법

자신이 담당하고 있는 업무에 통달하는 것이 성공적인 직장인이 되는 지름길이다.

1. 업무 관련한 '매뉴얼'을 숙지한다.

- 업무 Flow를 철저히 알고, 관련규정과 법규에도 정통하여, 문제가 될 일들을 사전조치 한다.

2. 업무 관련된 '서적 2~3권'을 사서 공부한다.

- 전공분야에서 성공한 사람들의 체험담 등의 내용을 비교 연구한다.

3. 성공한 사람들을 만나거나 강연회 및 세미나 발표회에 참석한다.

- 실적이 좋은 회사 선배나 같은 업계에서 성공한 사람들을 면담하거나 성공사례를 수집하여 정리한다.

4. 학원이나 통신교육 등도 활용한다.

- 자격증 취득, 업무에 필요한 지식, 기술, 방법론에 대하여 체계적인 노하우 구축을 위한 차원에서 활용을 한다.

5. 담당업무 및 관련 업무에서 문제점이나 개선점을 찾아서 제안하거나 개선한다.

◈ 업무관련 참고할 서적으로는 무엇이 있습니까?

[/]

2월 7일 수명과 보고

똑같은 일을 하고도 다른 평가를 받는 이유는 무엇일까?

지시받고 보고하는 자세부터 점검이 필요하다.
수명과 보고기술을 습득하면 업무능력은 자연스럽게 향상된다.

1. 수명(受命) 자세는 지시나 명령을 받을 때의 자세를 말한다.

① 지시 받을 때는 항상 메모하는 습관을 가진다.
② 지시사항에 대한 의문점이나 목적과 기한 등은 바로 확인을 한다.
③ 상사의 지시내용과 의도를 분석하고 실행방안을 구상한다.
④ 시행하기 어려운 지시내용은 추후에 별도로 사유를 개진한다.
⑤ 차상위자의 지시 건은 상위자에게 복명한 후에 시행한다.
(보고는 이 순서의 역순으로 한다.)

2. 보고의 습관화는 상사로부터 인정을 받는 지름길이다.

① 보고는 기한 내에 신속, 정확하게 '구두·문서·메모 등'으로 한다.
② 보고내용은 '결론 ⇒ 이유 ⇒ 경과(내용 등)' 순서로 누락 없이.
③ 보고 시기는 중간이나 완료 후에 하며, 특이사항이나 정보는 바로 전달.
④ 수명자가 완료시에 상위자에게 보고하며, 지시자에게도 보고한다.
⑤ 보고 후에 필요한 내용은 관계자 및 필요한 부서에 전달한다.

참고 『성공하는 사람들의 보고습관』야마구찌 신이치 저, 양영철 역

◈ 아무런 배경설명 없이 "OOO을 재검토 하시오" 지시를 받으면 어떻게 해야 합니까?

[ ]

2월 8일 효율적인 업무처리

⊙ 경영방침, 경영전략 및 중점 추진방안과 신년사 키워드 등을 숙지하여 업무수행과 연관시킨다.

⊙ 현안 문제점과 원인 파악으로 해결 방안 및 개선 아이디어를 제안 한다.

⊙ 지시내용은 그 배경과 의도까지 분석하고, 실무 담당자 의견을 포함하여 보고서를 작성한다.

⊙ 자료검토는 관련 자료와 비교 분석하고, 관련부서의 자료도 확인하여 진행한다.

⊙ 결재 및 합의 시에는 예상되는 질문과 응답을 준비하여 결재를 받는다.

⊙ 각종 자료와 정보자료의 데이터베이스 관리를 체계적으로 파일링하고 분류하여 필요시 즉시 활용할 수 있도록 한다.

⊙ 회의 참석시 안건의 확인과 팀의 의견이나 자료를 준비하고 의견을 개진한다. 회의 내용 중, 중요사항과 결정내용은 정리하여 보고한다.

◈ 상사의 '부하 업무평가 유형'에서 자신은 어느 급에 속하세요? [ ]

A급 : 기대 이상으로 일을 하고, 알아서 새로운 것을 더 한다.

B급 : 시키는 것에서 약간(α)을 더 한다.

C급 : 시키는 것만 한다.　　　D급 : 시키면 겨우 한다.

2월 9일

좋은 부하되기

좋은 부하(follower)가 될 수 있어야, 좋은 리더(leader)가 된다. 부하가 팔로우십(follow-ship)으로 상사를 빛나게 하면, 부하도 자연히 성장하게 된다.

⊙ 상사의 업무 스타일과 성품의 장·단점을 파악하여 잘 대응한다.
- 보통 상사들은 온순한 사람보다는 능란(能爛)한 사람을 좋아한다.

⊙ 지시 사항은 흔쾌히 응하며, 기대 이상으로 일을 한다.
- 지시에 따르기 어려울 때는 솔직한 의견을 말하고 다시 지시를 구한다.

⊙ 상사의 지시내용 중 누락부분은 보완하고, 유익한 아이디어가 있으면 적극 제안한다.

⊙ 상사의 주의(注意)는 솔직히 듣고, "다음부터 주의 하겠습니다"라고 답한다. 그리고 두 번 다시 같은 실수를 하지 않도록 노력한다.

⊙ 어렵고 힘든 일, 과외의 일을 자원하여 담당한다.

⊙ 팀 내의 동료 선후배와 잘 융화하여, 팀워크를 잘 이룬다.

◈ 상사가 잘못하고 있을 때 자신은 어떻게 하십니까?

[ ]

2월 10일

기획력

어디에서든 창의성 있는 기획자는 승진에도 유리하고 핵심인재로 분류된다. 모범생 같은 인재보다는, 괴짜 같은 창의력이 있는 인재가 환영받는 시대가 되었다.
기획이란 참신한 아이디어에 방향성을 갖게 하는 것으로, 창조성·현실성·논리성이 요구된다. 기획력은 생각의 힘과 글(문서)의 힘에 있다.

1. **풍부한 상상력으로 톡톡 튀는 아이디어를 많이 개발한다.**
   - 차별화 전략, 틈새시장 공략, 히트상품에 대한 부족한 점의 보완책 등.

2. **좋은 기획은 지식과 정보를 모으고, 효과적인 분석에서 시작된다.**
   - 기획력 있는 사람은 문제의식이 왕성하고, 연상능력이 뛰어난다.

3. **적절한 아이디어를 참고(벤치마킹)해서 구체화해 본다.**
   - 사소한 현상과 아이디어에서도 가능성을 읽고, 새로운 것을 창안한다.

4. **창의적인 생각을 문서로 정리·표현하는 글 쓰는 기술이 있어야 한다.**
   - 기획서는 이성적인 논리와 전략에 감성적인 설득내용으로 구성한다.

5. **뛰어난 기획자는 '기획안의 실행으로 기대 효과가 크게 있다'고 이해시키는 설득력을 가져야 한다.**

◈ 지금 생각나는 '기획 아이디어'로는 어떤 것이 있습니까?

[ ]

2월 11일

발표력

발표할 기회에서 뛰어난 발표력을 선보이면 주목을 받는다.
먼저 발표의 내용과 구성이 목적에 맞게 잘 제시되고, 발표하는 자세가 좋아야만 듣는 측에서 공감적인 반응이 나온다.

1. 발표력이 미흡한 경우를 알고 개선을 한다.

- 의제(議題)내용의 이해부족으로, 초점이 어긋난 발언을 한다.
- 생각이 정리되지 않고, 메모지도 없어서 내용 설명이 맴돈다.
- 목소리가 낮고, 시선도 내려 보는 등, 자신감이 없는 자세를 보인다.
- 너무 많은 것을 빠른 말로 해서 알아듣기가 어렵다.
- 단정해 버리는 말투(절대로 ~, 불가능~ 등)와 나쁜 버릇(다리 떠는 등)을 보인다.

2. 좋은 발표 자세와 테크닉을 발휘한다.

- 정확한 어휘사용과 확실한 발음으로 알기 쉽게 발표를 한다.
- 시선 처리는 '좌 ⇒ 우 ⇒ 중간'으로 전원에게 시선을 주면서, 약간의 미소를 띈다.
- 목소리는 장소에 알맞지만 약간 크고, 밝은 목소리로 억양(고저장단)에 변화를 준다.
- 말의 속도는 보통 이야기하는 속도로 하며, 중간에 잠시 멈추어 이해하는 정도를 확인한다.
- 제스처는 자연스럽게 하나, 어조사(에~, 또~)는 쓰지 않는다.

◈ 발표에 대한 피드백을 받아보면, 공통되는 내용은 무엇입니까?

[ ]

2월 12일 스토리텔러

책을 읽으면 사람과 사물을 깊게 알게 되고, 화제(話題)가 풍부하면 대화의 수준이 달라져서 삶의 수준도 달라진다.

성공하는 사람들은 뛰어난 '이야기꾼(Story-teller)'으로 독특한 이야기로, 자신의 비전과 정책을 잘 이해시키고 실천을 한다.

1. 스토리텔러가 되려면 자신만의 분야별 '이야기 노트'를 만들어서 상황에 따라 적절히 사용한다.
   – 차별화 전략, 틈새시장 공략, 히트상품의 부족한 점의 보완책 등.

2. 책이나 매체에서 감동받은 내용, 멋진 표현 등을 이야기 수첩에 적고, 암기하여 필요할 때 활용한다.
   – 자기가 할 이야기를 가상 장면을 만들어 놓고, 연기자같이 스토리를 연습해 본다. ⇒ 미리 계산된 스토리텔링으로 효과가 더 있게 된다.

3. 내용별로 사용한 후에는 모임이나 사람, 장소나 반응을 적어 넣고, 다음 사용 시에 참고도 하면서, 같은 사람에게 재사용도 하지 않게 된다.

4. 중요한 자리에 갈 때는 미리 생각한 이야기 거리를 메모지에 적어간다.
   – 상황에 따라서 감성적인 메시지로 분위기 조성과 여운을 남길 수 있다.

◈ 자신의 '스토리 노트'에는 주로 어떤 이야기들이 있습니까?

[ ]

2월 13일 창의력

지금껏 없었던 일을 새로 생각하고 고안해 내는 힘이다. 창의력이 있는 사람은 다양한 호기심과 '어떻게'나 '왜'라는 질문으로 더 풍부하고 창의적인 해답을 찾아낸다. 창의성은 완전히 새로운 개념의 제품을 개발하거나, 현안문제의 해법 아이디어를 제공하는데서 빛이 난다.

(예) 서산 방조제 공사에서, 극심한 조류로 마지막 물막이 공사가 난항을 겪을 때, 현대그룹 정주영회장이 폐 유조선을 가라 앉혀서 파도를 막은 후에 메우는 공법을 제시하여, 성공한 아이디어와 같다.

⊙ 아이디어를 잘 내는 공통된 요소

- 강렬한 문제의식을 가지고 있다.
- 업무를 개선하거나 새로운 연구를 하는 것에 즐거움을 느낀다.
- 고정관념에 메이지 않고 융통성이 많다.

⊙ 창의력을 갖는 방법

- 담당업무의 지식을 넓히고 기술을 익힌다.
- 일을 더 잘 할 수 있는 새로운 방법을 고안한다.
- 독창적인 아이디어를 위해 역발상, 측면사고 등을 한다.

◈ 최근의 과제해결에서 제시한 아이디어는 무엇이었습니까?

[ ]

2월 14일

개선활동

업무에 대한 책임감과 적극성이 생기면, 보다 더 나은 방법으로 개선하거나 관련업무와 회사발전에 대한 제안활동을 하게 된다.

선입견이 없고 참신함과 호기심 많은 관심으로 발상전환을 하면, 많은 개선활동과 문제해결에 좋은 성과를 얻을 수 있다.

5 why 질문법 : 문제해결 전에 단계별로 '5번 왜?'라고 물어보라.

① 왜 이렇게 하는가?
② 왜 이 정도로 괜찮은가?
③ 왜 그렇게 생각하는가?
④ 왜 당연하다고 말하는가?
⑤ 왜 다른 좋은 방법은 없는가?

개선활동 포인트

- 현장을 보고, 듣고, 관찰하여, 상태와 내용을 명확하게 파악한다.
- 남이 하는 방식과 다르게 시도해 본다.
- 낭비 없는 업무방식과 작업 환경개선부터 시작해 본다.
- '안 된다'는 굴레를 벗어나 상상하고 연관 지어 본다.
- 호기심과 문제의식으로 생각한 것을 기록하고, 구체화시켜 본다.

◈ 업무나 가정생활에서 개선할 내용은 어떤 것이 있습니까?

업무면 :

가정생활 :

2월 15일 아침형 직장인

체질에 따라 사람들은 어느 시간대에 두뇌회전이 잘되고 에너지가 왕성한 때가 있다. 업무 스타일에서 아침 형은 오전에 중요한 결정과 약속을 하고, 오후엔 긴장도가 다소 낮은 일을 하는 편이 좋으며, 저녁형은 그 반대가 효율적이다.

수면습관도 체질에 따라 일찍 자고 일찍 일어나는 종달새 형과, 늦게 자고 늦게 일어나는 올빼미 형이 있다. 생체 시계상의 최적 수면시간대는 23시 취침에 06시 기상이다.
따라서 업무 스타일과 수면 습관에는 연관성이 있다.

1. 자기 체질에 맞는 직업과 직무를 선택하거나, 조절해야 건강하게 활동을 할 수가 있다.

2. 규칙적인 일상 업무를 하는 직장인은 종달새 같은 아침 형으로 변신해야 성공의 길로 갈 수가 있다.

3. 아침형으로 바뀌는 방법 : 아침에 일찍 일어나는 것은 자기와의 싸움의 첫 단계이며, 습관화가 되면 체질도 바뀐다.
   - 기상시간은 알람을 이용하여 조금씩 앞당긴다.
   - 눈을 뜨자마자 조명을 환하게 하고 라디오 음악을 튼다.
   - 창문을 열어 햇빛으로 채광을 하고 체조를 한다.
   - 아침 햇살에 신문 등 글을 읽는 습관이 제일 좋다.

◈ 체질적으로 자신은 어느 형에 가깝습니까? [ ]

2월 16일 자격증 취득

자격증은 특정한 권리를 행사할 수 있는 것이 아니고, 자신의 선택과 노력에 의해 그 분야에서 비교우위를 점할 수 있는 수단이 될 수 있다. 자격증 종류에는 국가자격, 국가공인자격, 민간자격이 있다.

⊙ 직업적인 비전을 고려하여 국가교육기관에서 교육을 받은 후에, 국가공인기관의 자격증을 취득해야 한다.

(예) 상공회의소 검정사업단, 한국 산업인력공단 등

⊙ 개인의 자질을 높이는 자격증보다, 자신의 전문분야의 직무와 관련된 자격증을 먼저 취득하여 업무성과에 기여를 해야 한다.

⊙ 직무와 관련된 필요한 자격증의 종류는 업무요구사항에 있으며, 단기간인 1~2년 정도 내에 취득할 수 있는 자격증부터 집중한다.

– 나의 업무 수행과 관련된 자격증의 종류는?

⇒ [ ]

⊙ 공통된 자격증부터 우선적으로 취득한다.

– 영어(무역영어 등), 운전면허, OA 자격증(한글, 파워포인트, 엑셀) 등.

◈ 보유하고 있는 직무관련 자격증에는 어떤 것이 있습니까?

[ ]

2월 17일 업무 연출력

업무책임자는 방송국의 연출가(Producer)와 같이 업무 시나리오 기획에서 리허설까지 최종 확인을 하고, 실제 진행시 발생되는 문제들을 잘 처리하는 연출력을 업무 전반에서 발휘할 필요가 있다.

⊙ 실무자는 담당하는 업무 중에 프로젝트 참여나 행사진행을 맡기도 한다.

– 일반적으로 실무자는 담당업무나 시키는 일만 하려고 하지만, 승진하는 사람은 그 업무의 책임자 입장에서 전체를 생각하면서 스텝역할을 충실히 진행한다.

⊙ 연출을 잘 하려면 공부처럼 '예상·실행·분석'을 잘 해야 한다.

– 진행업무를 예상대로 실행해 보고, 진행시 발생문제는 처리지침대로 하며, 완료한 후엔 바둑을 둔 뒤에 복기를 하듯이 성과분석과 교훈을 정리하여 차기에 참고하도록 한다.

⊙ 행사업무는 사전·사후의 홍보도 중요하므로 사전 홍보 안을 준비하고, 진행 중에는 자료나 인터뷰 요청에도 대비한다.

– 사후에는 성과나 소감 등의 내용을 사보나 매체의 홍보자료로 PR을 한다.

◈ 최근에 참가한 행사나 프로젝트에서의 업무연출은 어떠하였습니까?

[ ]

2월 18일 자기 계발

자기 계발(自己啓發)이란 자기 통찰에 따라 스스로의 성장을 위해 필요한 지식, 기능, 기술, 문제해결 능력 등을 자발적으로 개발(開發)하는 것이다. 최신의 지식과 기술을 습득하지 못하면 낙오된다는 인식이 있어야 한다. 기존 지식은 10~15 년 내 쓸모없게 되는 반면에, 필요한 새 지식과 기술은 10 년 사이에 2 배로 늘어난다.

1. 자기계발 분야

- 업무성과를 올리는데 부족한 부분 : (예) 영업력, 재무회계 등
- 자신의 주특기 업무로 능력을 배양할 부분 : (예) 마케팅, 기술 분야 등
- 장래에 하고 싶은 분야의 업무 부분 : (예) 제2외국어, 관리능력 등
- 필요한 자격증을 얻고 싶은 분야 : [ ]

2. 개발방법과 시간관리

- 전문 학원, 통신강좌(on-line), 연구회, 자기학습 등
- 출근 전 1시간, 퇴근 후 2~3시간을 어떻게 보내느냐에 성패가 좌우된다.

3. 자기계발 계획표

순위	계발목표	목표설정이유	실천방법 및 스케줄	예상문제의 대책
1.				
2.				
3.				

◈ '자기계발 계획표'를 작성해 보세요.

2월 19일 전략적인 독서

책속에는 길이 있고, 지혜와 용기, 영감의 스승을 만날 수 있다. 책 읽기를 통한 자기계발은 성공인의 필수조건이며, 독서는 평생 동안 하므로 전략적으로 계획적인 책 읽는 습관과 기술이 필요하다.
한편 독서는 실용성도 중요하지만, 인격과 교양 그리고 인생의 맛과 행복을 위해서도 필요하다.

1. 자기계발 분야의 '도서목록'을 만들고, 필요한 책부터 우선 읽는다.

2. 전문서적은 '테마'를 정해 놓고, 단계별로 정독하여 습득한다.

   (예) 마케팅 분야를 2년 안에 마스터 한다. ⇒ 3개월 단위로 계획을 세움.
   (시장조사기법, 소비자 행동이론, 마케팅 전략, 마케팅 관리 등)

3. 교양서적을 병행하여 다양한 사람들의 삶과 지혜, 세상 모습을 배운다.

   (예) 소설책은 그 속의 다양한 인물들을 간접경험 하게하여 저절로 사람을 알게 하며, 감정의 미세한 징후를 포착하다 보니 상대방을 만나면 자연히 그 사람의 심리를 꿰는 선생이 된다.

4. 독서습관은 아침에 15분 독서, 저녁에 30분 정도부터 습관화 해간다.

5. 업무관련의 전문잡지를(경제, 과학, 산업분야 등) 1~2권 정기구독 한다.

◈ 최근의 '독서 테마'는 무엇입니까? [　　　　　　　　　　]

2월 20일 독서노트와 스크랩

같은 책을 읽더라도 책을 덮고 나면 기억에 남는 것이 없다는 사람이 있고, 책 속의 지식을 자신의 것으로 만들어 효과적으로 활용하는 사람이 있다.
평생 독서한다고 생각하고 독서노트로 계속 정리하면, 더 깊게 알게 되고 나중에 참고도 되어 활용할 수도 있다.

1. **대학노트**(스프링식이나 3공 바인더 형태)**에 '독후감'이란 표지와 1쪽에 '목차'란을 만든다.**
   - 목차 란에는 〈순번, 책 제목, 읽은 날자, 페이지 NO〉를 기입하도록 칸을 만든다.

2. **책 선정 시에는 책 소개 기사나, 저자 인터뷰 내용 등의 스크랩한 것을 왼편쪽에 붙인다.**
   - 스크랩은 1) 향후 읽을 책에 대한 기사나 광고문안 등을 클리어 파일에 넣어 보관하다가 책을 구입한 후에 독서노트에 옮긴다.
     2) 참고 되는 매체의 내용은 A4 이면지에 붙여서 바인더에 보관함.

3. **책을 다 읽은 후엔 독서 노트의 오른 쪽에 '독후감' 내용을 작성한다.**
   - 제목과 저자, 읽은 날짜 등 참고사항을 두문에 적는다.
   - 중요한 내용의 요약 등을 1쪽의 3/4 정도로 기록한다.
   - 끝부분에 자기 소감이나 의견을 간결하게 정리한다.

◈ 독서노트에는 몇 권의 독후감이 있습니까? [   ]

2월 21일 배우자의 만남

성공하려면 사랑하는 사람을 만나 결혼을 하고, 내(외)조를 받으면서 원만한 가정생활을 이루어야 한다.
행복과 불행도 선택에 의하여 결정되듯이 배우자도 잘 만나고 잘 선택을 해야 인생이 행복해 진다.

(예) 본죽 프랜차이즈 김철호 대표는 외환위기시 사업실패로 거리에서 호떡장사까지 했다. 그러나 부인은 원망하는 기색 없이 묵묵히 내조하여, 오늘의 사업으로 성공하는데 큰 역할을 했다고 한다.

⊙ 서로 마음이 통하고, 존재가치를 느끼게 하는, '좋은 배우자의 만남'은 운명적인 인연(因緣)에서 시작된다. 그리고 자신이 먼저 '좋은 배우자' 가 되도록 노력하는 것이 다음으로 중요하다.

- 인생(영혼)의 동반자라는 느낌이 들고
- 조건 없는 진정한 사랑의 감정이 생기며
- 동고동락(同苦同樂)의 마음을 갖게 하는 만남이다.
- 특히, 서로 대화가 잘 통하는 배우자여야 한다.

⊙ 그릇된 판단은 먼저 그 판단을 내린 사람의 가슴을 아프게 한다. 또한 이것 저것, 이사람 저 사람 따져서 선택하고 사랑한다는 것은 순수한 사랑과는 거리가 있다. 첫 눈에 반했거나, 자꾸 보면서 불길이 타올랐거나…, 배우자의 선택은 자신들의 운명이다!

◈ 자신의 영원한 동반자(同伴者)로 어떤 형을 원하십니까?

[ ]

2월 22일 사랑의 표현

사람은 누구나 인정받고 확인받고 싶은 욕망이 있기 때문에, '사랑받고 있다'는 느낌은 사랑하는 사람 모두에게 필요하다.
때에 알 맞는 한 마디의 말이 보람과 힘과 애정을 더욱 솟구치게 해준다.

⊙ 사랑의 고백은 용기가 중요하나, 시기와 테크닉도 중요하다.
그리고 망설이던 고백을 한 순간부터 사랑의 속도는 빨라진다.

⊙ 청혼(프러포즈)이벤트는 진정성과 특이성으로 상대의 마음에 감동을 주고,
사랑의 증표인 선물로 새 역사를 만들어 간다.

⊙ 마음속에 아무리 큰 사랑을 품고 있어도, 상대방에게 말로 전달되지
않는다면 아무런 소용이 없다.

– "나는 ~을 사랑해!", "자기 오늘은 더 예쁘다!" 등

⊙ 여자는 생리적으로 혼자 있다는 느낌을 받을 때, 결코 행복을 느끼지 않는다.
남자는 여자에게 끊임없는 관심과 애정표현을 보여 주어야 한다.

– "당신은 좋은 아내야!", "당신과 함께 있으면 행복해!" 등

⊙ 가정생활이 행복하기 위한 전제조건은 주고받는 대화(對話)입니다.

– "가장 과묵한 남편은 가장 사나운 아내를 만든다." 〈영국 디즈레일리〉

◈ 청혼 프러포즈를 할 때 무슨 말을 하였습니까?

2월 23일 결혼 서약의 준수

결혼식에서 '건강할 때나 아플 때나, 어떠한 경우에도 사랑하고 존중하며, 어른을 공경하고, 진실한 남편과 아내로써의 도리를 다 할 것을 맹세합니까?'하는 혼인서약에서 모두 "네"하고 대답한 대로 실천하면 문제가 없다.

1. 결혼준비는 혼수와 건강진단도 필요하나, 예비부부 대상의 '결혼준비학교'의 프로그램을 함께 공부하는 것이 중요하다.
   - 의사소통의 기술, 잘 싸우는 방법, 성격검사, 성교육, 신혼설계 등

2. 결혼식 때 주례사의 요약이나, 두 사람이 한 '사랑과 행복의 약속'을 문서로 남겨 지켜나간다.

3. 결혼생활은 그네타기와 같아서 사랑과 미움, 기쁨과 슬픔 등의 사이를 왔다 갔다 하기도 한다. ⇒ 배우자와 나와의 '다른 점' 이나 '차이점'을 글로 써두고, 다른 점이 나타나면 인정해 주고 편안하게 받아들인다.

4. 2가지 불만사항을 지키면 가정에 행복이 온다.
   - 여자의 가장 흔한 불만은 "남자가 여자의 말을 듣지 않는다"는 것.
     ⇒ 남자는 여자의 말을 들어 준다.
   - 남자가 여자에게 하는 흔한 불만은 "늘 남자를 바꾸려 한다"는 것
     ⇒ 여자는 남자를 바꾸려고 하지 않는다.

참고 ① 한국가정상담소 등의 '결혼학교 프로그램'
② 『화성에서 온 남자, 금성에서 온 여자』, 존 그레이 저, 김경숙 역

◈ 두 분의 '사랑과 행복의 서약'에는 어떤 것이 있습니까?

[ ]

2월 24일 # 재무 설계

한 가정의 라이프 사이클에 따른 '가족 인생자금'의 규모와 시기에 대한 계획을 세워, 실천(저축, 투자, 운영관리)하는 재무적인 설계서다.

1. 자신의 가족이 '5년, 10년~30년' 동안에, 어떤 모습으로 살아가기를 원하는지 함께 그려 본다.

2. 가정의 재무목표를 가족 합의하에 구체적으로 설정한다.
   - 단순히 갖고 싶은 것 이상으로, 인생에서 이루고 싶은 것(꿈)을 생각해서 재무목표로 세운다.

3. 필요한 인생자금의 우선순위를 정하고, 그 '규모와 시기'를 결정한다.
   (예) ① 주택구입 자금 ② 자녀 교육(대학)자금 ③ 가족의 꿈(사업)자금 ④ 노후생활자금 ⑤ 자녀 결혼자금 등.

4. 재무목표에 따른 구체적인 실행계획과 방안을 수립한다.
   - '현금흐름표'(수입 - 지출 = 수지차)를 연도별로 작성하여, 수지차에 의한 가용자금의 규모를 파악한다.
   - 현재의 '자산현황'(자산 - 부채 = 순자산)을 작성하여, 순자산 규모와 필요자금의 차액을 산정한다.
   - 저축방법과 투자종류의 선택에 의한 운영방안 등을 차례로 실천한다.

◈ 재무목표의 우선순위를 어떻게 결정하였습니까?

1순위 : 2순위 :

2월 25일 종자돈 만들기

2월

큰 부자는 하늘이 낳지만, 작은 부자는 노력(사업, 재테크 등)이 낳는다. 절약과 저축 습관으로 종자돈을 만들고, 그 자금으로 투자원칙과 방법의 활용으로 목돈을 만들어 간다.

1. 절약습관과 방법

- 금전출납부(가계부)를 사용하고, 생활은 검소하고 간결하게 한다.
- 할부나 월부구입은 하지 않고, 소비는 계획적이고 실용적으로 한다.
- 신용카드는 1개이나 최대한 쓰지 않고, 마이너스 통장은 만들지 않는다.
- 빠져 나가는 돈(수수료, 과태료, 절세 못한 부분 등)을 최대한 줄인다.

2. 저축방법과 습관

- 목표금액을 정해 저축(자동이체 방법)하고, 남은 돈으로 생활을 한다.
- 금융상품 전반에 대한 풍부한 지식을 가진다.
  (예) 비과세 가입 상품, 주택마련 상품 : 종합통장, 청약저축 등
- 중도해지가 없도록 빚은 갚고, 비상금은 별도로 확보한 후에 저축한다.
- 저축하는 돈에 '이름표'를 붙여준다. ○○대학자금, 우리 집 갖기 등

3. 금융상품과 금융기관의 선택

- 저축목표와 성격에 맞는 금융기관의 상품은 기간을 고려하여 선택한다.
- 주요한 핵심사항은 '수익률과 안전성'이다.
- 금융기관의 선택 : 은행, 증권, 보험회사 등.

◈ 1차로 목표한 저축금액은 얼마 입니까? [ ]

2월 26일 재테크 투자원칙

재테크는 돈을 잘 버는 방법이 아니고, 종자돈을 잘 투자하여 많이 모으는 수익성의 테크닉이다. 재테크는 수익률과 확률의 싸움으로 투자 기술의 연마와 더불어 유연성과 결단력이 필요하다.

1. 투자의 기본원칙 : ① 수익성 ② 안전성 ③ 환금성

- 투자는 연속성이 있어야 하므로, 항상 질문해서 위의 3원칙 모두가 OK가 될 때에 투자를 하는 것이 기본이다.

2. 재산투자의 4분법 : 재산을 한곳에 두지 않는 분산투자 방법이다.

- 예금/적금 : 수익성은 낮으나 안전성과 환금성이 우수함 ⇒ 저축자금용
- 주식/채권 : 수익성과 환금성은 좋으나 위험성이 높음 ⇒ 간접투자 방식
- 부동산 : 수익성과 안전성은 우수하나 환금성은 낮음 ⇒ 마이 홈 중심
- 보험가입 : 위험보장과 노후연금 설계용등 가입 ⇒ 생명/손해보험 상품

3. 재테크의 기본자세

- 자신의 투자성향에 맞는 포트폴리오를 구성한다.
- 경제기사를 꼼꼼히 읽고, 관심 있는 정보들은 모아 둔다.
- 여유자금으로 투자함을 기본원칙으로 한다.
- 분야별로 전문가와 상담하여 도움을 받는다.

◈ 자산 포트폴리오는 어떻게 구성하고 있습니까?

(단위 : 백만원)

① 예/적금	② 주식/채권	③ 부동산	④ 보험
%	%	%	%

2월 27일 자기관리

철저한 자기관리로 신뢰감과 호감을 얻어야 성장한다.
자기관리는 자기 내면에서 나오는 올바른 생각을 행동으로 옮기고, 도덕성을 지키는 것에서부터 출발한다.

1. 사회 생활의 기본을 잘 지킨다.
   - 전문성의 발휘로 자기책임을 완수한다.
   - 약속시간과 약속한 일(내용)은 반드시 지킨다.
   - 성실하고 매너 있는 태도를 유지한다.
   - 상하좌우의 대인 관계를 원활하게 한다.
   - 심신의 건강에 힘써서 균형 감각을 가진다.

2. 도덕성에 문제가 없게 한다.
   - **돈 관계** : 급여이외의 어떤 부정한 돈이나 선물을 욕심내지 않는다.
   - **이성교제** : 기혼자는 배우자 이외에 어떤 물의도 없게 한다.
   - **술 주량** : 과음으로 인한 나쁜 술버릇이나 폭행사고 등을 내지 않는다.
   - **사행성 놀이** : 오락차원을 넘는 도박. 경마 등은 과감히 차단한다.

∴ 어떤 일이든 핑계되지 않고 맡은 일을 완수하며, 대화중인 상대가 자신을 믿도록 만들고, 상대방을 기분 좋게 하는 서비스 정신도 자기관리를 잘 하는데서 나온다.

◈ 자기관리에서 추가하고 싶은 것은 어떤 것 입니까?

[ ]

'진짜 걱정거리'

우리가 걱정하는 일중에서 96%가 쓸데없는 걱정들이다. 그러므로 진짜 걱정거리 이외의 쓸데없는 걱정은 하지 말고, 인생을 항상 긍정적으로 살아갈 필요가 있다.

「걱정거리의 40%는 절대 일어나지 않는 것들이고,
30%는 이미 일어난 일들이며, 22%는 사소한 고민거리고,
4%는 우리 힘으로는 바꿀 수 없는 일에 대한 것이다.
나머지 4%만이 우리가 대처할 수 있는 진짜 걱정거리다.」

어니 젤린스키 『Don't Hurry, Be Happy』 중에서

∴ 걱정거리의 핵심을 정확히 파악하고, 그 해결책을 찾아서 그대로 실행하면 된다.

2월 28일 20대 건강관리

20대는 신체와 정신이 가장 왕성하지만, 체력증진과 유지를 위한 운동과 흥미 있는 구기 종목 중 실내외 각 1~2종목의 스포츠를 하면 더 좋다.

1. 체력증진과 유지

〈 유산소 운동 : 1회 40분 〉

- 심폐기능 강화중심으로 실내 자전거타기, 러닝머신, 계단 오르기 등.

(예) 히딩크 감독의 '셔틀 런 방식' 운동

걷기 ⇒ 가볍게 달리기 ⇒ 전력질주 ⇒ 다시 걷기를 반복함.

(20미터 구간씩 하되, 중간에 완전히 쉬면 안된다.)

〈 무산소 운동 : 1회 20분 〉

- 근력강화 중심의 웨이트 운동을 한다.

2. 정신력 향상을 위한 취미활동을 즐긴다.

- 실내 : 악기 한가지 배우기, 수영이나 검도, 태권도 등의 운동하기
- 실외 : 등산, 배드민턴, 테니스 등의 취미 활동 등.

3. 사고로 인한 부상이나 인명사고 등을 예방한다.

- 과음, 음주운전, 과속운전 등으로 인한 사고
- 강한 승부욕에 따른 부상 등에 유의를 한다.

◈ 현재 하고 있는 운동이나 취미활동은 무엇입니까?

[ ]

3월의 자기성찰

인생에서 사랑해야 할 세 가지는 무엇인가?

첫째는 지금 내가 하고 있는 일을 사랑하는 것이고,
둘째는 지금 내 앞에 있는 사람을 사랑하는 것이며,
셋째는 지금 바로 이 시간을 사랑하는 것이다.

톨스토이

자기경영 성공멘토 365

3月
성찰

1일: 사명 선언문
2일: 전문가의 길
3일: 실력 있는 과장급
4일: 문제 해결력
5일: 직장에서 인간관계
6일: 팔로어십
7일: 대면 잘하기
8일: 올바른 대화방식
9일: 상하간의 문제해결
10일: 정보력
11일: 정리정돈의 습관화
12일: 인맥형성
13일: 인맥 지속관리
14일: 효율적인 시간운영
15일: 약속이행
16일: 사내 설득력
17일: 동기부여
18일: 피드백 잘하기
19일: 회계적인 마인드
20일: 토의와 토론하기
21일: 브리핑 선수
22일: 멘토 모시기
23일: 이미지 만들기
24일: 기분 전환하기
25일: 행복한 가정
26일: 자녀교육
27일: 부부갈등의 해소
28일: 마이홈 우선
29일: 이상적인 연금설계
30일: 주말 경영
• 성공 멘토링 Tip: '성공의 7개 요소'
31일: 30대 건강관리

3월 1일

사명 선언문

사람은 누구나 자기 인생에서 자신만의 과업, 사명(미션)을 가지고 있다. 자신의 인생을 통해 어떤 존재가 되고 싶고, 무엇을 하고 싶은지(비전)를 포괄적으로 표현한 핵심문장이 자기사명 선언문이다. 즉, '존재이유(가치)를 문서로 공식화'한 것이다.

이것은 삶의 방향과 미래의 모습을 제시하고, 동기부여하며, 인생의 핵심을 표현하는 것으로 평생 다듬어 가면서 지켜야 할 개인헌법이다.

1. 기본모델

나의 사명은 (　　　　　)을 위하여 (　　　　　)을 (　　　　　)하고, (　　　　　)하면서 (　　　　　)을 (　　　　　)하는 것이다.

(예) 나의 사명은 / 한국인들에게 / 꿈과 열정을 / 전파하고 / 올바른 전략과 전술을 갖도록 하면서 / 최고의 영향력을 / 갖춘 사람으로 성장하게 / 하는 것이다.

– 공병호 박사

2. 사명선언문에 필요한 요소 : 개인적, 가시적, 긍정적, 현재형

(예) 나는(개인적) 회사 직원들이 활기를 띠면서(가시적) 각자의 능력을 발휘할 수 있도록(긍정적) 날마다 노력하는(현재형) 것이다.

참고 『인생의 좌표를 잡아라』, 외르크 크놉라우흐 저, 이노은 역.

◈ 자신의 '사명(使命)선언문'은 어떤 것입니까?

[　　　　　　　　　　　　　　　　　　　　]

3월 2일 전문가의 길

자신의 재능이나 열정을 마음껏 발휘할 수 있는 분야에 전문성을 보유하는 것이 중요하다. 자신이 선택한 영역에서 전문가가 되고, 지식과 기술을 더욱 더 발전시켜 나가는 것이, 미래의 성공을 위해선 반드시 필요하다.

3월

1. 자신이 어느 분야에 재능과 열정을 가지고 있는지를 먼저 파악한다.

2. 전문분야의 기본지식과 기술을 확실하게 배양한다.
   - 업계동향과 주변의 변화, 기술개발의 발전에 민감하게 대응한다.

3. 적어도 1년에 4번 정도는 다른 전문가들이 말하는 것을 직접 들어본다.
   - 강의, 세미나, 전문가 대상의 심포지움 등에 참석하여 전문성을 쌓는다.

4. 중요 대학의 대학원 과정에 진학하여 연구논문과 학위를 취득한다.

5. 10년을 투자하여 최고의 전문가로 일가견을 가진다.
   - 회사에서 입지다지기(3년), 업계에서 입지다지기(3년), 프로로서의 전문 지식과 기술의 활용단계(4년)

◈ 자신의 전문분야 (주특기)는 무엇입니까? [ ]

3월 3일 실력 있는 과장급

과장으로의 승진은 실무 책임자로써 책임감을 강화하고 관리자로 수련을 받는 기간으로 실행력, 문제해결력, 대인 관계 능력의 발휘가 특히 요구된다.

1. 라인(Line) 부문 과장 ⇒ 목표 달성과 부하지도의 조화로운 관리자를 지향한다.

- 목표 추진과 달성능력이 높고, 부하 지도력이 있어야 한다.
- 목표배분의 기준과 방법이 공정해서 팀워크와 단결력을 높인다.
- 아래에 강하지만 위에도 강해야만 지지를 받는다.
- 업무 면에서는 엄격하나, 일 이외에는 자상한 편이 도움 된다.

2. 스태프(Staff) 부문 과장 ⇒ 전문성을 살려 전문가가 되도록 노력한다.

- 과제 선택능력이 높아 중요도 우선으로 업무추진을 잘 한다.
- 문제를 제기하고 문제해결을 잘 해야 실력이 향상 된다.
- 능력이 의욕(직함의식)보다 앞서야 성과를 낸다.
- 현장을 먼저 잘 이해하고, 지원해야 win-win이 된다.

3. 경력관리를 위해 '라인 ⇔ 스태프 부문의 순환근무'를 하게 되더라도, 자신의 주 전공(주특기) 분야를 분명히 하면서 근무에 임한다.

◈ 과장 승진 후 첫 번째 과제는 어떻게 완료하였습니까?

[ ]

3월 4일 문제해결력

인생과 업무는 문제의 연속이지만, '모든 문제는 해결 된다'는 마음가짐을 갖고, 3단계로 문제를 해결해 가는 능력을 키운다. 그러나 해결할 문제에는 늘 전제조건이나 제약조건이 따르므로 그것을 고려해서 해결한다.

– 전제조건 : 환경변화에 대응, 기업 경영철학 등

– 제약조건 : 마감 시한, 법적 요건의 충족, 예산 부족, 노사 협약 등

1. 문제가 무엇인가? 문제의 핵심을 정확하게 파악한다.

– 문제는 바람직한 상태(목표)와 현상의 차이(gap)이다.

– 문제점은 무엇인가 손을 써야 할 필요가 있는 사항이다.

(예) 난폭운전으로 전복사고가 났다.

문제 : 전복사고의 발생 ⇒ 사고자체에 손을 쓰는 것 = 문제의 처리

문제점 : 난폭운전 ⇒ 사고원인에 손을 쓰는 것 = 문제점의 해결

2. 원인이 무엇인가? 원인규명으로 명확하게 원인을 분석한다.

– 원인규명의 방법. 5 why 질문법, 특성요인도, 파레토 분석법 등

3. 해결방안이 무엇인가? 방안을 수립하여 결정하고, 그대로 실행을 한다.

– 최선의 방안을 강구하나, 만일에 대비한 대안(제 2안)도 마련한다.

– 문제는 입장에 따라 달라지므로 이점도 고려해야 한다.

(예) 소비자의 욕구는 다양화되기 때문에 영업부 입장은 새로운 제품개발에 박차를 가해야 하겠지만, 생산부서는 코스트 상승으로 문제가 되는 것 등.

◈ 현재 추진할 과제의 문제점은 무엇입니까?

[ ]

3월 5일 직장에서 인간관계

직장에서 성공은 좋은 인간관계를 맺어야 가능하다. 인간관계 능력은 상대방의 감정과 의중을 읽고 인간적인 신뢰관계를 쌓도록 잘 교류하여, 서로 인맥을 형성하는 능력이다.

3월

1. 상하의 인간관계

– 핑퐁식 사고로 늘 리턴을 생각하고 언행에 유의한다.

상사

- 부하의 특성을 고려해 지시에 때로는 설명을 덧붙여 준다.
- 편애하지 말고 각자 존중해 주면서 공정하게 대한다.
- 잘못에 대한 질책은 조용히 불러서 효과 있게 한다.

부하

- 자신의 업무는 완벽하게 하며, 전체 업무엔 적극 협력한다.
- 상사를 무시하거나 비방하면, 똑 같은 대접을 받는다고 명심한다.
- 좋은 대화예절(호칭, 존대어, 정확한 발음 등)로 호감을 산다.

2. 동료와 인간관계

– 상호신뢰와 협력관계가 형성 되도록 노력한다.

- 먼저 마음을 열고 베풀며 즐거움을 함께 나눈다.
- 선의의 경쟁관계이나 win-win방식의 상생을 늘 생각한다.
- 있는 그대로의 장점과 단점을 이해하고 받아들인다.

◈ 미워하면 진다는데, 미운 사람에겐 어떻게 하십니까?

[ ]

3월 6일 팔로어십(Followership)

리더가 제시한 목표를 뒷받침 하는 것은 부하(추종자)들의 몫으로 상호 긍정적인 작용이 필요하다.

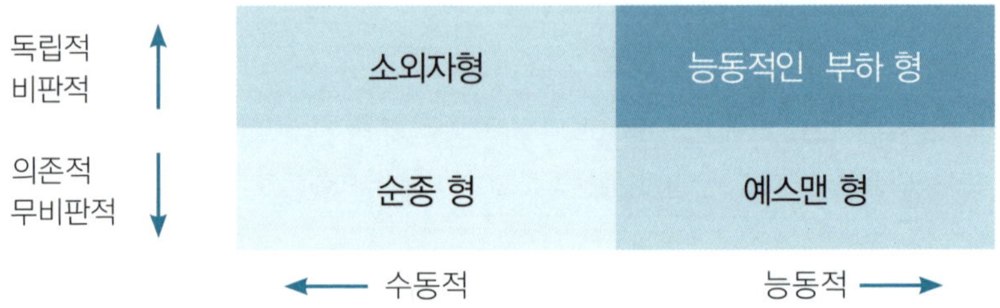

팔로어쉽 유형 (R、켈리 교수)

1. 가장 하급의 부하는 '순종 형'으로 리더가 하라는 것만 한다.

2. 다음은 '예스맨 형'으로 머리는 쓰지 않고, 리더가 좋아 하는 것만 열심히 한다.

3. 그 다음은 불평불만을 일삼고, 행동은 별로 하지 않는 '소외자형'이다.

4. 가장 바람직한 유형은 '능동적인 부하형'들이다.
   - 이런 부하(follower)는 리더의 목표를 비판적으로 검토하되, 일단 옳다고 판단되면 최선을 다해 그것을 완수한다. 이들은 '자율, 헌신, 능력, 패기'등의 특성으로 리더를 성공하도록 만든다.

◈ 상사가 잘못된 판단을 할 때, 어떻게 대응 하십니까?

[ ]

3월 7일 대면(對面) 잘하기

낯선 사람이나 많은 사람들 앞에선 말 표현도 잘못하고, 긴장하여 당황해 하는 사람들이 종종 있다. 사람을 대할 때 자신의 모습이 이상하게 비춰지지 않을까 하는 두려움이나, 상대가 자신을 어떻게 평가할까 하는 불안감 탓이다. 일종의 '대인 불안증'으로, 대면하는 요령과 대화방법을 배워서 자신감을 기를 필요가 있다.

3월

1. 자신에 대한 믿음으로 '나도 잘 할 수 있다'는 긍정적인 암시를 한다.

- 다른 사람들의 기준으로 자신을 평가하면 열등감이 생긴다.

2. 지금 맡고 있는 역할 중에서 가장 중요한 역할에 전력을 다한다.

- 사전에 역할수행 장면을 '가상운전' 같이 상상해 본다.
- 업무내용과 방법에 자신이 있으면 누구를 만나도 두렵지가 않다.

3. 자기의견을 큰소리로 '발표하는 연습'을 해서 자신감을 키운다.

(예) 신문칼럼 중에 하나를 요약 정리하여, 거울 앞이나 친구 앞에서 마치 자기의견 같이 발표하는 연습으로 표현력을 기른다.

4. 시간계획을 융통성 있게 잡아서, 여유 있게 대면을 한다.

- 약속시간 15분 전에 도착한다든가, 만나는 사람의 인적사항을 알거나 논의 할 내용 등을 미리 예상한다면, 효과적인 대면에 도움이 된다.

◈ 처음 만나는 사람을 대면할 때 어떤 점이 가장 힘이 듭니까?

[ ]

3월 8일 올바른 대화방식

사람을 평가할 때 중요한 판단기준의 하나는 '말을 어떻게 하느냐?'에 있다. 또한 말 한마디에 천 냥 빚을 갚기도 하고, 천 냥 빚을 지기도 한다. 대화방식에 문제가 있는 사람은 업무능력에서나 거래처에 문제를 일으키는 경우가 많다. 올바른 대화방식은 말하기보다 소통을 잘 하는데 있다.

1. 일상에서 잘못된 대화방식 = 수직적, 권위적인 말(言) 사용방식 임.

⊙ 일방적인 해결책을 제시하는 말투
– 지시·요구하는 말투, 경고·위협하는 말투, 설교·충고하는 말투 등

⊙ 심리적인 좌절감을 불러일으키는 말투
– 비판·추궁하는 말투, 진단·비교하는 말투, 우롱하거나 관심 바꿈 등

⊙ 자기가 하고 싶은 말만 늘어놓거나, 근거 없는 주장을 하는 말 습관
– '알아서 잘~해', '내가 일 할 때는 특근을 수도 없이 했어'

2. 올바른 대화방식 = 수평적인 커뮤니케이션 방식으로 대화를 함.

⊙ 우선 상대방의 말을 잘 듣고, 말귀와 의도까지 충분히 이해한다.

⊙ 상대방에게 자신의 생각(감정)과 입장을 전달하여 상호이해를 높인다.

⊙ 잘못된 대화방식을 '욕하면서 닮는다는' 식으로 답습하지 않는다.
⇒ 저항감을 느끼지 않는 쌍방향의 대화로 설득력을 발휘한다.

⊙ 전달내용과 자신의 의견을 구분해서 대화를 한다.

참고 『말하지 말고 대화를 하라』, 백기복 저, 위즈덤 하우스.

◈ "자네는 왜 일을 빨리 하지 못하나?"란 말을 들을 때 어떻게 합니까?

[ ]

3월 9일 상하간의 문제해결

상사는 부하가 문제를 지녔을 경우와 상사 자신이 문제를 지녔을 경우, 각각 다르게 반응을 할 필요가 있다. 특히 부하가 문제나 갈등을 겪을 때, 상사는 돕는 자(helper)의 태도로 임할 필요가 있다.

	부하가 문제의식을 가졌을 때	상사가 문제의식을 가졌을 때
포인트	**부하가 대화를 시작 ⇒ 상사는 경청 한다.** 상사역할은 돕는 자다. 상사는 부하욕구에 우선 관심을 둔다. 상사는 부하의 문제해결방안을 수용한다.	**상사가 대화를 시작 ⇒ 부하는 듣는다.** 상사는 의사 전달자다. 상사는 부하에게 변화를 요구한다. 상사는 자신의 방안에 만족해야 한다.
방식	수용적인 태도로 문제요인과 감정을 이해하고, 도와 주는 역할을 수행한다.	부하의 행동에 대한 사실과 자신의 생각과 감정을 표현하는 형태로 대화한다.
(예)	"자네 생각에는 어떻게 했으면 좋겠는가?"	"00할 때마다 나는 사무실의 분위기에 지장되는 것 같아서 곤란을 느낀다."

◈ 상하 간에 문제가 있을 때 누가 먼저 말을 합니까?

[ ]

3월 10일 정보력

실무 부서장은 정보력의 중요성을 인식하여, 사내외로 정보의 빠른 입수와 정밀한 해석에 따른 대응을 잘 해야 한다.

1. 정보 수집력 : 정보를 입수하기 위해선 다양한 정보채널 형성과 부지런한 활동으로 정보 안테나를 높여야 한다.
   - 타부서와 관련기관의 인맥 접촉으로 정책과 동향을 파악한다.
   - 일과 후에도 다양한 접촉을 한다. (예)경조사, 동문회, 세미나 등에 참석함.
   - 매체의 활용 : 신문, 인터넷, 업계 전문지, 월간지 등

2. 정보해석과 활용력 : 정보부족의 실패보다 정보해석의 잘못으로 된 실패가 많다. 정보는 얻은 후에 해석하고 분석해 정확한(새로운) 정보로 만드는 것이 중요하다.
   - 정보에 숨겨진 함의(含意)를 찾고, 연관된 정보와 조합으로 해석한다.
   - '유가급등 예상', '환율변화의 예측전망' 등의 뉴스에서 향후 예상되는 파급 효과를 감안한 시나리오를 만들어 본다.
   - 정보교환으로 또 다른 분야의 정보에서, 남들이 보지 못한 귀중한 점을 알아내고 활용을 한다.
   - 정보 속에 있는 낱말로 생각하지 못하는 독특함을 찾는 상상을 해본다.

(예) 일본의 손정의 회장은 한때 특징적인 3가지 단어의 조합으로 새로운 사업아이디어를 만들었는데, 1년에 250여건의 사업아이디어를 발굴했다고 한다. 즉 키워드의 조합과 재해석을 어떻게 하고, 어떤 연결고리로 어떤 상상력을 발휘하느냐가 중요하다.

◈ 정보력을 강화하기 위하여 어떤 노력을 기울이고 있습니까?

[ ]

3월 11일 정리정돈의 습관화

사무실 책상위에 온통 서류를 늘어놓은 사람, 밤새 작성한 보고서를 찾느라 허둥대는 사람, 물건을 어디에 두었는지 찾지 못하는 사람들은 정리 정돈하는 방법을 다시 배우고, 습관적으로 실시하면 업무효율 향상에 도움이 된다.

⊙ **정리**(整理) 내용이나 성격에 따라 버릴 것은 버리고, 남길 것은 종류별로 구분하여 깔끔하게 하는 것이다.

⊙ **정돈**(整頓) 보관할 자리를 정하여 보관함에 가지런히 넣고, 사용한 후에도 깨끗하게 제자리에 갖다가 놓는 것이다.

1. 공적인 서류 이외의 개인적인 것들은 웬만하면 버린다.
2. 문서와 자료는 파일링시스템에 의하여 목차를 작성하고 보관한다.
3. 같은 보고서 내용이라도 종이문서와 컴퓨터 파일로 나누어 정리한다.
4. 정돈되어 있는 도서나 문서는 활용 후에 바로 원위치 한다.
5. 정기적(주, 월단위)으로 정리정돈을 하며, 오래된 자료는 CD로 저장한다.

◈ 회사의 책상과 서류함, 가정의 정리정돈 상태는 어떻습니까?

[회사 :] [가정 :]

3월 12일 인맥 형성

3월

사회생활에서 인맥은 필요 불가결하다. 인맥형성을 긍정적으로 보고, 자기 스타일(다방면형, 실제형)대로 만들어 간다. 인맥을 형성하는 데는 자신부터 먼저 좋은 인맥이 되고, 상호 도움이 되는 인간관계 형성에 노력을 한다. 기본 마인드는 만남의 인연을 형식적이거나 계산적이 아닌, 진심으로 서로 자주 교류를 하면서 '지식, 아이디어, 정보, 즐거움' 등을 나눈다고 생각한다.

1. 자신의 '매력 지수'를 높여 기억되는 사람이 되도록 노력한다.

- 전문 지식과 기술, 좋은 매너와 외모, 풍부한 화제와 정보 등을 갖춘다.
- 자신의 존재감이 인정받고, 더 나아가 친구에게도 소개시킬 만한 가치가 있는 개성과 이미지를 발휘한다.

2. 어떤 인연(因緣)도 소중히 하며, 연결 끈으로 관계형성을 잘 한다.

- 기존 인연인 친지, 동창회, 동기회 등은 공통 관심사별로 인맥화 한다.
- 직장의 인연 중에 높은 직급과의 관계 맺기에 많은 신경을 쓴다.
- 자기 눈에 띄는 동료나 후배들과 친숙한 관계를 형성해 간다.
- 대외업체와 관련기관의 전문가들은 만남 후에 사후관리를 지속한다.
- 단체, 행사, 교육, 모임 등에 적극 참여하며, 멘토(mentor)로 만나고 싶은 인물은 직접 찾아가 관계를 형성한다.

◈ '인맥 수첩'에는 모두 몇 명이 있습니까? [명]

3월 13일 인맥 지속관리

한번 맺은 귀중한 인맥을 지속하고 발전시켜 가려면, 진정으로 상대방을 위하는 이타심과 끈끈한 유대관계를 위해 필요한 존재가 되는 것이다. 즉, 비즈니스에서 고객이 중심이듯 인맥도 상대방 중심이 되어야 한다. 타인을 배려하고 인맥을 도와주는 것이 가장 큰 인맥관리다.

1. 인맥 수첩이나 파일 속의 인물

- 연결고리를 만들어 정기적으로 만나고 함께 관심사를 나눈다.
- 각종 모임이나 경조사 등에 빠짐없이 참석한다.
- 힘들고 어려울 때 지원을 하고, 식사나 모임자리 등을 만든다.

2. 1촌(key man) 핵심인맥

- 스승, 선배로 모시면서 특별한 관계가 유지되도록 노력한다.
- 유무형의 성의를 보이며, 연결된 인맥과도 함께 모인다.
- 부부 모임으로 운동, 등산 등의 여러 가지 추억을 함께 만들어 간다.
- 관리하거나 덕을 보려고 하지 말고, 내가 줄 수 있는 것(지식, 정보)을 먼저 생각한다.

3. 온라인상의 커뮤니티 인맥

- 오프라인에서도 만나, 친목도모와 비즈니스에 도움을 주고받는다.

◈ 자신만의 '인맥유지 비결'은 무엇입니까?

[ ]

3월 14일 효율적인 시간운영

주어진 시간을 어떻게 운영하고 관리하는가에 따라서 성공에 차이가 난다. 자신의 가치를 인식하고 비전과 목표에 맞는 업무계획과 일정을 세워서 시간을 효율적으로 운영한다.

〈중요성〉 \ 〈긴급성〉	높음	낮음
높음	(1)중요성↑ 긴급성↑	(2)중요성↑ 긴급성↓
낮음	(3)중요성↓ 긴급성↑	(4)중요성↓ 긴급성↓

시간관리 매트릭스

1. 해야 할 모든 일에 '우선순위'를 정하고 행동한다.

2. 마감시간을 정하고 '역계산식'으로 일정을 수립하고 업무를 한다.

3. 월간 ⇒ 주간계획을 기본으로 일일 일정을 수립하고 추진한다.
   - 15~30분 단위로 시간을 끊어서 사용하면 효율을 높일 수 있다.

4. 제 (2)사분면의 필요한 시간을 확보하기 위해, (3)과 (4)분면의 시관관리 메트릭스의 일부 활동에 대해서는 '거절하거나 위임'을 할 수 있어야 한다.

◈ 오늘 긴급하지는 않지만, 중요한 업무에는 어떤 것이 있습니까?

[ ]

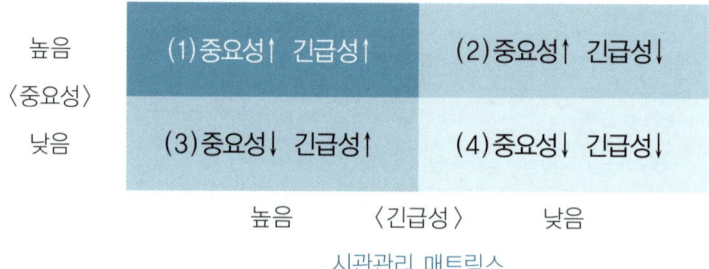

약속이행

약속은 믿음의 출발이며 인격과 명예의 문제다. 약속을 지키지 않는 것은 기본자세에 문제가 있다는 표시이면서, 상대방을 중요하게 생각하지 않는다는 것이 된다. 결국 신용을 얻지 못하고 큰일도 맡겨지지 않을 것이다. 한번 한 약속은 자기 얼굴과 이름에 관계되는 것이므로 반드시 이행해야 한다.

1. 시간약속

⊙ 잊지 않도록 : 일정표에 기록하고 휴대폰에도 입력을 한다.

⊙ 시간에 늦지 않게 : 15분전에 약속장소 건물의 화장실에 도착하도록 한다.

2. 업무약속

⊙ 제출(마감)시간에서 협의나 검토시간을 빼고 일정이나 시간을 정한다.

3. 약속은 신중하게 한다.

⊙ 지키지도 못할 공(空)수표 약속을 함부로 하지 않는 것이, 약속을 지키는 첫걸음이다.

4. 자신과의 약속

⊙ "무엇을 하겠다", "잘못한 것을 고치겠다"는 약속을 스스로 지킨다.

◈ '금전거래의 약속'은 어떻게 이행하십니까?

[ ]

3월 16일 사내 설득력

설득은 상대를 자기의 생각대로 납득(納得)시켜 움직이는 것이다. 설득력 있는 커뮤니케이션은 모든 문제를 지시나 복종대신, 대화와 납득으로 서로가 충분히 협의를 통하여 해결한다는 점에 있어서 효과가 있다. 설득의 기본은 상대방 의견을 잘 경청하고 이해하면서, 자기 논리를 전개하여 납득시켜 해결하는 것이다.

1. 상사가 부하를 설득하는 경우 : 상의하달(上意下達)

- 일방적인 지시 방식 보다는 부하의 인식과 행동 패턴을 알고 말한다.
- 질문과 의견 제시는 일할 의욕으로 받아들이고 크게 포용을 한다.

(예) "내 의견에 좋은 생각이 있으면 말해주게 …"

2. 부하가 상사를 설득하는 경우 : 하의상달(下意上達)

- 상사의 일하는 방식과 태도를 알고, 반응을 예상하면서 말을 한다.
- 일단 Yes로 받아주고, But으로 응수한다.

(예) "좋은 의견이라고 생각되지만 이런 점에서는 좀 어렵지 않겠습니까?"

3. 동료를 설득하는 경우 : 횡적인 동의와 협조

- 평소에 도움이 되는 정보를 제공하거나 지원을 하여 파트너십을 만든다.
- 사전 커뮤니케이션으로 조언을 경청한 뒤에 본안을 설명한다.

◈ 상사의 설득에서 가장 어려운 점은 무엇입니까?

[ ]

동기부여

동기부여(動機附與)란 사람들이 스스로 행동하게끔 계기를 주고, 열의를 갖도록 여건조성과 격려로, 좋은 성과를 올리게 하는 것이다.
따라서 좋은 리더는 부하들에게 동기부여를 잘 하는 사람이다.

동기부여를 잘 하는 방법

⊙ 중요한 결정에 참여시켜 주체의식을 갖고(보람을 느끼며) 추진하게 한다.

⊙ 중요한 결정에 참여시켜 주체의식을 갖고(보람을 느끼며) 추진하게 한다.

⊙ 부하의 제안에 대해서는 결론을 내려주며, 채택되지 못할 경우에는 그 이유를 이해시킨다.

⊙ 권한위양은 관리자의 신뢰표시로 의욕 증대에 효과가 있다.

⊙ 관련된 정보를 제공하고 필요한 지식 및 기능을 배우도록 기회를 주거나 지원을 한다.

⊙ 업적 성취에 대하여는 칭찬과 감사의 표창(表彰)이나 시상(施賞)으로 만족감을 느끼게 한다.

◈ 어떤 경우에 일할 의욕을 더 갖게 되었습니까?

[ ]

3월 18일 피드백 잘하기

피드백(feedback)이란 상대방에게 그의 행동이나 결과가 어떤지에 대하여 자기의 생각과 느낌을 포함하여 본인에게 알려 주는 것이다.
사람이 발전하려면 자신을 제대로 아는 것이 중요한데, 이럴 때는 타인의 객관적이고 공정한 피드백(문제점의 지적, 평가, 결과의 분석 등)이 필요하다.

우리는 소속한 조직의 평가과정이나 업무시스템 속에서 수많은 피드백을 주고받으며 보이지 않는 심리 게임을 한다. 이 점에서도 피드백을 효과적으로 하고 잘 받아들이는 기술이 필요하다.

1. 긍정적인 피드백(수용, 칭찬)을 한 후에, 견해를 말하면 훨씬 더 잘 받아들인다.

2. 부정적인 피드백(비교지적, 비난성)으로는 결코 태도변화가 되지 않는다.
   - 잔소리로 사람을 바꿀 수 없으며, '잔소리'는 최악의 피드백이다.

3. 교정적인 피드백을 할 때는 잘하는 것은 잘 한다고 하고, 부족한 것의 내용과 보완방법을 알려 주어야 한다.

4. 피드백 주고받기 연습으로 피드백을 잘할 수 있다.
   - 서로 대화하는 장면을 녹화한 후에 보면서 고쳐야 할 점을 얘기한다.
     ⇒ 역할을 바꾸어 해보면 훨씬 더 효과가 있다.(Role Playing 방식임)

5. 변화는 주어진 피드백을 받아들이는 순간부터 시작이 된다.
   - 피드백을 받으면 방어, 부정, 변명하기 마련이지만, 성장의 촉진제로 생각하고 수용하면 개인과 조직이 함께 발전할 수가 있다.

◈ 피드백을 했는데 상대방이 부정적인 반응을 보인다면 어떻게 합니까?

[ ]

3월 19일 회계적 마인드

자기가 경험하지 못했던 회계 분야를 접하면, 일단은 어렵고 복잡하게 느껴진다. 회계의 기본지식과 회계적인 사고의 틀을 가지면, 업무가 보다 투명해지고 정확성이 확보된다.
아울러 회사 전체를 보게 되고 관심의 폭이 넓어져 성장에 큰 도움이 된다.

1. 회사의 재무 상태와 회계흐름을 파악한다.

- 재무제표인 '대차대조표, 손익계산서, 이익잉여금 처분계산서, 현금흐름표'를 알고 읽을 수 있어야 한다.
- 담당 부문의 손익계산 내용, 비용규모, 이익률 등을 알아야 한다.

2. 숫자감각을 높여서 계수에 밝아야 한다.

- 숫자를 통해서 사물을 보는 눈과, 숫자가 말하는 것에 관심을 둔다.

(예) 매출과 원가구조, 1인당 매출액, 일반관리비 효율, 부채비율 등임.

3. 문제점으로 나타나는 숫자를 보면, '왜 그런가?'하고 그 원인과 배경을 읽는 습관을 가진다.

(예) 매출액 감소, 수익성 저하, 생산성↓, 관리비의 증가 등임.

참고 『회계 따라잡기』, 이병권 저, 새로운 제안.

◈ 담당부문의 '손익분기점'은 얼마 입니까? [ ]

3월 20일 토의와 토론하기

사회생활에는 회의, 토의, 토론 등이 많은데, 여기서 자신의 의견과 방안을 잘 제시하고 설득이나 논쟁에 능하다면 능력이 돋보이게 된다.
성공한 사람들은 토의와 토론을 잘 한다. 소위 말발이 좋은 사람이 아니라 자신의 주장을 잘 펼치고 논쟁을 잘 하며 설득을 잘 하는 사람이다.
그동안 토론문화가 취약했다면 이를 보완하라. 토론은 설득력을 기반으로 한다.

토의하기	어떤 과제나 문제에 대한 협력적인 사고를 통해서, 최선의 해결책을 찾는 방식이다.
토론하기	참가자들이 어떤 주제에 대한 대립적인 해결방안을 논쟁 등을 통하여 설득하는 방식이다.

토의와 토론을 잘하는 공통적 Point

1. 문제의 본질을 정확하게 인식하고, 사전에 충분한 연구와 준비를 한다.
2. 올바르고 확실한 표현으로, 자신감 있는 논리를 전달한다.
3. 열린 마음으로 상대방의 말을 경청하고 이해하는 자세가 필요하다.
4. 발음과 목소리의 크기, 시선과 자세 등의 매너에도 신경을 써야 한다.
5. 특히 토론과정에서 화를 내거나, 인신공격 등의 비판은 자제한다.

◈ 토의를 주관할 때 가장 어려운 점은 무엇입니까?

[ ]

브리핑 선수

회사나 공공기관에서 브리핑(프레젠테이션)을 잘하여 발탁되었다는 일화가 많은데, 누구든 브리핑과 프레젠테이션 기법을 배우고 연습을 하면 잘할 수 있다.

요약보고 (Briefing)	어떤 현황이나 내용에 대한 요약 설명을 하는 것이다.
발표회 (Presentation)	신제품 소개나 전략회의 등에서 파워포인트 등을 활용하여 발표를 하는 것이다.

핵심 기법

1. 내용구성
   - 사용자 중심의 맞춤내용으로 '도입 ⇒ 본론 ⇒ 결어'순으로 구성한다.
   - 참가자의 시선집중을 위해서 화면의 디자인에 신경을 쓴다.
   - 10 / 20 / 30 원칙을 준수한다. 즉 전체설명을 '10장의 슬라이드로, 20분 내에, 30 폰트 이상의 글자'를 사용하여 완료하라는 것이다.

2. 발표 전 준비
   - 사전연습으로 '발표시간, 내용분량 확인, 내용숙지, 표정과 제스추어' 등을 체크한다.
   - 두려움의 극복 : '내 안의 또 다른 내가 발표를 잘 한다'는 생각을 한다.

3. **발표기술** 연극무대의 배우같이 '정확한 발음, 알맞은 말속도, 강약의 조절, 흥미 있는 예화사용' 등으로 메시지를 믿게끔 연출을 잘 한다.

4. **발표 후 질의응답** 예상 질의응답 자료를 준비하고, 내용을 확인한 후 간결하게 답변한다.

◈ 최근에 한 브리핑이나 프레젠테이션 결과에서의 보완점은 무엇입니까?

[ ]

3월 22일 멘토(스승) 모시기

자신에게 지식을 주는 사람을 선생님이라 하고, 인생의 지혜나 조언을 해주고, 살아가는 동기와 용기를 주는 사람을 멘토(mentor)라고 한다. 인생에서 멘토가 있는 사람은 없는 사람에 비하여, 성공할 확률이 적어도 10배는 높다고 한다.

1. 멘토는 일과 관련된 분야의 상사나 지도교수 및 최고의 성과를 낸 선배들 중에서도 만날 수 있다.

2. 멘토의 활용은 스스로 모든 문제를 고민하고 노력을 한 뒤에 최종적으로 멘토를 찾는다.

3. 멘토를 통해서 다양하게 배우지만, 그분을 닮아 가도록 노력하는 것이 더 중요하다.
   – 사고방식, 삶의 자세, 비전과 철학, 통찰력, 경영하는 방식 등.

4. 기업의 멘토링 제도운영에 참가하여 만난 멘토와도 지속적으로 만난다.

5. 모든 것을 본받고 싶은 성공인(Role Model)이나, 저렇게 살지 말아야 지하는 반면교사(反面敎師)도 좋은 스승이 될 수 있다.

◈ 인생의 멘토로 어떤 분들을 모시고 있습니까? [ ]

3월 23일 이미지 만들기

이미지(image)는 타인이 보고 느낀 나의 모습의 총체이므로, 차별적이고 긍정적인 이미지를 일관성 있게 보이도록 하는 의도적인 노력이 필요하다.

개인브랜드 시대에서는 '입는 옷, 액세서리, 말씨, 표정, 눈짓 + 재능의 가치(강점)' 등이 그 사람의 이미지 특징과 정체성을 좌우한다.

1. 자신이 바라는 모습을 설정하고 그렇게 만들어 간다.
   - 밑그림이 좋아야 진짜 그림도 좋아 지듯이, 자신의 롤 모델을 생각하고 그 사람같이 멋있고, 당당한 모습으로 자기이미지를 변모해 간다.

2. 자신의 이미지를 잘 표현한다.
   - **외적 이미지** : 얼굴, 헤어스타일, 메이크업, 복장 등이 눈에 띈다.
   - **표현(색깔)스타일** : 말씨, 음성, 표정, 매너, 명함 등에 특색이 있다.
   - **내적 이미지** : 인품, 교양, 철학, 개성, 감성 등에 매력이 나타난다.

3. 기회(때와 장소)에 맞게 연출을 한다.
   - 눈에 띌 기회에선 자신이 그 이미지에 맞도록, 비주얼한 모습과 기억하기 쉬운 메시지로 자신 있게 표현하도록 연출한다.

4. 직위(職位)에 맞는 모습(이미지)과 행동 스타일로 변신하도록 한다.

5. 성공하는 상품과 기업은 독창적인 이미지와 메시지를 전달하고 있다.

참고 『이미지 메이킹』, 김은영 저, 김영사.

◈ 자신이 바라는 이미지는 어떤 모습입니까?

[ ]

3월 24일

기분 전환하기

3월

기분(氣分)은 어느 시간 지속되는 느낌의 상태로 감정과는 구분된다. 감정은 뇌에서 일어나며 원인이 있는 반면에, 기분은 몸과 마음에서 서로 상호작용하는 과정에서 형성된다.

기분이 우울할 때는 어떠한 성취도 부귀도 부질없이 여겨지므로, 좋고 평온한 기분을 갖도록 하되, 기분이 우울할 경우엔 조속히 전환할 필요가 있다.

1. 기분이 우울할 때는 우선 이유를 찾아보고 별것 아니면 더 이상 생각을 부풀리지 말고, 어떤 일을 만들어 잠시 바쁘게 움직인다.

2. 몸이 피곤하면 초조해지고 정신이 멍한 느낌이 들 때가 있다.
   - 유연체조나 복식호흡, 운동을 하거나, 휴식 등으로 기분을 전환해 본다.

3. 마음이 울적할 때는
   - 산책이나 경치 좋은 곳에서 좋은 사람과 재미있는 이야기를 나눈다.
   - 명곡을 감상하면서 곡의 리듬과 몸의 리듬에 동조하다보면 평온해 진다.

(예) 비발디의 '사계', 베토벤의 '전원', 바흐의 '브란덴부르크의 협주곡 5번' 등이 좋다.

◈ 자신만의 특별한 기분전환 방법에는 어떤 것이 있습니까?

[ ]

행복한 가정

결혼은 자신이 행복해지기 위해서가 아니라 배우자를 행복하게 하기 위해서 한 것이며, 배우자의 행복이 곧 자신의 행복이라고 할 수 있어야 행복한 가정을 가꾸어 갈수 있다.

⊙ 서로 존중하는 좋은 태도를 가진다.

- 좋은 환경과 아울러 사랑과 이해의 태도와 모습으로 살아간다.
- 자녀에게 스위트 홈(sweet home)의 모범 같은 생활을 생생하게 보여준다.

⊙ 강요하지 않는 사랑과 애정을 표시한다.

- 가족 각자의 성격을 수용하여 편견 없이 사랑한다.
- 때맞추어 베푼다. ⇒ 정(情)도 서로 오고 가고 해야 생긴다.

⊙ 좋은 대화예절을 보인다.

- 인사성이 좋아야 한다 ⇒ 아침이나 식사할 때 인사말 하기, 감사한 일에는 "고맙습니다", 미안하면 "미안합니다" 부탁할 때는 "잘 부탁합니다" 등을 확실하게 표현한다.

⊙ 배려하는 자세를 갖는다.

- 잘못을 지적할 때는 잔소리나 큰소리보다는 요망(要望)하는 식으로 한다
- 걱정하지 않게 귀가나 약속시간에 늦을 때는 사전에 연락을 취한다.
- 부모님 집에서는 부모님 생활방식을 존중해 드린다.

◈ 즐거운 식사시간이 되도록 어떤 노력을 하십니까?

[ ]

3월 26일 자녀 교육

부모는 자녀의 단점을 바로 고치는 정비사(整備士)가 아닌, 잠재된 재능이 잘 자라도록 도와주고 가지를 쳐주는 정원사(庭園師)의 역할을 해야 한다. 부부는 자녀교육을 어느 한쪽에 일임하지 말고, 각자가 할 일은 각기하지만 공통부분은 함께 의논하고 고민해서 잘 자라나도록 지원해야 한다.

⊙ 아버지의 역할

- 초등학교까지는 자녀들과 같이 놀아주고 시범을 보이는 코치역을 한다.
- 청소년 때는 성(性)과 폭력문제에 대한 상담가 역할도 한다.
- 성인이 되면 독립된 인격체로 친구 같은 역할관계가 필요하다.

⊙ 어머니의 역할

- 자녀들이 자신의 생각을 잘 표현하고 상대를 배려하는 태도를 키운다.
- 문제를 해결해 가는 자신감과 지도하는 능력을 갖추도록 해준다.
- "사랑한다"와 "너의 능력을 믿는다"는 말로 자녀가 소중한 존재라는 사실을 스스로 확신할 수 있도록 감성교육을 한다.

⊙ 부모와 함께하는 시간을 가능한 많이 갖는다.

- 좋은 추억이 많이 쌓이도록 여행, 운동, 문화생활 등에 신경을 쓴다.

◈ 자녀가 잘못할 경우에 자세교정을 어떤 방식으로 하십니까?

[ ]

3월 27일 부부갈등의 해소

서로 다른 환경에서 자라나 나름대로 개성을 가진 남녀가, 부부가 되어서 함께 생활하다 보면 '의견과 성격차이'로 싸울 수가 있다. 운동경기에도 룰이 있듯이 부부싸움에도 룰을 지키면서 감정을 해소하는 기술이 필요하다.

1. 부부갈등의 원인(돈, 외도, 고부간, 자녀문제 등)을 찾아서, 애정 어린 대화방식으로 격차를 좁히는 노력을 한다.

2. 최소한 5개 룰은 지키면서 현명하게 부부싸움을 한다.
   - 다툼의 내용은 문제된 지금의 사건으로만 국한 한다.
   - 상대방의 약점(학력, 용모, 신체, 가정환경 등)은 거론하지 않는다.
   - 가능한 부부만 있는 곳에서 싸우되, 80% 수준 정도에서 그만 멈춘다.
   - 결정적인 말(경멸, 끝장 등)이나, 폭력은 사용하지 않는다.
   - 집을 나가 모르는 곳에 가거나, 부모님 집으로 가는 것은 하지 않는다.

3. 제3자인 카운슬러를 활용한다.
   - 성직자나 전문 카운슬러에게 상담하다 보면 스스로도 정리가 된다.

4. 부부학교 등에 함께 참가하여 느끼고 공부하다 보면, 새로운 눈으로 배우자를 보게 되어서 해소가 된다.

참고 『가정문화원 등의 '부부 행복학교' 교육과정』

◈ 부부싸움 후에 화해는 보통 어떻게 하십니까?

[ ]

3월 28일 마이 홈 우선

결혼 후 출퇴근과 교육에 편리한 '임차 선호방식'과 다소 불편하지만 '마이 홈 우선방식'이 있는데, 이는 선택의 문제이지만 재테크 면도 고려할 필요가 있다.

1. 기본 준비 요소

⊙ 목돈마련 저축과 주택청약 저축에 가입부터 한다.

⊙ 부동산 정책 및 세제의 변화와 정보에 많은 관심을 둔다.

⊙ 대출관련 사항

- 대출금액은 집값의 30%선 이내 또는 소득의 30%선 이내로 하며, 이자율과 상환방식 및 수수료 등을 고려하여 결정한다.
- 거치기간이 없고, 중도상환 수수료 없는 조건, 원금 균등분할이 제일 유리한 것 등이다.

2. 주택마련 방안들

⊙ 아파트 청약하기 : 청약통장 가입후 일정기간이 경과해야 한다.

⊙ 미분양 아파트 매수 : 미래가치의 분석을 잘하고 선택한다.

⊙ 재개발의 지분 매입 : 사업시행 인가확인과 3~4년내 입주 가능한 곳.

⊙ 기존 주택의 매입 : 개발지 주변이나 지하철 개통 예정지등에 한다.

⊙ 경매물건의 매입 : 법적사항과 임차인 대책 등으로 전문가 도움 필요.

⊙ 분양권 구입 : 시세와 매입시점을 최우선적으로 고려한다.

◈ 주택마련을 위하여 추진하는 방안은 어떤 것입니까?

[ ]

3월 29일 이상적인 연금설계

현대 사회에서는 장수가 치명적인 리스크라고 하는데, 은퇴후 노년의 삶이 축복이 되기 위해서는, 사회생활을 시작하는 단계부터 장기적으로 3 대 연금으로 한 노후설계가 필수적이다.

1. 공적연금 (국민연금, 공무원연금 등)

현재 급여의 9%가 적립되므로, 20년 이후 퇴직 시에는 노후 기본생활비의 약 40~50% 정도가 보장될 수 있다.

2. 퇴직연금 (확정 급여형, 확정 기여형)

⊙ 과거 퇴직금과 유사한 '확정 급여형'을 선택할 경우에는, 매년 근로 소득의 1 / 12(8.3%) 정도로, 20년간 투자 시에는 노후 기본생활비의 약 20~30%가 충당될 수 있다고 전망된다.

⊙ '확정 기여형' 퇴직연금은 주식에 대한 투자비중이 40%로 제한되어 있으므로 안정적인 운영으로 연금혜택을 줄 것으로 보인다.

3. 개인 연금보험 (생명 및 손해보험, 금융 및 증권사)

자신의 여유로운 노후 생활자금을 설계해 보고, 부족한 부분은 개인연금을 통해 연금자산으로 쌓아 가야 한다

– 특히 비과세 혜택요건을 확실하게 확인하고, 복리효과를 보려면 최소한 20년 이상의 장기간을 생각해야 한다.

◈ 개인연금은 1차로 어느 정도 금액에 가입하였습니까? [ ]

3월 30일 주말 경영

주말 2일을 피로를 풀면서 휴식하거나 별다른 계획 없이 가족봉사와 같이 시간을 보내기 시작한다면 주말 증후군 같은 월요병에 걸릴지도 모른다.

무의미한 휴일 보내기와는 달리, 새로운 프로젝트를 계획하여 지속적인 주말 경영을 추진하여야 또 다른 경쟁력이 생긴다. 물론 가족과의 행복을 위한 시간은 집중적으로 별도로 마련한다.

자기계발형

⊙ 재충전의 기회로 독서와 자격증 취득 등의 자기발전에 투입하는 유형.

취미 형

⊙ 등산, 테니스 등의 운동과 취미모임으로 건강과 친교활동 겸용하는 형.

⊙ 10년을 즐길 수 있는 취미를 찾아서 마니아(mania)급, 프로급으로 진입 한다.

투자 형

⊙ 부동산 분야에서 발품을 팔면서 미래소득을 위해 투자하는 유형.

전문가 형

⊙ 두번째로 하고 싶은 전문분야에 몰입하는 유형.

(예) 전문 사진촬영기술, 테마여행 칼럼기고, 경비행기 조정술 등.

참고 『주말 경쟁력을 높여라』, 공병호 저, 해냄.

◈ 주말을 어떤 형태로 보내고 있습니까? [ ]

성공 멘토링 Tip

성공한 자신의 미래모습

(유사한 사진이나 그림 등을 부착한다.)

'성공의 7개 요소'

성공적인 삶에는 많은 자질과 자세가 필요한데, 그것을 하나의 자음인 '쌍기역자 7개'로 재미있게 표현할 수가 있다.

1. 꿈 : 자신과 사회발전에 기여하는 큰 목표와 실행계획을 세운다.
2. 끼 : 타고난 자질을 연마하여 전문분야에서 두각을 나타낸다.
3. 꾀 : 현명함과 지혜로 난제들을 잘 해결한다.
4. 끈 : 좋은 인간관계로 맺은 후원 인맥 네트워크를 만든다.
5. 꼴 : 외모가 멋있고 매력이 있어서 믿음과 호감이 간다.
6. 깡 : 강력한 추진력과 결단력으로 꿈을 실현한다.
7. 끝 : 마지막이 좋도록 성공한 후에 소프트랜딩을 잘 해야 한다.

3월 31일 **30대 건강관리**

바쁜 직장생활과 일상에서도 자신의 건강에 대한 분석과 평생 건강관리의 로드 맵을 작성하여 실천하는 습관을 갖도록 한다.

3월

1. 가족력과 자신의 체질을 파악한다.

- 가족 중에 '당뇨병, 심혈관 질환, 암 등'이 있을 경우는, 발생가능성이 있으므로 특히 사전예방에 신경을 더 쓴다.

2. 유전자 검사를 하고 생활습관을 교정한다.

- 만성질환의 가족력에는 관련된 유전자의 이상을 검사기관에서 한 후에, 취약해진 부분을 보완하는 처방으로 질병의 발생정도를 낮춘다.

3. 건강수치와 그 의미를 알도록 한다.

- 적정체중과 비만도, 허리둘레와 지방비율, 혈압과 맥박, 혈당수치, 콜레스테롤(HDL, LDL, 중성지방) 수치는 알고 있어야 한다.

4. 건강관리를 위한 계획대로 꾸준하게 운동하고, 건전한 습관을 가진다.

- 1일 만보걷기(6km) : 하루 활동으로 7천보를 걸었으면, 퇴근 후에 3천보를 마저 걷는다.
- 금연 및 절주습관 갖기 : 회식과 음주는 1차로 끝내는 철칙을 실행한다.

◈ 가족력 [부(父)와 친가, 모(母)와 외가]에는 어떤 것이 있습니까?

[ ]

4월의 자기성찰

나를 키우는 말

이 해 인

'행복하다'고 말하는 동안은
나도 정말 행복한 사람이 되어
마음에 맑은 샘이 흐르고

'고맙다'고 말하는 동안은
고마운 마음 새로이 솟아올라
내 마음도 더욱 순해지고

'아름답다'고 말하는 동안은
나도 잠시 아름다운 사람이 되어
마음 한 자락 환해지고

'좋은 말'이 나를 키우는 걸
나는 말하면서
다시 알지

자기경영 성공멘토 365

4月 성찰

약할 때에 자기를 돌아볼 줄 아는 여유와
두려울 때 자신을 잃지 않는 대담성을 가지고
정직한 패배에 부끄러워하지 아니하고
승리에 겸손해 하는 온유한 자녀를 저에게 주옵소서!

맥아더장군의 '아버지의 기도' 중에서

4월 1일

경력관리

자신의 적성과 위치를 고려한 성장목표를 세우고, 5년~20년 후의 중간 단계에 경험할 직무분야를 경력지도(career map)로 설정한다.
여기엔 회사에서 지원하는 경력관리 프로그램(CDP: Career Development Program)에 따른 교육과 승진, 전환배치 제도를 잘 활용한다.

1. 핵심인재 대상으로 선정되도록 최대한의 능력을 발휘한다.
   - 중요보직 [예, 기획조정실, 회장실, 비서실 등]을 경험한다.

2. 경력개발을 위한 연수, 자격증, 기술 등을 습득한다.

3. 확실한 자신의 브랜드(주특기)를 만들어 인정을 받는다.
   - '그 사람은 기획통(영업통, 재무관리통, 기술통 등)이다'란 평을 듣도록 한다.

4. 자신의 커리어 맵에 따라서 (　　)년 주기로 경력을 바꿔보겠다는 생각을 한다.

5. 연차별 경력관리를 추진한다.
   - 사원시절 : 현 직무가 본인의 성향에 맞는지, 회사의 비전과 문화와 적합한지를 판단한다.
   - 5~7년차 : 본인의 업무권한 정도와 현재 포지션이 회사 내의 중요성 정도를 파악한다.
   - 10년차 이상 : 현재의 전문성과 지위 등을 판단하여 임원이 될 가능성을 예측한다.

◈ 자신의 경력관리를 위한 계획은 어떤 것입니까?

[　　]

4월 2일 관리능력의 향상

유능한 관리자는 업무관리(Plan-Do-Check-Action : P-D-C-A)의 사이클을 효과적으로 추진하여, 성과가 창출되도록 관리력을 발휘해야 한다.
즉, 성과를 효과적으로 창출하는 관리자는 합리적인 의사결정을 하고 결정된 사항을 추진하면서 부하의 업무와 상황을 잘 파악하여 지원한다.

1. 목표설정과 계획수립

환경변화를 예측하여 명확한 목표를 설정하고, 추진계획과 예산 등의 추진절차를 제정한다.

2. 조직화

가장 효율적으로 일을 할 수 있는 조직단위를 만들고, 필요한 권한위양과 보고체계 등을 명확하게 한다.

3. 지휘(실행)

결정사항을 통솔력 있게 추진하면서, 상호 의사소통과 부하 육성차원의 지도와 동기부여로 사기를 높인다.

4. 통제(평가와 개선)

평가기준을 사전에 설정하고 중간 점검과 결과에 대한 업적평가를 분명하게 한다. 시정사항이나 업무개선 사항은 차질 없이 조치한다.

5. 사후관리

- 타부서의 관련사항은 피드백을 하여 협조와 개선을 하도록 한다.
- 추진결과에 대해서는 팀의 대변인 역할을 하면서 책임성을 보인다.

◈ 관리력의 발휘에서 어떤 어려운 점이 있습니까? [ ]

4월 3일 합리적인 의사결정

당면한 상황의 내용이나 기술에 반드시 정통하지 않더라도 어떤 일이나 문제를 처리할 수 있어야 유능한 사람이다.
즉 합리적인 사고의 프로세스를 토대로, 단계별로 질문을 하면서 해결과 결정을 해나갈 수가 있다.

1. 상황분석	• 현재 무엇이 문제이며, 과제인가? (what) • 업무에서 무엇이 가장 중요한 관심사인가를 열거한다. • 우선순위(중대성, 긴급성, 확대경향)를 설정한다.
2. 문제분석	• 왜 그렇게 되었는가? (why) • 왜 그것이 중요한 문제가 되었는지, 그 원인을 규명한다. • 규명한 원인의 검증과 확인을 하여서 대책을 수립한다.
3. 의사결정	• 그러면 어떻게 할 것인가? (how) • 결정을 위한 절대와 희망목표를 설정하고 안을 작성한다. • 결정방안과 마이너스 요인을 평가하여 최적안을 결정한다.
4. 잠재문제 분석	• 만일에 예상되는 문제는 없는가? (if) • 실시 중에 예상되는 잠재 문제(부작용 등)를 파악한다. • 대책은 예방대책과 문제발생시 대책으로 수립한다.

참고 『문제해결과 의사결정의 KT 법』, 니카오 키요이키 저, KMA KT 팀 역.

◈ 시장점유율의 감소시 '시장점유율 확대방안의 결정'에 적용하여 보세요.

4월 4일 의사소통의 기술

의사소통은 상대방과 의견 또는 감정을 교환하는 것이다. 나의 말에 대하여 상대방이 잘 알아듣지 못하는 표정을 짓는다면, 그것은 상대방보다 나에게 문제가 더 있다.

⊙ 열린 마음(open mind)을 가진 커뮤니케이션이 중요하다.

– 자신이 가지고 있는 믿음이나 의견이 하나의 선입견이나 편견일 수 있다는 생각으로 마음을 열면 상대방의 말이 들리기 시작한다.

⊙ 좋은 대화방법의 기본은 역지사지(易地思之)다.

– 내가 저 사람이라면 어떻게 느껴질까? 내가 저 상황이라면 어떻게 할까? 등으로 상대의 마음을 헤아리면 공감적인 대화가 잘 된다.

⊙ 지시하기 전에 질문을 해 본다.

– "이번 플랜은 OOO 대리가 하세요." 보다는 "그것은 경험이 많은 OOO대리가 하면 좋을 것 같은데, 어떻게 생각하세요?"라고 묻는다.

– 내가 지시하는 사람이 아니라 의견을 구하는 사람이라고 생각하면, 긍정적인 리더십이 나타난다.

⊙ 실언(失言)이나 실수를 하면 정중하게 사과(謝過)를 한다.

– 실언을 하게 되면 바로 미안하다고 사과하는 것이 최선의 수습책이다. 그냥 얼버무리려고 하다가는 더 큰 실수를 하게 된다.

참고 『30 대에 꼭 알아야 할 대화법』, 김현정 저, 원앤원 북스.

◈ 상처주지 않고 거절하는 방법에는 어떠한 것이 있습니까?

[ ]

4월 5일 문제점 발견능력

문제점이란? ① 그대로 방치하면 업적에 위험이 있는 요소.
② 미개발된 이익, 미 실현된 부가가치를 뜻한다.
문제점의 발견이란? 위험요소와 미개발 이익 및 미 실현 부가가치를 발견하여, 기회이익을 창출하고 기회손실을 방지하는 것이다. 이런 능력이 있어야 '업적 창조의 리더'가 될 수 있다.

4월

1. 목적의식이 깊어야 문제점의 본질이 보인다.

- 이 업무의 최종 목적은 무엇인가?
- 기업이익의 원천은 어떤 것인지를 항상 생각을 한다.

2. 두 번 반복하지 않는다는 의식이 문제의식이다.

- 이대로 무엇인가 조치를 취하지 않으면 손실이나 잘못될 것을 예측하여 조치하는 능력이다. 문제의식은 열린 마음과 열정에서 나온다.

3. 위기의식은 문제점을 발견하는 촉진 역할을 한다.

- 경영의식과 같이 조금만 방심하면 실적하향이나, 적자가 될 수 있다는 위기의식이 문제점을 발견하게 만든다.

◈ 문제점과 그 해결방안은 항상 어디에 있다고 생각하십니까?

[ ]

4월 6일

섭외력

업무 수행 상 외부기관이나 외부 사람들과 필요한 교섭 및 절충을 해야 할 경우가 많다. 섭외(涉外) 업무의 중요성을 인식하고 장기적인 안목에서 인맥으로 유지를 하여야 해결사 역할이 가능하다.

4월

⊙ 상대방과 자주 만나 인간적으로 친숙해야 하며. 일이 있을 때만 찾아가는 태도로는 곤란하다.

⊙ 성실성과 신뢰감을 인정받는 것이 우선적으로 필요하다.
- 자료제공 및 상대방이 필요로 하는 아이디어나 방안을 제시해 준다.

⊙ 해결할 사안에 대한 충분한 지식과 대응방안을 검토하여, 상대방을 설득할 수 있는 우위의 힘을 가져야 한다.

⊙ 상대방의 말을 잘 경청하면서 부드럽고 끈기 있게 이해시키거나 설득을 한다.

⊙ 마지막에는 쌍방이 수혜자가 될 수 있는 타협점을 구해야 한다.

◈ 로비(lobby)를 잘 하는 자신만의 비결은 무엇입니까?

[ ]

4월 7일

학위효과

학력에 비해 능력의 차이가 크지 않은데, 학위만 따면 임금이 훨씬 오르는 것을 학위효과(sheepskin effect)라 한다. 그러나 학력과 능력이 대체로 비례할 때는 '고학력 = 고임금'의 등식이 성립된다.

⊙ 업무성격상 전문지식과 기술을 필요로 하는 경우에, 학력은 그 일을 할 수 있느냐 없느냐의 자격요건이므로 '허위학위'는 범죄행위에 속한다.

⊙ 진정한 학위는 붕어빵 인재에서 벗어나고, 자기 인생의 핵심과제에 따라 10년 앞을 내다보고 신지식과 신기술을 배우는데 투자하여 자격을 확보하는 것이다.

⊙ 석사나 박사 학위 소유자는 스스로 문제를 내고, 그에 대한 해답을 찾아내는 인재들이다. 이들은 문제의식을 강화하여 질문하는 습관을 잘 나타낸다.

– 세계수준은? 10년 후에는? 핵심 문제는? 등으로 혁신을 이끈다.

⊙ 융·복합시대에는 혁신적인 DNA를 갖는 진정한 인재가 될 수 있도록 OO대학원 등에 진학하여 석사 또는 박사학위를 취득한다.

(예) 테크노 MBA 과정, 대학원의 전문 OO과정 등

◈ 대학원에 진학할 계획을 한다면 어떤 전공과정을 선택할 것입니까?

[ ]

4월 8일

마음 수양

세상의 모든 것은 마음먹기에 달렸다고 한다. 일체유심조(一切唯心造)다. 마음을 잘 쓰는 수양(修養)을 하면 업무도 인간관계도 모두 잘 풀린다. 서로 말이 안 통해서 화가 나고, 상대방의 태도가 마음에 들지 않아서 속이 또 부굴 거린다. 나는 왜 고역 같은 일을 계속 해야 하나 등으로 스트레스만 쌓인다면 어떻게 해야 하는가? ⇒ 인격수양을 해야 한다.

1. 생각 바꾸기 : 왜? 일하는지 그 이유를 알면 일 잘하는 방법이 보인다.

– '먹고 살기 위해서가 아니라 일을 통해서 성장하고, 최고가 되는 과정에 있다' 고 생각하면 마음이 달라진다.

2. 상대의 마음 이해하기 : 상대방 마음속으로 내가 들어가는 노력을 한다.

– 남의 의견과 태도를 내 뜻대로 하기 전에, 상대방의 마음과 입장을 먼저 생각한다면 의견대립과 마음의 갈등을 해소할 수가 있다.

3. 마음 바꾸기 : 서로가 자기마음을 내세우면 상처를 입게 된다.

– 자신의 고집을 버리고 마음과 자세를 최대한 낮추면서, 상대방에게 있는 것 중에 눈에 보이는 것만큼만 만족을 한다.

4. 마음을 잘 쓴다 : 무엇을 기대하거나 요구하는데서 문제가 시작된다.

– 기대와 요구를 적게 한다 : 대우나 대접받기, 무엇을 해주길 바라지 않는다.

– 항상 먼저 베푼다: 기념일에 선물하기, 도움이나 차, 식사 등을 베푼다.

◈ 상대방에게 없는 것을 바라면 다툼이 생기는데, 어떻게 하십니까?

[ ]

4월 9일

좋은 상사 되기

조직사회에서 어떤 상사를 만나느냐가 능력발휘에 큰 영향을 미친다. 선견성과 추진력 있는 능력으로 성과를 내면서, 부하를 배려하는 인간미(人間味)를 갖춘 상사가 좋고 바람직한 상사다.

⊙ **능력을 갖추고 노하우를 적극적으로 전수하려고 한다.**

– 상사를 따르는 이유는 유능하고 장래성 있는 상사 밑에서 인정을 받고, 일하면서 업무에 대한 지식, 노하우, 경험 등을 배우는데 있다.

⊙ **모범을 보이며 공정한 평가를 한다.**

– 솔선수범하며 외부 청탁에 영향을 받지 않고 객관적이고 공정한 평가를 한다.

⊙ **부하를 아끼는 마음이 많고, 칭찬과 꾸짖음을 능숙하게 한다.**

– 부하를 수단처럼 다루지 않고 인간적인 애정을 주며 대화를 잘 한다.

⊙ **소신껏 긍정적이고 열정적인 모습을 보인다.**

– 긴 안목과 핵심을 파악한 올바른 주관을 가지고, 감정기복이 적으며, 어떤 난관에도 주저하지 않는 모습을 가진다.

◈ 좋은 상사가 되기 위하여 필요한 것을 한 가지 더 추가한다면 무엇일까요?

[ ]

4월 10일 조직의 정예화

유능한 관리자가 되기 위해서는 조직을 정예화 된 팀으로 만들어 내는 능력을 갖추는 것이 필요하다. 정예화 된 조직은 여건의 불충분, 낮은 보수 등의 불리한 조건에서도 불구하고 훌륭한 성과를 올린다. 정예화 조직으로 만들지 못하면 사기저하와 생산성 문제로 항상 고전 한다.

1. 부하의 자질과 욕구를 파악하여 충족시켜 주면서, 부하능력의 120% 임무를 부여하여 단련시켜 성장케 한다.

2. 주인(주체)의식을 키운다.

   - 자기가 맡은 일에 대한 결정은 스스로 하도록 하고 필요한 지원을 제공한다.

3. 팀워크를 장려 한다.

   - 조직의 한 동료로써 팀 의식을 가지고 열성적으로 일을 하게 한다.
   - 정정당당한 경쟁으로 일의 성취에 대한 적극성과 추진력을 증대시킨다.

4. 상사와 동료 스태프(staff)에 대한 지원과 협조의 조치로 팀 업무의 추진을 원활하게 만든다.

5. 부하들의 자질과 능력을 육성시킨다.

   - 현재 상태만으로 평가하지 말고 장래의 성장성을 보고 육성을 돕는다.
   - 부하의 표면적인 행동만을 문제 삼지 말고 근본원인을 지도한다.

◈ 맡은 조직을 어떻게 정예화하고 계십니까?

[ ]

4월 11일 보좌의 자세와 방법

보좌(補佐)를 잘 하는 데는 상사를 지원하는 자세에서 더 나아가, 상사의 배후에 있는 목표를 함께 달성하기 위해 노력하는 팔로우십(Followship)이 중요하다.

1. 보좌의 자세

- 상사의 입장에 서서 조직의 목표와 담당업무의 관련을 이해한다.
- 담당업무는 기대 이상으로 하면서, 공동목표 달성에 공헌을 한다.
- 조직의 문제해결에 협력하면서, 때로는 상사도 움직인다.
- 상사가 성공해야 자신도 성공할 수 있다는 자세로 보좌업무에 임한다.

2. 보좌의 방법

① 정보와 자료의 제공

관련된 정보와 정비된 자료의 신속한 제공으로, 정세판단과 계획 및 조정업무를 지원한다.

② 의견 상신(上申)과 보고

문제해결을 위한 의견의 개진과 업무내용을 제때에(수시, 중간, 사후) 보고를 한다.

③ 상사의 대행(代行)

권한위임 범위 내에서 책임감을 가지고 처리하며 그 결과는 반드시 직접 보고한다.

◈ 보좌하면서 상사로부터 받은 '충고'는 무엇입니까?

[ ]

4월 12일 상사와 관계관리

자기도 살고 상사도 살 수 있는 상생관계를 만드는 것이, 관리자로써 업무를 완수하는데 필수적이면서 부하의 책임임을 인식한다.
유능한 매니저는 자기와 상사와의 관계는 '상호 보완관계'이며, 이 관계가 좋지 못하면 자기의 직무를 잘 수행하지 못함을 알고 있다.

1. 상사연구

⊙ 상사가 좋아하는 업무 스타일을 파악한다.

- 보고요령 : 상사가 찾기 전에 보고한다. 결론을 먼저 ⇒ 구체사항을 보고함.
- 결재 스타일 : 눈으로 확인하는 형 ⇒ 문서부터 보인 후 핵심을 말함.
  귀로 듣는 형 ⇒ 말을 먼저 한 후에 문서를 보여 드림.

⊙ 상사의 장·강점을 확실히 알며, 약점과 한계도 알아서 보완해 나간다.

2. 상사관리

⊙ 상사가 처한 상황과 목표를 이해하고 업적을 달성하도록 최선을 다한다.
⊙ 상사가 당황하지 않게 사전에 정보, 내용, 일정, 자료 등을 제공한다.
⊙ 상사를 과소평가 하면 자신의 평가도 그렇게 되거나 오히려 위험해지므로, 상사로서 인정과 존중을 해줘야 한다.

3. 관계유지

⊙ 상호 생각, 성격, 욕구, 업무스타일의 이해로 원활하도록 노력한다.
⊙ 서로의 기대(期待)를 명확하게 한다.
⊙ 비공식 접촉을 자주 가져 인간적인 교류관계를 높인다.

참고 『The Boss 쿨한 동행』, 구본형 저, 살림 Biz.

◈ 상사와 비공식 접촉은 주로 어떻게 하십니까?

[ ]

4월 13일 희생양 되지 않기

조직이 사람으로 구성되어 있는 한은 계층질서가 생기고, 출세하는 자를 위해서 할 수 없이 희생양을 만들어 내는 일도 있다. 물론 자진해서 희생양이 되어 충성심이나 동정을 얻는 경우도 있다.

⦿ 희생양(犧牲羊)이 되는 사람들의 특징

- 조직이 요구하는 인간상과 다르게, 비뚤어진 생각이나 태도 및 패기 없는 비굴한 자세로 괜한 입상을 보인다.
- 쓸데없는 잘못과 변명이 많고, 무책임 또는 책임전가 등으로 신용이 낮다.
- 교제술이 나쁘고 사람을 잘 피하며, 지나치게 얌전하여 고립된다.

⦿ 희생양이 되지 않는 방법

- 부정적인 자기 이미지에서 벗어나, 적극적인 사고와 태도를 보여 준다.
- 자신을 크게 보이도록 외관(外觀)을 좋게 하고, 심기일전하여 나쁜 낙인이 찍히기 전에 탈출한다.
- 실수, 엉뚱한 발언, 꾸물거리는 행동을 않도록 깊게 생각하고 처신한다.
- 대인 관계를 개선하여 중심 집단에 포함되거나 우호적 관계를 유지한다.
- 상사가 야단을 칠 때 앙심을 먹지 말고, 기대하는 행동으로 대응을 잘 해 나간다.

◈ 중심부에서 밀리고 들볶임을 당한다면 어떻게 탈출을 합니까?

[ ]

4월 14일 사내 정치력

사내 정치력에 무관심한 것도 지나친 것도 좋지 않다. 특히 10년차 미만은 특정인과 친하다는 인상을 주지 않고, 두루 원만한 관계유지와 업무능력 즉, 실력으로 승부를 해야 한다.
정치력이 있다는 것은 영향력이 있어서, 자신이 원하는 것을 얻기 위해 남을 움직일 수 있는 것으로 인맥의 활용처럼 중요하다.

4월

1. 줄서기 보다는 지금 상사에게 최선을 다하여 좋은 성과를 올린다.
   - 상사에게는 친화력 있는 제안과 건의 등을 잘 활용한다.

2. 모든 것을 공개적으로 운영한다. 즉 승진, 새로운 계획, 변화와 나쁜 뉴스 등을 공개하여 정치적인 행동의 여지를 없앤다.
   - 특히 실적에 근거한 평가와 우대 분위기를 조성한다.

3. 사내정치에도 윤리기준을 지켜야 한다. 즉 회사에 손해를 끼치거나 타인을 해치면서 자신의 이익을 챙겨선 안된다.

4. 사내의 힘이 있는 모임에 적극적으로 참가하고, 회식 등 업무외적인 일에도 열심히 참여한다.

5. 비공식 조직(내부적 모임, inner circle)가운데 핵심인력이 있는 집단에 속하도록 하여, 그들로부터 인정받을 수 있도록 부단히 신경을 쓴다.

◈ 공식 조직과 관계를 맺지 못하는 어떤 역학관계가 있다면 어떻게 해야 할까요?

[ ]

4월 15일 내부 감독자와 관계

성공하려면 우선 상사와 호흡을 잘 맞추고, 다음은 내부의 감독자 역할을 하는 측근 및 담당 스태프들과의 관계를 잘 유지해야 한다.
이들의 성격과 스타일을 충분히 파악하여, 상호 협조와 활용 관계를 갖으면서도 절대로 쟁점이 될 건수를 주지 말아야 한다.

상사의 측근과 관계

⊙ 상사는 측근을 통하여 부하의 보고내용을 부단히 체크하려고 한다. 또한 사적인 동태와 평판에 대한 정보도 부단히 확인을 한다.

⊙ 부하는 측근의 이런 활동을 기분 나쁘게 보아서 방해하면 곤란해진다.

- 측근을 상사의 분신 역으로 인정하고, 그의 의견부터 잘 경청한다.
- 측근의 전달은 상사의 생각이므로, 필요한 내용을 교환하거나 의구심을 해소하도록 노력한다.

담당 스태프과의 관계

⊙ 최고경영자는 공적인 스태프(기획조정실, 비서실)을 통하여, 책임자 및 운영에 대한 성과와 동향을 보고받고 확인을 지시한다.

⊙ 담당스태프은 부문의 전략과 추진방안에 따른 결과를 분석하고, 평가와 함께 본인의 의견을 포함하여 보고한다.

⊙ 부문책임자는 전략추진 및 운영방법과 성과에 대한 점검에서 성의 있게 대응하고, 한 템포 앞서서 행동하는 적극성을 보인다.

- 의견 상충 시에는 절대 큰 소리로 다투지 말고 차분히 납득을 시킨다.
- 사적인 모임도 갖으면서 상호 공감대를 형성하여 신뢰감을 높인다.

◈ 내부 감독자와 만나면 보통 어떻게 대응을 하십니까?

[ ]

4월 16일 리더십 검사

리더십은 조직의 구성원에게 공동목표의 달성을 향해 움직이게 하는 종합적인 힘으로, 성과를 내도록 하는데 그 중요성이 있다.
리더로써 성공하기 위해선 1. 자신의 리더십유형을 알고(知己) 2. 과업, 환경, 구성원의 상황에 맞게(知彼) 잘 대응해 나가야 한다.

4월

1. 리더십 유형검사 (예) Managerial grid 검사 (R. Blake & J. Mouton)

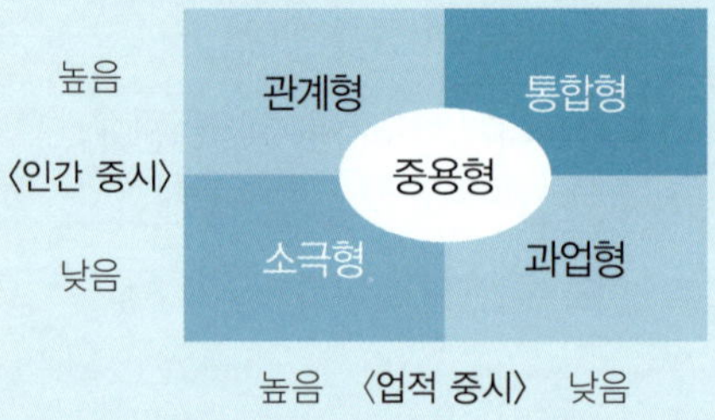

격자이론에서 생산지향과 구성원지향의 결합으로 5가지 리더십 유형이 나타나며, 업적과 인간에 최대한의 관심을 기울이는 통합형이 가장 이상적이다.

2. 리더십의 상하진단 (예) Big 5 검사 (P. Costa & R. McCrae)

본인과 부하들의 상호평가로 항목별 인식의 차이를 알게 되어 리더십의 보완에 도움이 된다.
(회사평균과 비교도 가능함)

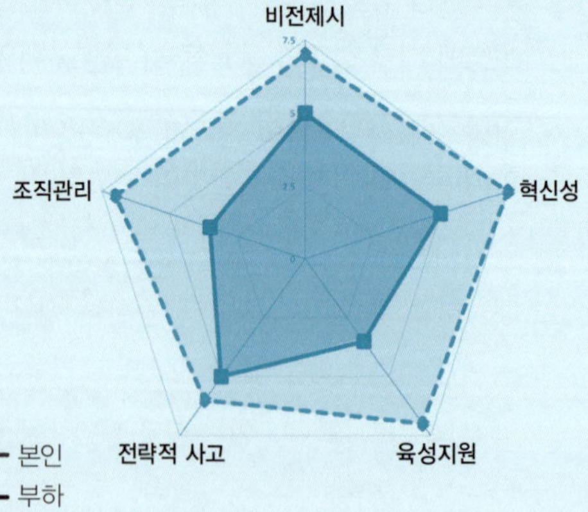

◈ 리더십 검사결과 유형과 보완점은 무엇입니까?

[유형 :] [보완점 :]

4월 17일 리더의 기본자질

리더의 자질은 타고나기도 하나 길러지기도 한다고 한다. 즉 필수적인 자질 중에 일부는 타고나지만, 실전의 경험과 경력관리 및 교육훈련 등으로 수준이 향상되어 자신감 있는 리더로 성장이 가능하다는 것이다.

1. 열정(熱情)
   - 꼭 하고 싶은 일(꿈, 사명)을 끝까지 성취하려는 에너지가 있으며, 할 수 있다는 마음(can-do 정신)과 도전의지(挑戰意志)로 달성하려 한다.

2. 동기부여(動機附輿)
   - 다른 사람들을 신명나게 일하도록 촉진하고, 목표를 달성하도록 방향과 방법을 지도하면서 이끈다.

3. 선견지명(先見之明)
   - 사람과 미래를 보는 혜안(慧眼)과 통찰(洞察)로 문제들을 사전에 대비하며, 인재를 정확히 판별하여 적소적재에 활용을 잘 한다.

4. 결단성(決斷性)
   - 선택의 시점에 '예스냐 노'를 분명히 하고, 선택의 방안 중에서 현명한 선택으로 뛰어난 결정을 직감적으로 잘 한다.

5. 솔선수범(率先垂範)
   - 선택하고 결단을 했으면, 앞장서서 실천하는 모습으로 사람들을 잘 따르게 하여 좋은 성과를 얻게 한다.

◈ 부족한 부분의 보완을 어떻게 하실 계획입니까?

[ ]

4월 18일 리더십 발휘

자신의 리더십이 잘 발휘되고 있는지는 목표달성도나 성과에 의해서 평가된다. 리더십을 발휘할 부문에서는 확실하게 발휘되도록 하여야 한다.

1. 목표 및 추진방안의 설정 : 전사전략과 연계한 조직목표와 달성방안의 수립에서는 자신의 생각(주관, 비전, 전략안)의 제시가 중요하다.

2. 문제해결의 국면 : 해결할 문제는 단계에 따라서 해결방안의 제공이나 해결사 역할로 원활하게 해결해 간다.

3. 부하관리 부문 : 부하의 의욕과 능력을 개발해 내고, 팀워크를 높여서 실적을 올리도록 동기부여를 한다. 또한 부하의견이나 건의를 충분히 수용하고, 부문스태프의 육성을 잘하여 상사를 적극 따르도록 지원한다.

4. 회의운영 부문 : 사회자로써 중지를 모으고 결론 도출과 실시안을 결의 한다. 이때 회의를 주도하는 요령과 자신의 복안을 갖고 임해야 한다.

5. 수평조직과 관계 : 관련한 부서와 전사 스태프에 대한 설득력의 발휘로 협조와 지원을 잘 이끌어 낸다.

참고 『팀장 리더십』, 밥 애덤스 저, 임 태조 역

◈ 리더십 발휘가 잘 되지 않는 부문은 어떻게 하십니까?

[ ]

4월 19일 부하 판단과 관리

관리자로써 인적자원을 효율적으로 관리함에는 올바른 부하 판단의 안목이 필요하다. 부하의 외모나 학력조건이 아닌 '자질, 능력, 성과, 노력도' 면에서 합리적이며 오류 없는 판단을 해야 한다.

1. 부하의 유형

〈성 과 (노력도)〉		
높음	성실 형	유능 형
낮음	무자격 형	문제 형
	낮음	높음

〈자질과 능력〉

2. 부하 유형별 리더십 : 부하의 유형을 판단한 후에, 상황에 맞도록 지도하고 관리를 지속한다.

- 유능형 ⇒ 능력과 동기부여가 되어 있으므로 크게 방향만 제시하는 '위임형'으로 관리를 한다.
- 성실형 ⇒ 자세와 의욕은 있으므로 목표달성 과정을 자세히 가르쳐주는 '코치형'으로 지도하는 것이 좋다.
- 문제형 ⇒ 치어링을 해준다. 기운 빠진 인재에게 관심을 기울이고, 즉각적인 피드백으로 격려하는 '지원형'이 효과적이다.
- 무자격형 ⇒ 일단 지시하고 지도하는 '지시형' 형태로 관리를 한다.

3. 부하 관리와 육성

- 인사조치(발탁, 이동, 좌천, 직무전환 등) 및 동기부여(금전보상, 연수파견 등)로 긴장과 사기진작을 함께 시행한다.
- 상사도 부하가 자기계발로 능력을 갖추도록 지도와 지원하고 기다려준다.

◆ 문제형 부하에 대한 태도변화를 어떻게 유도하십니까?

4월 20일 전문분야의 활동

주 전공 업무분야에서 10년 이상 정진을 하면 내공이 쌓이고, 또한 주변에서 전문가로 인정받도록 성과들을 발표해야 한다.
그런 과정에서 더 연구를 하게 되고, 내용과 생각이 확실하게 정리되어 더욱 수준과 능력이 향상된다.

⊙ 강의활동

– 전공과목으로 2시간은 교육할 실력으로 교재와 교안을 만들고 강의한다.
(특히 사내 강사로 연수원에 출강하여 명성을 얻는 것도 필요하다.)

⊙ 세미나 발표

– 최근의 당면과제에 대한 연구결과로 주제발표나 토론에 참가한다.

⊙ 책 출간

– 자기분야의 새로운 각도의 내용과 실천사례 등으로 1권 정도를 발간한다.

⊙ 협회신문 및 월간지 등의 칼럼 기고

– 관련부문의 연구논문, 활동사례, 연수소감 등을 게재하거나 기고를 한다.

※ 업적과 선행도 사람들의 눈에 띄어야 참다운 평가를 받게 되고, 이름값도 업그레이드가 된다.

◈ 전문분야의 활동으로 어떤 것을 하고 있습니까?

[ ]

4월 21일

슬럼프의 극복

슬럼프(slump)는 자기 실력을 제대로 발휘하지 못하고, 업무성과 등이 잘 풀리지 않고 부진하거나 저조한 상태가 지속되는 상태다.
슬럼프를 잘 극복하기 위해선 그 원인을 찾고, 기본으로 돌아가는 것이 우선이다.

1. 추진 업무가 실패한 경우

원인분석에 따른 새로운 기술이나 방법 등의 교훈을 얻거나, 새로운 관계를 설정하는 기회로 삼는다.

2. 컨디션의 균형이 깨진 경우

1~2일 휴식으로 심신의 피로를 해소한 뒤에 새로운 마음과 각오로 일에 집중을 한다.

3. 좌천이나 승진누락으로 충격을 받은 경우

상사와 면담을 하여 자신의 입장이나 고충을 토로하고, 상사로부터 공감하는 언질 등으로 심기일전하는 계기로 삼는다.

4. 스트레스를 많이 받는 경우

그 원인의 처방과 해결이 먼저 되고 난후에, '자율훈련법'으로 심신을 릴렉스하면서 자기암시로 자신감을 회복한다.

(예) "나도 이번엔 잘할 수 있다. / 괜찮아! 내일은 내일의 태양이 뜬다."

◈ 자신이 활용하는 슬럼프 극복방법에는 어떤 것이 있습니까?

[ ]

4월 22일 밝은 얼굴 갖기

"나이 40 이 되면 자기얼굴에 책임을 져야 한다."라는 말이 있다. 즉, 얼굴은 자신의 삶이 기록된 역사책이기 때문이다. 인상을 써서 굳은 얼굴, 일이 잘 안되어서 시무룩한 얼굴, 피곤한 얼굴 등을 해서는 성공에서 멀어지고 복도 들어오지 않으므로 항상 '밝은 얼굴'을 갖도록 노력한다.

⊙ 복(福)있어 보이는 좋은 인상을 만든다.

- 자기 자신을 좀 너그럽게 생각하며, 상대방은 있는 그대로 받아들인다.
- 상대방에 불만이나 화가 났을 때는 심호흡 등으로 자신을 진정시킨다.

⊙ 미소와 유머를 생활화한다.

- 책상위에 작은 거울을 두고 자신의 얼굴과 대화하면서 미소 짓고 웃는 연습을 하거나, 유머나 코미디 등을 보고 전달하면서 함께 자주 웃는다.

⊙ 잠들기 전에 하루의 마음을 정리한다.

- 특히 미운사람을 역지사지로 이해하고 미움을 지운다. 잘못된 것을 반성하고 고마운 것에 대하여는 감사를 보내고 잠을 자면 다음날 얼굴은 빛난다.

⊙ 밝은 인상 만드는 이미지 트레이닝을 한다.

- 평소 자신이 동경하는 인물의 밝은 얼굴 사진을 보면서, 꼭 그 이미지를 닮겠다고 매일 정해진 시간에 머릿속으로 상상을 한다.

◈ 밝은 얼굴 만들기 표어를 만들어 붙인다면 무엇으로 하겠습니까?

(예) "멋있게 웃자, 밝은 회사 만들기, 우리 집은 밝은 집, Balladang"

[ ]

4월 23일 자녀와 의사소통

자녀가 마음을 열고 의사소통을 잘하여 부모의 생각을 받아들이게 하려면, 부모가 자녀의 수준(입장)에서 눈높이를 맞추어 말을 주고받는 대화를 해야 한다. 즉 자녀의 말을 끝까지 들어주고 감정도 수용해야 대화가 된다.

⊙ **자녀들을 독립된 인격체로 보고 최대한 존중해 준다.**

(예) 왜 그렇게 했냐?(부정적 표현) ⇒ 아! 그렇게 된거구나.(사실수용)

⊙ **일방적인 말만으로는 의사소통이 되지 않고 상처만 주게 된다.**

지시형, 단정형		**권유형, 요망형**
• 숙제 안하니?	⇒	• ( )
• 게임만 하면 어떻게 해?		• ( )
• 왜 ○○처럼 못하니?		• ( )

⊙ **공통된 관심거리나 화제 거리를 만들어야 대화가 가능해 진다.**

공부나 먹는 것 이외에 함께 놀아 주면서, 하고 싶은 것과 좋아하는 것 등으로 화제를 만든다. 특히 식사할 때는 잔소리나 나무라지 않는다.

⊙ **타고난 성격에 맞추어 대화하고, 재능과 기(氣)를 살려준다.**

(예) 과학자 아인슈타인은 지진아로 학교에선 수학이외는 낙제를 받았으나 어머니는 바이올린을 가르쳤고 이것이 상대성 이론의 바탕이 되었다. 또한 "너는 틀림없이 훌륭한 사람이 될거야"라는 말로 기를 살렸다.

참고 『자녀의 성공지수를 높여주는 부모의 대화법』, 이정숙 저.

◈ 자녀와 함께 있을 때 아빠로서 주로 어떤 대화를 하십니까?

[   ]

4월 24일 좋은 부모되기

큰 인물 뒤에는 헌신적인 어머니와 교육적인 아버지가 있었다. 자녀의 재능을 개발하고 인성과 지능교육으로 자녀를 훌륭한 인재로 길러내야 한다. 먼저 좋은 부모는 자녀들에게 좋은 부부의 모습을 보여주는 것이 중요하다.

4월

⊙ **갈등의 해결** 부모의 생각이나 결정을 강요하기보다는, 자녀의 의견과 부모의 제안을 함께 비교한 뒤에 최종 결정은 자녀 몫으로 해결을 한다.

⊙ **자녀 훈계**(訓戒) 큰 소리로 야단치거나 때리지 말고 납득을 하도록 말로 이해시킨다. 특히 두 사람이 동시에 훈계하면 안 되고 한 사람은 중립적이거나 약간 자녀의 편을 들어주는 지원을 한다.

⊙ **자녀 사랑** 자녀들은 인정, 칭찬, 격려에 목말라 하므로, 조건적인 사랑이 아닌 공감적인 사랑으로 인정, 칭찬, 격려, 지원 등의 표현을 한다.

⊙ **자신감을 갖게 함** 다른 자녀들과 비교하지 말고, 존중과 배려로 자존심을 키워준다. 또한 잘못할 때 심한 질책이나 폭언은 주눅을 들게 하므로 사실만 지적하고 지도하여 스스로 자신감을 갖도록 한다.

⊙ **좋은 부모의 면허**(免許)

– 면허증 없는 자녀교육이므로 여러 가지의 시행착오를 경험하게 되므로 계속 배워야 한다.

(예) 아버지 학교에 입교, 좋은 아빠 되는 책 읽기, 자녀들 캠프 참가하기.

참고 『敎子書(교자서)』, 샤오춘셩 저, 임대근 역.

◈ 자녀들의 꿈(소망)이 무엇인지 알고 계십니까?

[첫째 :] [둘째 :]

4월 25일 보장자산의 설계

자산관리는 돈이 필요할 때 꼭 쓸 수 있도록 준비하면서 위험관리도 해야 한다. 미래를 위한 3 대자산은 보장자산과 은퇴자산, 투자자산(주택, 교육, 결혼자금)으로 균형 있게 마련할 필요가 있다.

특히 보장자산은 가장에게 예기치 못한 질병이나 사고가 발생할 경우에, 가족의 안정된 생활을 유지할 수 있도록 보장받는 보험금액이다.

1. 보장범위

생로병사의 인생 전반에 걸친 종합적인 위험에 대비하는 것으로 가족보장, 생활보장, 의료보장자산 등이 있다.

- 개별보장보험 : 일반사망 보장, 재해사망 보장, 노후보장, 치명적 질병(CI)보장 등의 순서로 준비한다.
- 통합보장보험 : 종신보험 + 질병보험 + 장기간병보험 + 의료실손을 포함한다.

2. 보장금액

연봉의 최소 5~7배의 설계가 적정하다고 제시한다.

즉, 가족생활비는 현재 월수입의 60% 정도로, 자녀의 대학까지 교육자금의 합계액을 고려한 설계금액으로 가입한다.

3. 보장기간

평균수명의 증가로 비용이 노년기에 집중적으로 발생하므로 평생보장이 바람직하다. 또한 연금전환을 통해 노후자금으로 활용하거나 80세 이후에도 인출가능금액을 치료자금으로 쓸 수 있어야 한다.

◈ 가족을 위한 보장자산은 어느 정도로 준비하셨습니까? [억원]

4월 26일 경제와 금융지식

부자와 가난한 사람의 차이는 '금융 IQ'에 있다. 부자가 되는 길은 스스로 경제와 금융지식을 높여 재정적인 풍요를 누릴 수 있는 재테크 방법을 꾸준히 연구하고 실천하는데 있다.
혼자서도 할 수 있는 경제와 금융지식을 쌓는 훈련방법을 배워본다.

1. 경제와 금융지식 관련한 도서를 1~2권 구입하여 정독을 한다.
   - 향후 시장의 전망이나 돈의 흐름 등에 대한 안목을 갖게 된다.

2. 신문기사 중에 국내외의 경제와 금융관련 기사를 읽고 스크랩한다.
   - 특히 부문별 전망기사나 신규개발 사업 등을 숙독 한 후에 특별한 것은 분석하여 의견을 적어서 정리를 한다.

3. 나만의 경제 및 금융기사를 작성해 본다.
   - 즉, 경제성장율 및 물가 / 유가 / 환율의 전망, 기준금리의 동향, 주식과 채권시장의 전망, 은행의 예금과 대출이자율, 리스크 요인과 대응책의 분석 등이다.

참고 『금융지식이 미래의 부를 결정한다』, 전유문 저, 원앤원 북스.

◈ 오늘자 신문의 경제 및 금융기사 중에 관심이 있는 내용은 무엇입니까?

[ ]

자산투자 방법

일반적으로 목돈을 모은 다음에는 주식 / 채권과 부동산에 자산을 투자하게 된다. 투자(投資)란 적정한 수익을 기대하며, 자신이 감당할 수 있는 위험 범위 내에서 돈을 투입하는 것이다.
투자를 위한 종목과 투자방법을 알고서 실제로 재테크를 실천하여야 한다.

주식분야

⊙ **직접투자**는 직장인에게 적합하지 않으므로 별도로 한다.

⊙ **간접투자**는 '수익증권이나 ○○펀드' 등의 간접 투자상품에 가입하며, 전문 펀드 메니저가 운영하여 수익을 내는 방식이다.

⊙ **증권사**의 '랩어카운트나 특정금전신탁' 등의 상품에 가입하면, 자신의 투자성향에 맞도록 전문가에게 위탁하여 투자하는 방법이다.

부동산 분야

⊙ 부동산학 개론과 부동산 공법의 책을 정독하여 기초지식을 함양한다.

⊙ 부동산 관련한 자료들을 카테고리별로 스크랩하여 정리하고 숙지한다.
- 정부정책과 전망, 세법개정 내용, 대상별 시장동향, 재개발 및 재건축시장의 정보 등.

⊙ 투자대상을 선정하고 현장답사로 서류상과 정보와 실물을 확인한 후에 투자를 진행한다. 특히 유능한 중개사를 만나 조언(물건의 내력, 법적인 문제, 수익률 등의 세부사항)을 받으며 계약하는 것이 필수적이다.

◈ 지금 운용중인 금융상품의 수익률은 어느 정도 입니까?

상품	수익률 %

4월 28일 기록의 공유와 전수

기록되지 않은 사실은 그 가치를 인정받기 힘들다. 고려청자의 제조비법을 독점하려는 욕심에 자손에게도 전수하지 않아서 한동안은 맥이 끊어졌었다. 선진 지식과 기술을 연수(출장) 후에 얻은 자료와 보고서를 공유하고 전수하여 함께 발전하도록 앞장을 서야 존경을 받는다.

1. 충실한 기록으로 공유하고 전수한다.

- 메모수첩, 업무일지, 녹음(녹취록), 회의록, 보고서 등의 형태로 남긴다.
- 제품, 데이터, 기술, 노하우, 정보 등을 모으고 분석하는 시스템 만든다.
- 성공사례는 물론이고 실패사례도 자산화 하여, 동일한 실수나 실패를 방지하도록 교육하고 메뉴얼화 한다.

2. 일기쓰기는 업무와 내면의 성찰에 도움이 된다.

⊙ 일기의 새로운 구성

하루의 반성과 느낌, 내일의 다짐에 더하여 다음의 내용을 추가로 쓴다

⇒ 누군가를 즐겁게 한일, 새롭게 해본 일과 느낌, 특별한 만남의 기억, 감동받은 일, 영감적인 idea나 새로운 깨달음 등으로 좋은 기록이 된다.

⊙ 난중일기 (예)

충무공 이순신장군께서 임진왜란 7년 전쟁 중에 쓰신 전황, 몸의 불편함, 가족과 백성의 걱정, 군사물자 조달, 정신적 고통 등을 일기에 하소연한 듯한 기록이다. 이는 전 세계 어떤 장군들도 하지 못한 비망록이다.

참고 『난중일기』, 이순신 저, 송찬섭 편역, 서해문집.

◈ 어떤 기록방법을 사용하여 공유와 전수를 하고 있습니까?

[ ]

4월 29일

프로 정신

프로페셔널(professional)은 "어떤 일을 하고 있느냐"가 아니라, "하는 일을 어떤 방식으로 잘 하느냐?"에 있다. 아마추어는 일을 서툴게 하지만, 프로는 자기 일에 의미와 가치를 부여하면서 탁월하게 한다.

1. 진정한 프로란?

- 성과에 책임을 지는 전문가
- 선수(先手)를 치고 기선을 제압한다.
- 기초부처 끝까지 완벽하게 안다.
- 시간보다 목표를 중심으로 일한다.

2. 프로의 세계에서 못난 사람은?

- 일을 스스로 찾지 않고 남이 시키는 대로만 하는 사람.
- 자기 소신을 버리고 윗사람 눈치를 보고 따라서 일하는 사람.
- 자기 잘못을 인정하지 않으며, 고치지도 않는 사람들이다.

3. 프로가 되는 길은?

⊙ 지금하고 있는 분야에서 최고의 전문가가 되겠다는 결심부터 한다.

⊙ 무엇이든 할 수 있다는 자신감으로 일에 목숨을 걸고 몰두한다.

⊙ 성공을 위하여 완벽한 준비와 남다른 연습과 훈련을 철저하게 한다.

⊙ 누가 그 분야의 일인자인지를 결정하고, 그가 무엇을 어떻게 하는지를 알아내고 따라 한 뒤에 그를 뛰어 넘는다.

◈ 프로가 되기 위해 어떤 특별한 노력을 기울이고 있습니까?

[ ]

4월 30일 40대 건강관리

한국에서 40대는 사망률이 제일 높은 건강과도기에 있으므로, 질병과 사망원인을 깊게 알고 대처해야 한다. 40대의 건강관리가 80 대까지 가므로, 중년의 건강 4가지 철칙을 꼭 지킨다.

① 합리적인 식사 ② 운동의 생활화 ③ 금연과 절주 ④ 심리적인 안정

1. 돌연사의 위험요인을 해소한다.

– 과도한 업무, 조급증, 피로누적, 과식과 폭음, 스트레스의 지속 등이다.

2. 산화스트레스 검사 후에 항산화제를 복용한다.

– 활성산소에 의한 신체의 손상정도를 알아 본 후에 적정량을 복용한다.

3. 복부의 지방 축적을 방지한다.

– 동물성 단백질, 포화지방, 당분 등의 고칼로리 식품섭취를 줄인다.
– 절식, 채소와 과일섭취 증대, 유산소 운동량을 증가한다.

4. 건강진단 시 내시경에 도전한다.

– 위장과 대장의 검사 시에 수면내시경을 하면 편안하게 할 수 있다.

참고 『대한민국 40 대 사망보고서』, 이은아 저, 케이펍.

◈ 자신이 가장 중점 관리하는 부분은 어떤 것입니까?

[ ]

5월의 자기성찰

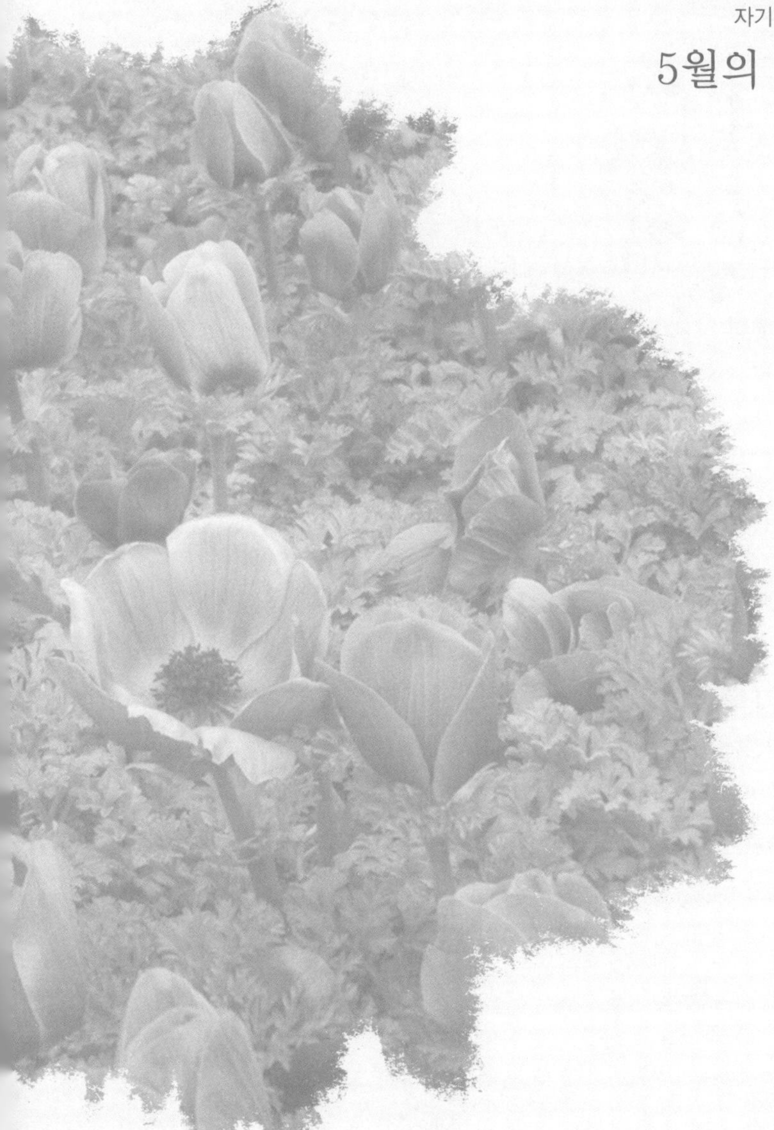

모든 집단에서 리더의 역할은 막중하다. 로마를 전율케 한 것은 이집트 군대가 아니라 한니발 장군 이였고, 인도를 점령한 것은 마케도니아 군대가 아니라 알렉산더 대왕이었다.

나폴레옹

자기경영 성공멘토 365

5月 성찰

5월 1일 임원 승진의 요건

임원(任員)은 담당 부문을 책임지면서, 회사 전체를 생각하는 경영 관리력을 발휘해야 한다. 임원은 샐러리맨들의 별이자, 사원의 지위에서 이별하는 자리다. 능력은 기본이고 우선은 임원 후보자의 명단에 들어야 기회가 온다.

1. 사업능력

– 사업에 대한 명확한 비전과 전략적인 사고와 능력으로, 사업을 크게 키울 수 있는 재목으로 장래의 성장성을 인정받아야 한다.

2. 업무성과

– 해당 분야의 전문 지식과 노하우를 갖고 탁월한 목표 달성을 지속하며, 경쟁 그룹에서도 뛰어난 성과로 두각을 나타낸다.

3. 리더십

– 창의성과 판단력으로 방향을 잘 제시하고, 조직 관리와 부하 육성이 우수하여 부하들이 잘 따른다.

4. 인품과 자세

– 폭 넓은 대인 관계와 솔선수범으로 신뢰성이 높으며, 리스크에 대한 책임감과 충성심이 있다.

5. 자기관리

– 주변에 잡음이 없으며 건강하고 평판도 좋아야 한다. 특히 가정에 문제가 없으며 돈에 대한 윤리의식이 있어야 한다.

◈ 승진 요건에서 보완이나 추가할 것엔 어떤 점이 있습니까?

[ ]

5월 2일 임원의 자세

임원은 바쁘더라도 항상 회사의 장래를 생각하면서, 회사의 발전을 위해 무엇이 필요한가를 늘 생각하는 사람이다.
내부 경영관리와 외부 시장확대 등의 회사 일에 자기 인생을 걸고 승부하려는 자세를 갖어야 한다.

- ⊙ Top의 경영철학과 방침을 깊게 이해하고, 자기 부문에서 이를 실현 한다.
- ⊙ 전문적인 안목으로 담당 부문을 책임경영하며, 타 부문에 대해서도 발전적인 의견을 제시한다.
- ⊙ 담당 부문과 전사적인 발전을 위한 혁신 방안을 제안하고 실천한다.
- ⊙ 사외 협력자 그룹을 구축하여, 정보 수집과 사업의 확장 등에 활용 한다.
- ⊙ 사리사욕을 버리고 회사 발전, 부하 사원, 고객만족을 위한 이타심(利他心)을 발휘한다.

◈ 임원이 되신 후 첫 번째로 한 업무는 무엇이었습니까?

[ ]

5월 3일

임원의 실격요소

임원은 "경영을 책임진다."는 막중한 임무와 책임을 가지고 있다. 특히, 회사의 이익을 창출할 수 없는 임원은 일을 하지 않는 것과도 같다. 상법상 임원의 법적인 신분내용을 제대로 이해하지 못하면 손해배상 책임도 질 수 있고 해임도 된다. 실격대상이 되지 않도록 부단한 노력이 필요하다.

⊙ **담당부문의 실적부진으로 계속 적자부문을 만드는 임원.**

– 적자가 되지 않도록 사전에 필사적으로 만회방안을 강구해야 한다.

⊙ **사업전략과 추진계획의 수립능력이 부족한 임원.**

– 업무처리 능력과 전략구축 능력은 완전히 별개의 것이다.

⊙ **자신의 과실로 회사에 중대한 손실을 끼친 임원.**

– 경우에 따라서는 손해배상도 해야 한다.

⊙ **경영은 결단이다. 책임이 두려워서 결단을 미루다가 실기하는 임원.**

⊙ **회사의 재무제표와 부문의 경영지표를 정확히 파악을 못하는 임원.**

– 자산과 부채, 손익현황, 영업이익률, 매출원가, 손익분기점, 1인당 생산성, 판매관리비, 인건비 비율 등은 알아야 한다.

참고『이런 이사는 해임이다』, 우지케 고지 저, 한국생산성본부 역.

◈ 임원 실격 요소에 대하여 어떻게 생각하십니까?

[   ]

5월 4일 조직의 건강진단

새로운 조직에서 자신의 색깔을 드러내기 전에 말수를 아끼면서, 업무와 조직을 확실하게 파악해야 한다. 즉 간부들의 신상 정보와 인물 평가, 조직 특성과 주요 현안 과제, 내부 문제점과 개선점 등을 우선 확인 한다.

1. 실적과 재무 상태의 진단으로 문제점을 파악한다.
   – 시장과 영업 실태의 분석, 손익구조 분석, 비용과 효율의 분석 등

2. 구성원들의 '조직과 직무만족도' 를 설문 조사와 면담 방식으로 만족도와 조직의 사기를 조사한다.

3. 조직전체의 목표달성 능력의 최대치를 측정하고 혁신 방안을 구상 한다.

4. 조직관리 요소로 내부적인 갈등 이슈의 여부, 조직간 팀워크 정도, 조직 활성화를 위한 의사소통의 장애 요소들을 점검한다.

5. 조직 시스템의 업무 프로세스와 정보화 지원 정도가 환경 변화에 따른 효율성과 속도를 따라가는지를 진단한다.

◈ 진단 결과, 조직의 문제점은 무엇입니까?

[ ]

5월 5일 변혁적 리더십 발휘

⊙ 지식 정보화 시대의 리더는 효과적인 '변화와 혁신을 선도'해야 한다. 변화에는 항상 반대 세력이 있으므로, 충분한 의사소통으로 현상타파를 위한 방안에 공감대의 형성이 필수적이다.

⊙ 새로운 각오로 업무를 추진하지만 전임자에 대한 험담은 하지 말고, 선입견 없이 도전하도록 동기부여를 하면서 책임감을 보인다.

⊙ 변혁적 리더십은 조직진단 결과로 어떤 방향으로 갈 것인지를 천명 한다. 즉 '비전 및 목표설정과 전략추진 계획'을 먼저 명확하게 제시하고, 구성원 모두가 비전 달성을 위한 새로운 사고와 방법으로 변화하여, 창조적인 실행으로 기대 이상의 일을 하도록 유도하는 리더십이다.

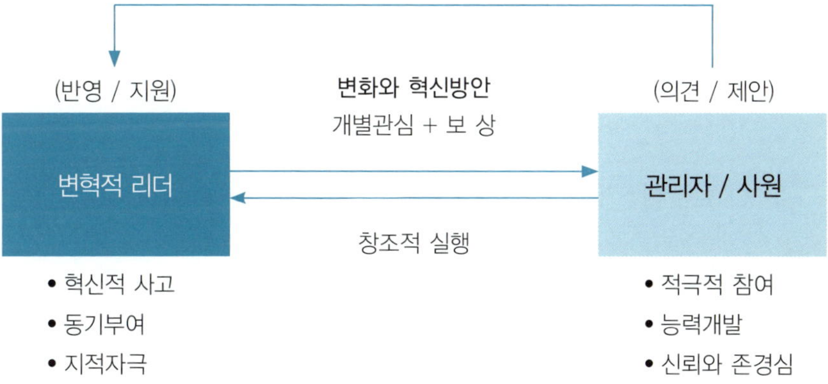

◈ 새로운 조직의 변혁을 위해 어떤 구상을 하고 있습니까?

[ ]

5월 6일 신뢰받지 못하는 유형

부하들이 임원을 따르는 것은 지도력과 인격 면에서 뛰어나고, 그동안의 성공 실적이 있어서 이 사람을 믿고 따라가면, 일이 잘되고 자신의 발전에도 도움이 될 것이라는 신뢰감(기대감)이 있기 때문이다.

신뢰받지 못하는 자는 잔꾀를 부려서 조직을 통솔하려고 해도 무시를 당하며, 특히 다음과 같은 유형은 부하들의 마음을 멀어지게 만든다.

1. 지식과 정보가 부족한 유형
   - 무엇을 물어보아도 잘 알지 못하고, 공부도 잘 하지 않는 유형이다.

2. 무성의 하고 불성실한 자세와 인기에 급급한 유형

3. 방침이 애매모호하고 즉흥적이며, 조령모개식의 지시가 많은 유형

4. 접대비 사용에 공사 구분이 불분명한 유형

5. 옷차림에 센스가 없는 유형
   - 임원다운 위엄이 느껴지는 옷차림이 필요한데 칠칠치 못한 스타일이다.

◈ 신뢰를 얻는 방법에는 어떤 것이 있을까요?

[ ]

5월 7일 조직 활성화

조직 전체의 분위기가 생동감이 넘치고 응집력이 높아서, 목표달성과 업무효율의 성과를 높이는 데는 공식적 및 비공식적인 노력이 필요하다. 또한 팀제가 정착함에 따라 팀 간의 상호경쟁과 협력, 견제의 관계에서도 팀워크를 발휘하여 모두가 잘할 수 있도록 격려와 지도를 한다.

1. 리더는 자신이 이끄는 조직 구성원들에게 매력적인 목표와 목표달성에 대한 확신을 주고 화합된 분위기를 조성해야 한다.

2. 'One for All 정신'으로 한 사람이 앞장서서 뛰어나면(spurt), 칭찬과 포상으로 모두에게 하고자 하는 의욕을 불러일으킨다.

3. 단합과 활성화의 저해요인들(내부 알력, 문제인물, 애로사항 등)을 먼저 해결해 주면서, 업무중심의 'OO활동제도'로 응집력을 높인다.

4. 일체감 조성의 단합 모임(워크샵, 회식, 운동, 등산 등)으로 친밀감을 높인 후에 업무향상을 도모한다.

5. 부하의 개성을 존중해 주면서 내부의 적당주의를 타파하고, 다양한 시도(試圖)를 하도록 하고, 실수를 해도 재도전하도록 장려를 한다.

◈ 부진한 스포츠 팀(야구, 축구 등)의 감독으로 부임하였다면, 무엇부터 추진하겠습니까? [ ]

5월

5월 8일 참모 마인드

참모(參謀)란 경영 책임자의 의사결정에 필요한 방안을 제공하고, 결정 사항의 실행 관리로 성과 도출을 보좌하는 조직이다.
참모 경영의 시대에는 강한 책임의식 및 우수한 자질과 보좌 마인드를 갖춘 참모가 있어야 계속적인 성장을 기대할 수가 있다.

성공하는 사람들 곁에는 언제나 2인자 참모나 조언자(advice partner)가 있다. 자신은 상사의 좋은 참모가 되면서 부하들을 유능한 참모로 활용하고 육성하며 또한 정직한 조언자를 갖도록 해야 성공한다.

1. 상사의 방침을 공유하면서 종합적인 판단과 추진력을 발휘한다.
   - 톱과 라인간의 조정능력과 설득력으로 전략의도를 납득케 한다.

2. 상사의 단점을 보완하며 발전을 위한 진언(進言)을 충분히 한다.
   - 직언과 반대도 하지만 대안제시와 균형을 잡아 주는 것이 필요하다.

3. 전략적인 사고로 장기 전략의 입안과 상황변화에 따른 대응방안을 타이밍에 맞게 수립한다.

4. 목적하는 성과를 얻는데 필요한 중점요인(KFS: Key Factors for Success)에 전력을 집중한다.

5. 현장감 있는 발상과 과제해결의 아이디어를 창안하고 추진한다.

◈ 명 참모가 되기 위한 자질(資質)에는 무엇이 있습니까?

[ ]

5월 9일

협상 능력

인생의 80% 정도는 협상 영역이라고 해도 과언이 아니다. 연봉 및 가격협상, 노사협상, M & A, 가정사 등, 주변에서 복잡하고 다양한 이해관계가 얽혀서 전개된다. 따라서 이해당사자 간의 갈등을 관리하고 의견을 조정하는 과정인 협상의 중요성이 강조된다.

협상 달인은 테크닉에만 집착하지 않고, 협상의 본질을 이해하여 윈 – 윈 전략으로 향후 관계까지 고려하여 접근을 한다.

1. 진정한 협상가는 협상을 할 때와 하지 말아야 할 때를 구분하고, 얻을 것과 양보할 것을 제대로 아는 사람이다.

2. 내부 협상목표와 전략 그리고 협상 단계별 시나리오 등의 준비를 철저히 하고 예행연습도 한다.

3. 상대방의 스타일 연구 및 의도와 목표, 상대방 내부의 상황, 협상안과 진행방법 등을 예상하고 분석한다.

4. 상대방 입장에서 자신의 주장을 생각하고 다양한 전략 전술을 구사한다.
   – 창의성 넘치는 대안의 개발과 논리적인 대응으로 설득력을 높인다.

5. 협상의 마무리인 합의서나 계약서의 문맥, 숫자, 내용수정 사항, 법과 규정 등을 꼼꼼하게 확인한다.

참고『비즈니스 협상 A to Z』, 김 병윤 저, 해냄.

◈ 최근에 협상한 사례에서 보완할 내용은 어떤 것이 있습니까?

[ ]

5월 10일 부하 평가

선입관이나 자기주관과 단일척도로 평가하지 말고, 객관적이고도 공정한 평가기준으로 신중하게 판단해야 한다.
능력과 성과의 엄정한 평가는 적재적소 여부와 지도육성의 방법 및 인사 조치 등의 방안들을 결정하고 시행하는데 필요하다.

1. 능력부문

업무수행과 조직 관리력, 대인 관계 능력을 중점적으로 판단하지만 부하들의 평판도 참고한다.

2. 의욕 및 태도

경영의식과 책임감으로 업무추진에 강한 의욕과 적극적인 태도를 발휘하는 정도를 평가한다.

3. 성과의 수준

실적과 목표달성의 수준평가는 량과 질적인 면에서 부실의 문제성 여부도 판단한다.

4. 성장성과 신뢰감

자질, 건강도, 충성심, 자기관리 면에서 확실하여 앞으로 발전 가능성과 큰일을 믿고 맡길 수 있는지를 판별한다. 즉, 업적과 조직발전의 열쇠를 쥘만한 사람, 핵심인물(key-person)을 발견하는 것이 키 포인트 이다.

◈ 평가 후 결과를 어떻게 활용하십니까?

[ ]

인사관리의 요체(要諦)

사업의 성패는 인재확보와 활용에 있다. 사람은 누구나 장단점을 지니고 있으므로, 결점만을 찾지 말고 장점을 발견하고 발탁하며, 실용주의 인사원칙으로 능력과 실적우선으로 중용한다.

1. 인재 확보하기

인재는 그냥 얻어지지 않는다. 감점주의보다 득점주의와 뛰어난 강점에 착안하며 적임자를 확보하기 위하여 내부발탁, 외부 스카우트를 병행한다.

2. 사람의 진면목 간파하기

능력과 직무 적합성 그리고 태도 면에서 달성 의지를 기간을 두고서 확인한다. 한편 뒤로 다른 말을 하거나 딴 행동을 하는 자는 신속한 조치를 한다.

3. 내 사람으로 양성하기

인재 후보군은 직접지도, 외부교육, 학습조직 등을 활용하여 자격증 취득을 지원하거나, 전문지식과 기술습득으로 멀티플레이어가 되도록 관심과 인사 등의 배려를 한다.

4. 차별화 시스템의 운영

업적에 따른 차등대우와 상벌을 분명하게 한다. 이것은 업적수행에 동기부여가 되면서 능력위주의 문화가 정착 된다.

5. 이직의 방지

확보한 인재들 중에서 실적 우수자에게는 파격적인 포상이나 특별승진, 불만요인의 해결 등으로 잘 관리하여 유출을 예방한다.

◈ 마음에 들지 않는 인물이 배치되어 오면 어떻게 하십니까?

[ ]

5월 12일 효과적인 의사전달

부하를 의욕적으로 활동시키려고 할 경우에, 열쇠를 지고 있는 것은 말하는 쪽이 아니라 말을 듣는 쪽에 있다.
자신이 기대하고 있는 방향으로 따라 줄 것을 바란다면, 상대방의 심리에 맞는 의사전달과 대응방법이 필요하다.

⊙ 잘 듣도록 여건을 조성한다.

– 주의 집중과 흥미유발로 이해를 잘 하도록 공감대를 형성한다.

– 거만한 태도로 일방적이거나 사무적으로 말을 하면 건성으로 듣는다.

⊙ 듣는 사람의 수준에 맞게 단어선택과 언어사용 방법을 조절한다.

⊙ '말하는 원칙' 을 지킨다.

– '기분 좋게, 정확하게, 알기 쉽게' 말을 한다.

⊙ 언어 이외의 표현방식에도 많은 신경을 쓴다.

– 어두운 표정, 약한 목소리, 불안정한 태도, 강약이 없는 긴말, 허술한 복장, 어울리지 않는 제스츄어 등.

⊙ 의사전달이 잘 되었는지를 확인과 피드백을 해보고 추가적으로 보완을 한다.

◈ 말을 잘못 알아듣고 오히려 반발까지 한다면 어떻게 하십니까?

[ ]

5월 13일 상처 주는 말조심

무심코 던지는 말(막말)이 비수같이, 듣는 사람의 의욕을 완전히 꺾어 놓거나 마음에 깊은 상처를 남긴다. 정직하고 올바른 말을 하기위해서는 긍정적인 마음의 상태여야 하고, 긍정적인 말이 사람의 마음을 열게 한다.

(예) • 바보같이 그것도 못하냐? • 그래봐야 소용없다.
• 엉터리 같이 한다. • 이렇게 밖에 못하는가?
• 형편없구나. • 개떡 같다. • 너는 OO할 자격이 없다.
• 누구는 일등을 하는데… • 제대로 하는 것이 뭐가 있나?
• (본인이 상처받은 말) ⇒ [ ]

⊙ 말 한마디가 사람을 살리기도 하고 죽이기도 한다. 즉 촌철살인(寸鐵殺人)이다. "가는 말이 고와야 오는 말도 곱다"와 "말 한 마디에 천 냥 빚을 갚는다."는 말과 같이, 말이 씨가 되고 다툼이 되고 상처를 주고 자신도 괴로움을 겪는 경우가 종종 있다.

따라서 상대방에 대한 험담, 모욕, 무시하는 말 등의 부정적인 표현은 최대한 자제하고 절대로 조심을 해야 한다.

⇒ 현명한 사람들은 복잡한 문제를 간단하게 만들고 겸손하게 말한다. 이젠 칭찬하고 격려하는 말의 힘으로 성공하는 인생을 만들 수 있다.

참고 『긍정적인 말의 힘』, 할 어빈 저, 박정길 역.

◈ 상처 주는 말을 들으면 어떻게 대응을 하십니까?

[ ]

5월 14일 적극적인 경청

표면적인 사실만을 주고받는다고 해서는 충분한 대화가 이루어 졌다고 할 수가 없다. 말하는 사람은 속의 의미와는 다르게 말할 수가 있어도, 듣는 사람은 사실과 속마음을 함께 알아듣는 적극적인 경청(Active Listening)을 해야 한다. 즉, 말을 제대로 들을 줄 알아야 한다.

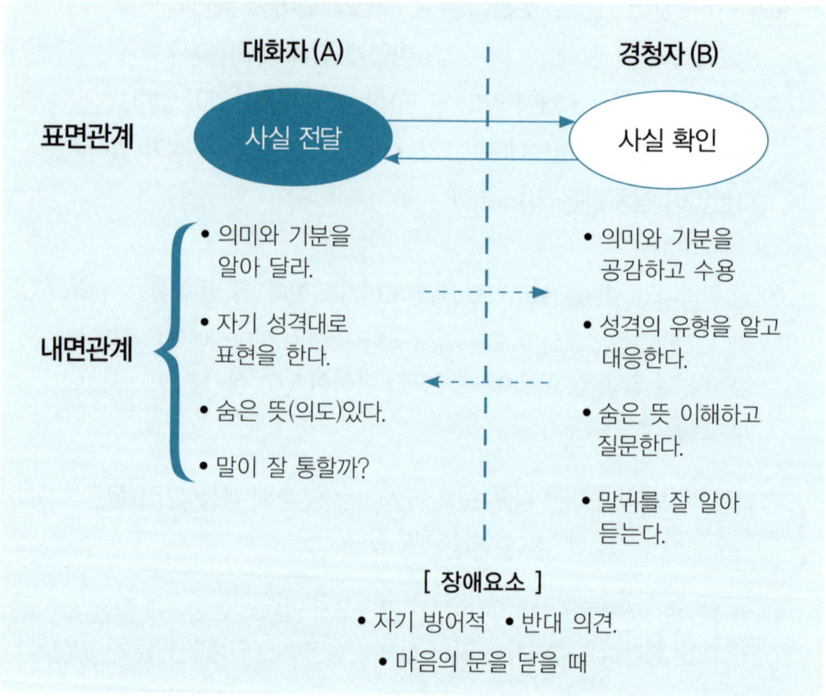

※ 경청자는 사실을 확인 ⇒ 상대의 속뜻과 기분을 이해, 공감하고 ⇒ 적합한 대답과 지지를 보내며 ⇒ '장애요소가 있으면 해결'하는 식으로 해야 적극적인 경청이 되고 제대로 된 대화가 된다.

◈ 대화시 장애요소가 생기면 어떻게 해결합니까?

[ ]

5월 15일 **부하의 존경받기**

진정으로 존경받는 리더는 카리스마를 내세운 권위형 보다는, 조직의 발전과 목표달성을 위해 솔선수범 하며, 부하들을 신뢰하면서 지원하고 육성해 주는 관계지향형이다.

⊙ **뛰어난 실력을 발휘한다.**

– 전문분야의 능력보유, 난제해결의 아이디어가 많고, 결단력 등의 역량이 있다.

⊙ **조직 통솔을 잘 한다.**

– 설득과 동의 절차에 따라 의사소통을 잘하며, 목표의 실현에도 열정이 강하다.

⊙ **상경하애**(上敬下愛) **자세를 실천한다.**

– 상사를 공경하면서 No도 할 줄을 알고, 부하들을 잘 챙겨준다.
(공로표창 상신, 해외연수 배려, 승진이나 전배인사의 지원 등)

⊙ **덕을 많이 베푼다.**

– 개별적인 지도와 특별한 배려나 만남으로 친숙한 관계를 만든다.

⊙ **공·사적으로 모범을 보인다.**

– 공적인 경비의 사용과 자기관리 면에서 허점을 없게 한다.

◈ 잘 따르는 부하가 적다면 그 요인은 어디에 있다고 보십니까?

[ ]

5월 16일

판단력

사물에 대한 판단력은 사물을 인식하여 논리나 기준 등에 따라 판정할 수 있는 능력으로, 위기에서 빛을 발하는 리더의 첫 번째 조건이다.
리더의 판단은 '인물, 전략, 위기영역'에서 상황에 따라 내려지며, 각 영역에서 '준비, 결정, 실행'의 세 단계로 이루어진다. 특히 독단적인 판단도 필요하지만, 조언자나 다른 사람의 참여도 받아야 성공적이 된다.

1. 현명한 판단을 위해서는 자신과 조직, 이해관계자에 대한 상황적인 사실과 지식부터 충분히 파악해야 한다.

2. 판단의 성공은 과정의 노력보다도 최초에 기대한 목표를 달성하여 결과가 실현되어야 성립된다.

3. 판단하기 전에 마음을 비워서 선입관, 고정관념, 이분법적 사고들을 제거해야만 올바르게 판단할 수 있다.

4. 시스템 사고로 늘 본질파악, 비교와 분석하기, 판단의 결과를 평가, 실행시의 부작용 등을 생각한다.

5. 사례연구나 신문(보수적인 것과 진보적인 것을 병행하여)을 읽으면서 한 가지 사건을 다른 시각에서 보는 관점을 비교 연구하면서 판단을 해 본다.

참고『판단력 Judgment』, 워렌 베니스 공저, 김광수 역.

◈ '판단력 부족'이란 평가를 받으면 어떻게 하십니까?

[ ]

5월 17일 잘 꾸짖는 방법

꾸중을 해야 할 때 꾸중하지 못하는 것은 조직과 부하에 대한 애정이 결여된 겁쟁이 상사다.
질책(叱責)은 꾸짖어서 나무라며 앞으로 그렇게 하지 않도록 하는 것이고, 충고(忠告)는 충심으로 잘못을 타일러서 옳은 길로 권고하는 것이다.

⊙ 사실관계를 확인하여 분명히 잘못을 저질렀을 때는 확실하게 꾸짖는다.

⊙ 부하의 변명도 잘 들어보고 객관적인 기준에 입각하여 꾸짖는 이유나 꾸짖는 사안과 사정을 납득시킨다.

⊙ 감정적으로 호통을 치지 말고 차분한 어조로 말한다. 흥분된 어조로 말을 하면 반발하려는 감정이 생겨 역효과가 날 수도 있다.

⊙ 진퇴양난으로 몰아세우지도 말고, 다른 사람들과 비교하면서 이것저것을 말하지도 않는다.

⊙ 질책한 후에는 거리감을 두지 말고 효과를 지켜보면서 적절한 격려나 새로운 기회를 배려할 필요가 있다.

◈ 꾸짖는 타이밍이(때나 장소) 맞지 않아서 반발할 때는 어떻게 합니까?

[ ]

코칭 기술

코치(coach)는 선수 옆에서 그의 기록과 연습에 대해 조언을 해주는 지도 선생이다. 리더들도 업무수행의 성과제고와 부하들의 변화를 위해 코치역할을 수행할 필요가 있다. 코칭은 부하 직원에게 지시나 명령·조정을 하기보다는, 적절한 질문이나 제안·요청을 통해서 스스로가 문제의 답을 찾도록 도와주는 지도방법이다.

⊙ **one point lesson 같이 '아하!' 하고 깨닫게 한다.**

– 짧지만 효과적인 지적으로 스스로 깨달아 올바르게 알게 한다.

⊙ **목표를 명확하고 구체적으로 제시한다.**

– (예)히딩크 축구감독 : 2002년 월드컵 16강전에서 '1승 목표' 같은 것이다.

⊙ **관점이나 시각을 바꾸게 한다.**

– "만일 자신이 경영자라면 어떻게 결정(판단)하겠는가?" 라고 질문한다.

⊙ **본인 스스로 말을 하게 한다.**

– 현명한 방법을 찾거나 목표를 정할 때, 본인이 말하고 결정하도록 하는 코칭대화법으로 지원을 한다.

⊙ **코칭이 필요한 타이밍은 부하의 능력이나 업적이 부진할 경우, 기술연마, 불안감의 해소, 창의성 기대, 팀워크의 육성이 필요할 경우 등이다.**

◈ 최근에 코칭을 한 사례는 어떤 것이 있습니까?

[ ]

5월 19일 내부고객의 만족

고객만족은 기업의 경쟁력을 좌우하는 핵심가치이며, 내부고객 만족은 외부고객의 만족을 위한 필수적인 솔루션이다.
가족들도 서로를 '중요고객'(Most Valuable Guest)으로 여기고, 만족시키면서 살아가야 멋진 관계를 유지할 수 있다.

⊙ 상대방을 고객으로 보면 무엇을 원하는지를 재빨리 파악하게 되고, 그것을 만족(충족)시켜 주는데 최선을 다한다.

⊙ 부하 사원들이 신명나게 만족하면서 근무하도록 '칭찬릴레이, 감동사례 등'의 발표회나 모임을 가진다.

⊙ 고객에겐 절대 화를 낼 수가 없듯이 재차 물어도 성실한 답변을 하고, 불평과 불만은 긍정적으로 수용하여 해결해 준다.

⊙ 모임과 행사시 사소한 일로 다투지 말고, 축하인사를 잘 하면서 상부상조의 마음으로 성의껏 선물하고 축하금을 전달한다.

⊙ 가족은 사랑의 이치를 다 배워서 만나게 되는 것이 아니므로, 생활을 통해서 사랑의 마음을 깨달아 간다고 생각하면 원만하고 화목해 진다.

◈ 내부고객 만족을 위해 어떤 것을 가장 많이 활용하십니까?

[ ]

5월 20일 자녀 경제교육

가정교육은 인성과 예절교육에 더불어 경제교육도 매우 중요하다.
물고기를 주는 것보다 물고기 잡는 방법을 가르쳐 주라는 말과 같이, 경제교육을 잘못시키면 자립도 돈 관리도 잘못하게 된다.

1. 용돈 관리교육

   적절한 용돈을 주면서 기본 사용처와 왜 아껴 써야 하는지를 이해시킨다.

2. 돈의 가치와 금융지식을 가르치면서 아르바이트 경험을 하게 한다.
   특히 책이나 언론매체에서 경제관련 내용을 함께 보면서 얘기한다.

3. 근검, 절약, 저축방법을 갖게 하고, 돈을 주어 스스로 필요한 물건을 사보게 한다.

4. 집안의 재산내용과 대출 등의 부채와 세금관련도 알도록 얘기해 준다.

   – 먼저 자산을 만든 뒤에 투자하며, 빚은 지지 않도록 교육한다.

5. 신용의 중요성을 가르친다 : 친구간의 돈 거래는 하지 않는 것이 좋으나, 차용하게 되면 원금과 이자를 갚아서 약속을 꼭 지키도록 한다.

◈ 자녀 경제교육은 주로 어떻게 하십니까?

[ ]

5월 21일 아름다운 내조

"내조(內助)는 무엇입니까?" 하면 "(   ) 이다"라고 말하겠지요. 부부의 날에 석 은옥 여사의 감동적인 내조의 실화를 소개해 드립니다.

한국 최초의 시각장애인 강 영우박사를 있게 한 것은 한평생 그의 지팡이가 되어 준 아내 석여사의 헌신적인 사랑과 내조의 덕 분이였습니다.

운명적인 만남

- 숙대 영문과 1학년(20세)때 걸스카우트의 봉사활동으로 맺인 중등부 학생인 강 영우(18세)를 만나서, 1년간은 봉사자로 그 뒤 6년간은 누나로 만남.

- 강 영우는 중학 1년(15세)때 축구공에 눈을 맞아 실명되고 모친마저 별세하여, 고아로 재활원에서 생활하고 있었다.

아메리칸 드림의 성취(강 영우 박사)

- '68년 연대 교육학과 입학 ⇒ '72년 결혼 ⇒ '72. 피츠버그 대학교 입학 ⇒ '76. 교육철학 박사 ⇒ 인디애나주 교육청 근무 ⇒ 미국 백악관 국가장애 위원회 정책차관보 역임('01~'08년)

- 힘겨운 내조 속에서도 장남은 안과의사로, 차남은 변호사로 잘 키웠으며, 박사 며느리 2명을 맞아서 5명의 박사가족을 이루었다.

※ 시각장애인의 운전수, 아내, 어머니, 교사로 모든 살림살이를 책임지는 고통 속에서도 좌절하지 않고 힘든 내조를 해낸 것은, 본인의 성취 지향적 사고와 내조를 보람과 행복으로 생각한 결과였다고 생각합니다.

◈ 내조는 주로 어떻게 하십니까? [   ]

◈ 외조를 한다면 어떤 점을 하십니까? [   ]

5월

5월 22일 임원에서 경영자역할

상법상의 임원, 즉 이사(理事)와 현실에서 통용되는 임원(집행임원)의 의미와는 차이가 있다. 그렇다고 임원이지만 '경영자는 아니다'라고 생각해선 곤란하다.
사업부(팀)장급 임원은 부문사업과 전체사업에서 경영자의 역할을 담당해야 성장이 기대된다.

⊙ 사업 영속성의 임무완수

- 취임하면서 전임자의 인수(引受)과제를 처리하고, 재임중의 자주(自主)과제를 완성하며, 후임자를 위한 포석(布石)과제를 준비한다.

⊙ 이노베이터(Innovator) 역할

- 유지관리 업무는 최소화하고 구조개혁과 사업의 변혁을 주도해 간다.

⊙ 조직의 활력소 역할

- 조직내 나쁜 풍조와 의식을 타파하고, 새로운 발상을 불어넣고 동기부여와 부하육성을 잘하는 기폭제 역할을 하는 경영 관리자가 된다.

⊙ 경영결과에 최종책임을 진다.

- 사업부문의 업적을 크게 저하시켰거나, 자기 과실로 거액의 손실 등을 발생시켰다면 그 이유여하를 불문하고 책임지고 퇴임해야 한다.

◈ 전체와 부문 간의 모순되는 요소는 어떻게 밸런스를 맞추어 갑니까?

[ ]

5월 23일 임원이 걸리는 병(病)

임원은 주의(注意) 받을 기회가 적어지므로, 스스로 단점과 약점을 냉정하게 파악하고, 자주적으로 교정하는 노력을 하지 않으면 다음과 같은 병에 걸리기가 쉽다.

⊙ 엷혀가는 병

자기주관이 없이 부하들의 안(案)에 결재만 하고, 일상유지 업무에 치중을 한다. 따라서 앞을 내다보고 스스로 명확한 주관(主觀)에 따라 변혁을 제안하거나 추진하지 못한다.

⊙ 안이(安易)해지는 병

동업타사를 모방만 하며, 무난한 인사로 신규 사업을 부진하게 만들고, 소심증으로 혁신업무를 과감하게 단행하지 못한다.

⊙ 밸런스 실조(失調)병

관리업무에 편향되어 주력사업을 강력하게 추진할 수 없고, 자기 부문과 당면 업무만을 강조하여 전사적 사업과 장래 문제에 대한 대응에서 선수(先手)를 뺏긴다.

⊙ 전략 결함(缺陷)병

적자 사업의 재건이나 사업의 철수 전략 등을 결정하지 못하고, 부진 사업 책임자의 교체 인사도 처리 못하며, 체질개혁의 전략과 방안도 미흡하다.

⊙ 자기 과신(過信)병

성과를 자기의 힘으로만 된 것으로 착각하며, 공부도 하지 않고 공사혼동과 능력의 한계를 인식하지 못한다.

참고 『중역 혁명』, □山芳雄 저, 박달규 역.

◈ 이중 어느 한 가지의 병에 걸렸다면 '처방전'은 무엇입니까?

[ ]

5월

5월 24일

해임되는 사유

미국 리더십 컨설팅 회사인 '리더십 IQ'에서 조사한 '임원들이 해임(解任)되는 주된 사유'는 업무상의 스킬 문제보다 자신과 직원관리 등에서 실패하기 때문이었다. 임원은 아래의 5 가지 주된 문제를 해결할 수 있는 역량을 길러야 롱런하는 임원이 될 수가 있다.

1. 변화를 제대로 관리하지 못한다. (31%)

⇒ 상황변화를 제때에 인식하고 대응하는 방안조치와 집행력이 필요하다.

5월

2. 고객의 의사를 무시한다. (28%)

⇒ 고객 불만을 해결하고, 고객의 의견을 반영한 제품개발과 서비스 개선을 즉각적으로 실시한다.

3. 직원들의 실적부진에 대해 관대하다. (27%)

⇒ 성과가 낮은 직원들을 교체하고 강한 위기의식으로 재무장을 시킨다.

4. 현실을 부정한다. (23%)

⇒ 현재의 미진한 상태를 명확히 인식하고 그 취약점을 바꿀 용단을 내린다.

5. 실행력이 결여되어 있다. (22%)

⇒ 말만 앞서지 말고 솔선하여 계획을 실행에 옮긴다.

◈ 귀사가 M&A로 통합될 경우, 어떻게 서바이벌 하실 계획입니까?

[ ]

5월 25일

승진의 길

차위(次位)직으로 승진을 하기 위해선 그만한 자격을 갖춰야 한다. 상사들이 주목할 만한 업무를 맡아서 기대를 충족시키고, 업무의 범위를 넓혀서 상사가 희생양으로 쓸 이유를 만들지 못하게 해야 한다. 또한 부하관리를 성의껏 하면서 겸허한 자세로 주변과 소통을 잘하면 기회가 반드시 온다.

⊙ 상사(Top)와 교감하면서 눈에 띄고 인정을 받아야 한다.

⇒ 상사는 똑똑하면서 믿음직하고 충성스런 부하를 좋아한다.

⇒ 상사의 생각과 시야, 언행과 매너, 경영방식을 배워 자기 것으로 한다.

⊙ 보고서 작성과 브리핑 등의 솜씨가 좋아서 핵심전달과 설득력이 있다.

⇒ 상사를 매니지먼트 해드리면서 고급정보를 제공한다.

⊙ 기대이상의 실적 실현으로 상사의 평가가 좋으며 실책(失策)이 없다.

⇒ 자신의 승진을 밀어 주는 후원자 그룹을 소중하게 만든다.

⊙ 자신만의 주특기 전문영역을 가지면서, 글로벌 감각과 뛰어난 식견(識見)을 갖춘다. 즉 멀티 플레이어가 되고 탁월한 업무방식을 보여야 한다.

⊙ 승진 누락 시에는 차기를 위해 불만스런 감정을 보이지 말고, 부단한 인내와 투지로 모든 사람들이 놀랄 정도로 일을 열심히 한다.

5월

◈ 승진을 밀어줄 후원자 이외에 비장의 무기는 무엇입니까?

[ ]

5월 26일 신화창조 스토리

신화(神話)는 꿈과 야망·열정으로 최고를 지향할 때 창조된다. 신상품 개발이나 판매 신기록 등 자기분야에서 전력투구하여 넘버원(No. 1)을 달성한 결과로 성공 스토리가 탄생된다.

삼성 애니콜의 성공신화 사례

• 삼성 휴대폰 애니콜(Anycall)은 이건희 회장의 신경영 철학과 애니콜 컨셉(디자인, 품질 등)의 적용 그리고 이기태(李基泰)이사의 저돌적인 성격과 강력한 리더십 소유자의 합작품이다.

5월

- 삼성공채('73. 7.)로 삼성전자에 입사한 후, '94.1. 무선사업 부문이사로 발령이 나면서 애니콜 신화는 시작되었다.

- 밀어붙이기식 일 처리와 고집으로 깜박이 없는 불도저란 별명답게 빠른 의사결정과 업무추진, 휴대폰 이외는 한 눈을 팔지 않는 정열적인 활동을 함.

- '95. 3. 구미공장에서 불량 무선전화기 제품 15만대(약150억원) 화형식을 거행하여 품질혁신의 계기를 만들었음.

- 부품이 없어서 휴대폰 생산에 차질이 빚어질 상황에는, 직접 큰 여행가방을 들고 일본에 가서 부품구매로 위기를 넘기기도 하였음.

- 기록적인 휴대폰의 개발과 판매로 매년 승진을 하여, 2001년에는 정보통신 총괄사장이 되어 휴대폰 업계의 신화적 인물이 되었다.

◈ 지금 신화를 창조하고 있는 분야는 무엇입니까?

[ ]

5월 27일 스카우트 되는 요인

고위직 임원이나 CEO로 스카웃 제의가 파격적인 예우조건과 함께 온다면… 본인의 상품가치가 시장에서 인정받게 된 셈이다. 인재는 갑자기 만들어지지 않는다. 현재의 자리에서 본인의 능력을 100%이상 발휘하며, 자기개발 노력으로 준비하는 사람만이 인재로 만들어 진다.

1. 경력에 맞는 탁월한 성과(업적)가 있다.

– 화려한 경력보다 해당 분야의 전문성 보유와 대표적인 성공사례를 갖고 있어야 한다.

(예) ○○개발, ○○수주와 추진, ○○프로젝트 완성 등

2. 다양한 네트워크와 인맥을 갖고 있다.

⇒ 대내외적으로 교류하고 따르는 자기 사람들이 많다. 포용력으로 여러 분야의 인재를 움직일 수 있는 네트워크를 갖고 있다.

3. 전문 경영인으로 능력과 인품에 대한 긍정적인 평판을 받는다.

⇒ 내부는 물론이고 업계를 선도할 능력과 리더십을 갖추고 있으며, 주위의 평판도 아주 좋다.

4. 조건을 제시하기 전에 비전을 제시한다.

⇒ 자신의 처우기준을 정하기 전에, 기업의 지속적인 성장전략이나 조직 구성원의 에너지를 일깨울 수 있는 방안 등을 명확하게 제시한다.

◈ 오늘 스카우트 제의를 받는다면 어떻게 하시겠습니까?

[ ]

5월 28일 관리책임의 문제

임원에게는 법률상 2가지 중대한 의무가 있는데, 민법상의 '선관(善管), 주의(注意), 의무'와 상법상의 '충실(忠實) 의무'가 있다. 의무조항을 위반한 경우에는 손해배상 책임이 있으므로 사전 예방과 관리감독을 철저히 해야 한다. 임원 복무규정에도 '임원이 고의 또는 중대한 과실로 회사에 손실을 발생하게 한때에는 그 전부 또는 일부를 배상하게 할 수 있다'고 명시하고 있다.

구체적인 위반 사례

⊙ 회사의 기밀을 누설하거나 중대한 서류의 분실로 손해가 발생한 경우.

⊙ 충분한 신용조사를 하지 않고 거래를 시작한 거래처가 부도가 났을 경우.

⊙ 시설 및 환경 기준, 법규 등의 미준수로 중대한 손실이 발생한 경우.

⊙ 관리감독과 교육훈련의 불충분으로 안전사고나 화재사고 등이 발생한 경우.

※ 부주의로 인한 과실이나 직무태만은 분명한 의무(義務) 위반으로 관리책임이 있으며 어떤 변명도 통하지 않는다.

◈ 법 규정 준수와 안전사고 예방을 위해 어떤 관리를 하십니까?

[ ]

5월 29일 임원의 자기관리

역경의 경우보다도 오히려 순풍에 돛을 달 때, 방심이나 과신으로 실수나 위험이 발생하는 경우가 많다. 임원은 항상 긴장감을 유지하고 오만(傲慢)하지 말고, 겸손(謙遜)한 자세로 자기관리와 주변관리를 잘 해야 한다.

1. 공사구분 관리

공사(公私)혼동으로 회사경비를 사적으로 사용하거나, 특권을 남용하여 부업, 친지입사, 부하 직원의 사적인 동원 등을 삼가도록 한다.

2. 마음관리

이기심(利己心)으로 자신의 출세만 생각하지 말고, 이타심(利他心)으로 일을 진행하고 도움을 받은 주변에 대하여는 감사의 표현과 성의표시를 한다.

3. 자기계발

급변하는 경영환경과 새로운 트랜드에 대응하기 위한 새로운 경영기법의 습득과 글로벌화를 위한 외국어 공부에 매진한다.

4. 주변 관리

여자 비서와 운전기사를 잘 관리하여 보안사항이나 임원과 관련된 내용의 누설이 없도록 하고, 사조직을 형성하는 등의 파벌조성을 하지 않는다.

5월

◈ 임원이 명심해야 할 사항으로는 어떤 것이 있습니까?

[ ]

5월 30일 인간적인 매력

인간적인 매력을 풍기는 사람은 '융통성 있는 원칙주의자' 란 말이 있다. 외적인 매력(박력 있는 모습, 멋있는 용모와 복장술)과 함께 내면적으로 어딘가 좋다는 감정을 느낄 수 있고, 호감을 주는 사람에겐 더욱 친밀감을 갖게 한다. 물론 남보다 유능해야 매력이 있지 무능하면 매력이 없다.

⊙ 세련된 매너와 화술(話術)

– 남다르게 센스 있는 매너와 늘 상대방을 배려하고 잘 경청하면서도, 유머 있는 세련된 언어(어휘)를 구사한다.

5월

⊙ 따듯한 카리스마

– 일에선 위엄과 완벽주의자의 카리스마를 보이지만, 사석에선 도량이 넓고 모임에서는 농담과 함께 노래와 춤으로 분위기도 잘 띄운다.

⊙ 불의에 타협하지 않는 기개(氣槪)

– 불의(不義)를 보면 참지 못하고 올바르고 정의롭게 하며, 약자를 도와주는 의리가 있다. 또한 부하의 잘못도 지적하고 지도해준다.

⊙ 인간미가 있는 감성교류

– 1:1로 인간적인 대우를 해주면서 잠재력 발휘의 동기부여를 잘 한다.

– 애로사항을 이해하고 잘 도와주며, 돈 쓰는 것도 인색하지가 않다.

◈ 자신만의 인간적인 매력(魅力)은 무엇입니까?

[ ]

'칭찬의 효과'

〈 돌고래의 묘기 〉

칭찬을 들으면 자신감을 갖게 되고 꼭 칭찬받을 일을 한다.
자신을 사랑하는 사람만이 남을 사랑한다.
내가 칭찬하면 상대방도 칭찬으로 되돌려 준다.

칭찬을 하면 돌고래도 묘기를 부리고 코끼리도 춤춘다. 사람도 칭찬을 들으면 불가능해 보이는 일도 해내는 놀라운 힘을 발휘한다.
(예) 바보온달(장군)과 평강공주

⇒ 칭찬을 통해서 행복한 가정과 신나는 직장을 만들 수 있다.

5월 31일

50대 건강관리

50 대의 건강관리 포인트는 성인 건강의 5 대 적(賊)인 '음주, 흡연, 과로, 비만, 스트레스'를 잘 관리하여 ① 성인병에 걸리지 않고 ② 젊은 두뇌를 그대로 유지하는데 있다.

1. 성인병의 예방과 지속적인 관리를 한다.

- 고혈압, 당뇨병 등의 성인병은 예방이 중요한 '생활 습관병'으로 올바른 식사방법과 운동습관을 무조건 지키는 것이 중요하다.
- 조기발견 및 조기조치와 관리로 합병증을 방지해야 한다.

5월

2. 호르몬 검사와 호르몬 균형요법을 시행한다.

- 호르몬 수치가 적정수치를 벗어났으면

① 적절한 운동, 충분한 수면, 바른 식생활 등 자연요법을 통해 호르몬 균형을 유지하려고 노력한다.

② 좋은 성장호르몬의 보충과 나쁜 노화 호르몬을 감소시키는 호르몬 요법을 처방받고 시행하는 것을 고려한다.

3. 정기 검진시 대표적인 암검사 항목수치를 직접 확인한다.

• AFP (간암) • CEA (대장암) • CA19 – 9 (췌장암)
• CA–125 (난소암) • PSA (전립선암)

◈ 젊은 두뇌를 유지하기 위해서 어떤 노력을 하십니까?

[ ]

6월의 자기성찰

훌륭한 경영인은 비전을 창조하고 비전을 명확히 하며,
비전을 열렬히 소유하여 완성을 향해 냉혹하게 추진한다.

잭 웰치

자기경영 성공멘토 365

6月 성찰

1일 : 최고 경영자의 조건

2일 : 경영자의 자세와 역할

3일 : 빠지기 쉬운 함정

4일 : 취임 후 해야 할 일

5일 : 핵심역량의 강화

6일 : 경쟁우위 전략

7일 : 전략 스태프의 운영

8일 : 임직원들이 원하는 것

9일 : 경영자의 체크리스트

10일 : 임원 간부의 심층관리

11일 : 지휘통솔의 기본

12일 : 효과적인 회의운영

13일 : 현장경영

14일 : 상생경영

15일 : 윤리경영

16일 : 질문 잘하기

17일 : 탈 상식의 경영

18일 : 경영 슬럼프의 극복

19일 : 경영혁신의 성공

20일 : 지식경영과 지식관리

21일 : 창조경영과 신수종사업

22일 : 이미지 관리

23일 : 매스컴 대응 잘하기

24일 : 스피치 기법

25일 : 위기관리

26일 : 시나리오 경영

27일 : 경영책임의 사례

28일 : 사장교체 요인

• 성공 멘토링 Tip : '좌우명'

29일 : 노블레스 오블리주의 실천

30일 : 60대 건강관리

6월 1일 최고 경영자의 조건

경영은 하나의 종합 예술이다. 훌륭한 스포츠 팀이나 한 편의 영화 뒤에는 훌륭한 감독이 있듯이, 급변하는 기업환경을 극복하고 번창시켜 계속기업으로 경영을 하기 위해서는 훌륭한 경영자가 꼭 필요하다.

1. 기업가(企業家) 정신

   무(無)에서 유(有)를 창출하는 정신이며, 현상유지가 아니라 혁신과 발전을 위해 위험부담을 안고 사명감으로 경영을 하는 것이다. 여기엔 분명한 경영철학(이념)이 있어야 한다.

2. 조직 통솔력(統率力)

   뛰어난 용병술로 조직을 장악하며, 현상에 안주하지 않고 목표달성을 위해 조직을 화합하도록 이끌고 동기부여를 잘 한다.

3. 현명한 결단력(決斷力)

   정확한 상황판단에 따라 중요한 의사결정이나 중대한 전략과 방침을 적시에 결정하고 위험부담의 책임을 진다.

4. 사업 구상력(構想力)

   문제의식과 선견지명으로 미래지향적인 발상으로 정세에 맞는 사업구상과 아이디어를 구체화한다.

5. 강력한 실행력(實行力)

   결정한 사항은 뚝심 있게 추진하여 성과가 나오도록 엄격(嚴格)함과 정감(情感)있는 리더십을 발휘한다.

참고 『삼성 사장학』, 김 영한 저, 청년정신.

◈ CEO가 될 조건에서 어느 부문을 보완해야 한다고 생각하십니까?

[ ]

6월 2일 경영자의 자세와 역할

경영(經營)은 전쟁이며 링에 오른 이상은 이겨서 챔피언이 되어야 한다. 전문 경영인은 자신의 능력과 지혜로 기업을 발전시키는 프로급의 리더라는 자세와 역할을 확실하게 수행해야 한다.

자세

① 철저한 승부근성과 ② 일류와 일등주의를 추구하는 자세
③ 기업과 운명을 같이 한다는 즉 올인(All in)하는 자세로 일해야 한다.

역할

⊙ 비전과 전략의 제시자 ⇒ 통찰력으로 기업의 방향성이나 조직의 기본 목표를 전략과 함께 제시하는 역할이다.

⊙ 조직 활성화의 촉진자(Motivator) ⇒ 비전을 임직원들의 행동목표로 전환시켜 업무처리에 비전이 살아나도록 한다.

⊙ 기업의 변화관리와 혁신자 ⇒ 기업의 평균수명은 30년이며 조직은 특성상 변화와 도전을 싫어한다. 인식전환으로 변혁을 선도하는 불씨가 된다.

⊙ 인재선발과 관리 육성의 책임자 ⇒ 이질적 인재, 특이한 능력자를 포용하거나 선발하고 득점주의로 도전의욕을 높인다.

⊙ 경영활동의 통제와 평가자 ⇒ 결정사항이 실행되는지를 확인하고, 업적에 대한 엄정한 평가로 보상체계와 연계한다.

◈ 자세와 역할에서 수정하거나 추가할 사항은 무엇입니까?

[ ]

6월 3일 빠지기 쉬운 함정

경영실적의 평가주기가 짧아지고, 여론과 이해관계자의 감시강화 등으로 CEO 지위의 불확실성이 증대되고 있다.
만일 5가지의 함정에 빠진다면 경영자로써 실패할 가능성이 높으므로, 항상 정도(正道) 경영에 힘쓰며 자기검증 절차로 함정을 극복해야 한다.

1. 과도한 단기성과에 집착을 하는 것
   - 장기적이며 전략적인 조직 역량을 양성하지 않고 단기에만 급급하다.

2. 변화를 무시하는 경영
   - 시장 트렌드와 경쟁사의 변화 및 성공요인, 고객의 요청이나 회사 임직원들의 의견을 무시하는 경향이 있다.

3. 과거의 성공방식에 의존 하는 것
   - 자신과 다른 의견을 묵살하고, 경쟁업체와 공급업체를 도외시 한다.

4. 회사를 주관적으로 바라보는 것
   - 경영자 개인의 관심과 회사의 관심 사이에 명확한 경계가 없고, 회사를 객관적으로 보지 않으면서 자신과 지나치게 동일시한다.

5. 현실에 안주하는 안이한 경영을 하는 것
   - 본인이 회사 경영활동보다 외부활동을 더 많이 한다.

◈ 자신이 가장 경계해야 할 함정은 어떤 것입니까?

[ ]

6월 4일 취임 후 해야 할 일

새로운 자리에는 새로운 리더십 스타일과 행동방식으로, 기업과 조직을 한 단계 더 발전시키도록 해야 새로운 자리가 빛난다.
취임 후 3개월 안에 ① 모든 것을 파악하고 장악하여 ② 새로운 가치를 창조하는 방법으로 ③ 가시적인 성과를 내는데 집중해야 성공이 보장된다.

1. 사업현황의 파악

- 조직별 업무와 문제점의 파악 ⇒ 특히 업의 개념과 발전방안을 인식함.
- 핵심인력, 조직내 계보, 사조직, 노사관계 등을 확인하면서 파악한다.

2. 새로운 비전의 제시와 전략 및 방침의 추진

- 사업상황을 진단하고 그에 맞는 새로운 비전과 전략, 방침을 설득력 있게 제시하고 강력한 추진을 강조한다.

3. 사업과 조직의 재 정렬

- 전략에 맞도록 사업구조와 조직구조를 재설계하며 시스템을 개발한다.
- 적소적재의 인사로 새로운 진용을 구성한다.

4. 임직원들과 소통으로 공감대의 형성

- 업무추진의 애로사항과 개선·제안사항 등을 적극 조치하며, 현장경영으로 쌍방향 의사소통과 충분한 동기부여로 재무장을 시킨다.

참고 『90 일 안에 장악하라』, 마이클 왓킨스 저, 정준희 역.

◈ 취임후 보여준 리더십에 대한 '지지도'는 어떻습니까? [ ]

6월 5일 핵심역량의 강화

핵심역량(Core Competence)은 경쟁기업과 견주어 똑 부러지게 앞서 있는 능력, 즉 경쟁자가 모방하기 힘든 자신만이 잘하는 자원이나 뛰어난 능력이다.

'핵심역량 경영'은 여러 가지 성공요인들 중에서 핵심 되는 역량을 파악하고, 선택하여 집중적인 투자로 강화하는 것이다.

1. 잘 할 수 있는 것을 선택하고 장기간 집중한다.
   - 핵심기술과 핵심자산, 핵심프로세스(활동) 등이다.
   ⇒ 회사의 핵심역량은 무엇입니까? [ ]
2. 비 핵심역량은 과감한 결단으로 정비(포기)한다.
3. 핵심역량을 중심에 두고 강점을 활용할 수 있는 분야로 영역을 확대해 간다.
   ⇒ 확대 영역은? [ ]
4. '혁신적인 비즈니스 모델'을 창조하여 경쟁 자체가 필요 없도록 만든다.
   (예) 만도공조의 '김치냉장고' 개발(1995년)은 예전에 없었던 새로운 상품 카테고리를 만들어 히트한 것으로 좋은 사례임.

참고 『깨달음이 있는 경영』, 이동현 저, 바다출판사.

◈ 혁신적인 사업 모델로 어떤 것을 구상하고 있습니까?

[ ]

6월 6일 경쟁우위 전략

기업의 수익성은 경쟁에 의해서 좌우되므로, 지속적인 경쟁우위를 확보할 수 있는 경쟁전략이 필요하다. 경쟁은 곧 남과 달라야 살아남을 수 있다는 절박한 환경이며, 여기서 남과 다르기 위한 전략이 필요하다.

전략의 핵심은 경쟁자와 비교해서 경쟁우위를 점할 수 있는 경쟁 포지션을 확보하고 유지를 하는데 있다.

1. 원가우위 전략
   - 경쟁자보다 비용(원가와 총경비)을 줄이는데 집중하되, 품질이나 성능 등 차별화 측면은 어느 정도의 수준을 유지해야 한다.

2. 차별화 전략
   - 고객에게 제공하는 제품이나 서비스를 차별화함으로써, 구매자가 경쟁사보다 독특하다고 인식할 수 있는 그 무엇을 창조하는 것이다.

3. 집중화 전략
   - 특정한 구매자 집단이나 제품라인의 일부분 또는 특정지역을 집중적으로 공략하는 것으로 목표시장에서는 경쟁우위를 얻게 된다.

※ 자신이 신중하게 선택한 하나의 전략과 시스템 등을 뚝심 있는 리더십으로 일관성 있게 추진해야 성과를 기대할 수 있다.

6월

◈ 어떤 경쟁우위 전략을 추진하고 있습니까?

[ ]

6월 7일 전략 스태프의 운영

글로벌 불확실성의 시대에는 전략경영이 요구되며, 경영참모라는 뛰어난 두뇌조직을 필요로 한다.
참모 기능을 제대로 운영하려면 책임을 명확히 하고 권한을 부여해야 한다.

⊙ 스태프(Staff)의 업무영역

미래전략과 사업구조 변경이나 특명사항 등으로 새로운 가치를 창출토록 한다.

⊙ 일전문(一專門), 다능형(多能型) 인재로 구성한다.

- 스태프의 권위는 통제보다도 풍부한 전문지식, 정보력, 창조성에 있다.

⊙ 상황 판단과 보고 및 건의는 핵심 문제에 집중한다.

⊙ 현장 점검과 집행 상황을 확인하고 조치한다.

- 본사와 현장 간의 여러 문제들을 해결하고 방침을 확실히 전파한다.

⊙ 여론과 동향을 파악하고 대응한다.

- 다수 사람의 의견들과 복수의 정보 채널의 가동으로 동향을 비교, 종합하여 사전 조치 하거나, 잠재적인 문제의 예방까지 치밀하게 한다.

◈ 참모조직의 운영을 어떻게 하고 계십니까?

[ ]

6월 8일 임직원들이 원하는 것

매일 부하인 임직원들이 필요로 하는 부분을 가장 잘 충족시켜 주는 경영자가 바로 훌륭한 리더이며 동기부여자다.
임직원들은 경영자로부터 다음과 같은 것들을 원한다.

1. 존중받기

- 업무에서 경영관리에 참여할 기회나 재량권한을 부여받는 것.
- 이름 부르며 인사하는 것, 제안이나 불만사항에 경청하는 자세, 쾌적한 근무환경의 조성 등을 존중해 주는 증표로 받아들인다.

2. 공정한 보상

- 인정을 받는 것 이상으로 일한 만큼의 공정한 수준의 대우와 크고 작은 공로에 대한 칭찬과 보상을 원한다.

3. 명확한 의사전달

- 목표와 업무지시 뿐만 아니라, 소문과 정보에 대해서도 명확한 의사소통으로 문제의 씨앗을 없애 주기를 바란다.

4. 아래와 많은 접촉하기

- 현장에서 임직원들을 자주 만나고 대화하며, 경조사에도 참석하는 등의 세심한 배려를 희망한다.

5. 개별적인 신뢰와 차별 없는 대우

- 안정된 직장생활과 개별적인 신뢰관계의 형성 속에서 공평한 대우를 받고 싶어 한다.

◈ 내부고객을 얼마나 만족시켜 주고 계십니까? [ ]

6월 9일 경영자의 체크리스트

전략적인 경영능력의 자기점검으로, 각 항목을 10점 기준으로 평가한 후에 합계 100점 기준에서 자신의 합계점수로 자기진단을 한다.

1. 나는 기업가적인 비전을 갖고 있는가?	[점]
2. 나는 기업철학을 가지고 있는가?	[점]
3. 기업은 경쟁우위를 갖고 있는가?	[점]
4. 나는 방향을 제시하고 새로운 방식을 시도하고 있는가?	[점]
5. 나의 비전을 실현할 수 있는 조직을 구축하였는가?	[점]
6. 임직원들은 회사이익을 위해 자신의 능력을 자유자재로 활용하고 있는가?	[점]
7. 라인 관리자들이 전략계획 수립에 참여하는가?	[점]
8. 기업문화가 전략과 조화를 이루고 있는가?	[점]
9. 외부의 요인에 의한 실패나 시련을 잘 극복하고 있는가?	[점]
10.나는 사회와 자신의 발전에 많은 기여를 하고 있는가?	[점]

참고 『HBR(1992 년 1 월호)』, "Are you a Strategist or Just a Manager", Hans H. Hinterhuber, Wolfgang Popp

◈ 자신이 보완해야 할 항목은 무엇입니까?

[ ]

6월

6월 10일 임원 간부의 심층관리

일류 CEO는 사람을 다스리는데 뛰어난 능력을 가졌다. 평소에 임직원들을 주의 깊게 관찰하고 접촉을 가져서 적소적재의 인사인지를 판단한다. 항상 현장 방문시 업무현황 및 문제점과 해결방안 등을 질문하고, 회사의 현안과제에 대한 의견제시를 요청하는 등으로 긴장하게 한다.

⊙ **개인별 인물파악과 평가로 보다 깊이 알도록 한다.**

– 진짜 실력과 장래성 여부, 리더십스타일과 평판, 업무자세, 사생활 등.

⊙ **승리할 수 있는 사람들로 조직을 구성한다.**

– 능력과 의욕의 인물중심으로 핵심인력을 배치한다. 즉 탈(脫)코드(Code) 인사를 함.

⊙ **적소적재의 인사와 신상필벌의 원칙을 준수하며, 확실한 발탁인사로 성공 모델케이스를 만든다.**

⊙ **성과평가에 따라 공정하고 차별화된 인력관리를 한다.**

(예) A(상위)10% 인원 /B 15% / C 50% / D 15% / E(하위) 10%는 보상무(無)

⊙ **해임이나 별도의 인사 조치는 제반 절차대로 이행한다.**

– 사전에 면담이나 메시지의 전달로 자존심에 상처를 주지 않게 한다.

◈ 발탁인사와 해임인사의 기준은 어떤 것입니까?

[/]

6월 11일

지휘통솔의 기본

지도력의 원천은 '경영능력, 인격, 사명감'이며 부하들은 이것을 보고 따른다. 지휘통솔력이 우수하면 약졸로도 강군(强軍)으로 키울 수가 있다.

1. 올바른 방향제시와 실행지시를 분명하게 한다.

– 기업이 지향할 방향은 대국적(大局的)으로 착안(着眼)하고, 실행에 옮길 때는 작은 것부터 착수(着手)를 한다.

2. 목표와 권한은 스스로 조달하도록 한다.

– 목표는 내부가 아닌 경쟁사에 의해 결정하고, 권한은 필요시 상사를 활용할 수도 있게 한다.

3. 뛰어난 사장에는 지장(智將)이 많다.

– 식견과 경영 자세에서 앞서고, 현장과 고객방문 등의 경영활동을 지혜롭게 한다.

4. 예스맨을 멀리하고 임원간부의 통솔은 뜻대로 해나간다.

– 유능한 인재를 찾아서 격에 맞는 처우로 활용하는 용인술(用人術)을 발휘 한다.

5. 꾸짖는 용기를 갖는다.

– 화를 내는 것이 아니고 과오를 지적하고, 잘못된 것을 올바르게 고치도록 육성차원에서 가르치는 것이다.

◈ 지휘통솔을 하는데 남다른 비결은 어떤 것이 있습니까?

[ ]

6월

6월 12일 효과적인 회의운영

하루에도 수 없이 많이 하는 회의가 비효율적으로 운영된다면 엄청난 낭비가 아닐 수 없다. 효과 있는 회의가 되도록 '회의운영 원칙'을 재확립하고 주지시킬 필요가 있다. ①사전에 회의계획과 일정을 공지하며 ②주제에 대한 자료배부와 준비사항을 요청하고 ③의사진행 규칙의 준수 등임.

1. 필요한 회의를 목적에 맞도록 운영한다.
   - 정기적인 회의는(보고회의, 검토, 심의결정 등) 간결하게 진행하며, 전략회의 등의 대규모 회의는 전문적인 행사같이 운영한다.

2. 임원회의는 실무자 검토회의에서 잘 되지 않는 사항이나, 조정을 필요로 하는 안건 등을 충분한 토의로 결정한다.

3. 회의진행자를 두어서 상사의 지시형태나 집단사고(集團思考)의 함정에 빠지지 않도록 하고 다른 의견도 충분히 경청을 한다.

4. 회의에서 방침으로 결정된 사항은 구체적인 실천방법과 일정을 정해서 실행을 하고 중간 및 결과보고를 하도록 한다.

5. 회의 후 반드시 회의록을 작성한다. 필요시 회의 평가내용과 함께 배부 또는 회람을 하며, 차기 회의 시 서두에는 지난 회의의 중요한 내용이나 결과를 보고한다.

◈ 주관하는 회의의 운영원칙에는 어떤 것이 있습니까?

[ ]

6월 13일 현장경영

현장(現場)에 문제가 있고 그 해답도 현장에 있다. 사무실에 안주하고 밑에서 오는 보고만 받으면, 현실인식에 오류가 생기며 경영을 그르칠 수가 있다. 최고 책임자는 항상 현장에 서 있어야 한다.

1. 현장주의에 입각하여 부단한 현장근무로 상황을 판단한다.

- 현장의 근무상태와 작업장의 실태를 점검한다. 특히 고객창구, 상담실, 콜센터, 식당, 화장실, 재고창고 등을 확인한다.

2. 현장과 고객(거래선) 방문으로 방침의 실행정도와 현장의 소리를 듣는다.

- 발전아이디어, 불만사항, 애로(요구)사항 등을 경청하고 해결한다.

3. 돈의 흐름파악과 재무 건전성(유동성)의 확인을 분명하게 한다.

- 경영정보 시스템의 자료 확인과는 별도로 임원 전결의 '자금계획과 실적표'를 주간별로 보고하게 하여 확인한다.

4. 하나의 잘못을 보고 관련된 전반의 문제점을 파악하여 개선조치를 한다.

- '하나를 보면 열을 안다'라는 속담같이 사소한 일부 실수(제품의 하자, 불친절한 응대, 더러운 화장실, 근무태만, 사소한 말 실수 등)에도 고객은 떠난다. 잘못된 것은 이유를 불문하고 고객이 원하는 대로 해결해 준다.

◈ 현장에서 특히 무엇을 중점적으로 확인하십니까?

[ ]

6월

상생경영

상생(相生 : win-win)은 경영의 구성원 간에 상호 신뢰와 존중의 자세로, 상호 이익이 되는 '이행 합의'로 이루어진다.
이것은 방법론이 아닌 성과에 초점을 맞춤으로써 형성된다.

1. 경영층의 자세
   - 새로운 인사제도와 보상체계 시행과는 별도로 경영층이 먼저 베풀고 나누고 배려하는 마음을 보인다.

2. 노경(勞經)의 화합시스템 활용
   - 근로자와 경영자는 동반자 관계로 비전을 공유하면서, 노경협의회 및 각종 의사소통 제도운영 등으로 화합을 도모한다.

3. 훌륭한 일터 만들기
   - 존중, 칭찬, 격려하는 문화 속에서 쾌적한 근무환경의 조성 및 다양한 제도와 행사로 일체감과 자긍심을 갖는 직장으로 조성한다.

4. 협력업체와 공존공영
   - 단가조정과 결제방식의 합리화, 기술지도로 품질의 향상, 최저가 입찰 방식의 개선 등으로 상생관계를 가시화한다.

◈ 상생경영을 위해서 어떤 것을 추가로 하고 계십니까?

[ ]

6월 15일

윤리경영

조직이 망하는 이유는 '적당주의, 부정과 비리'등 비윤리성이 주범이다. 일류기업의 밑바탕에는 자신들에게 엄격한 직업 윤리적인 기준이 있으며, 또한 윤리경영(倫理經營) 없이는 어떤 사회공헌 활동도 효과가 없다는 인식을 하고 있다.

⊙ **윤리경영 시스템을 재정비하고 실행한다.**

– 담당조직 운영과 윤리헌장 및 윤리강령의 제정 등으로 비윤리적인 사례가 발생되지 않도록 다양한 방법을 활용한다.

⊙ **부정과 비리 등에는 일벌백계(一罰百戒)의 조치를 한다.**

⊙ **내부 통제 시스템을 구축하여 규정과 원칙대로 운영을 한다.**

⊙ **'부정 예방법'을 지도하고 철저한 교육을 한다.**

① 항상 전모(全貌)를 파악한다.

② 결제를 사전 감사(監査)로 생각하고 한다.

③ 견제(牽制)를 주저하지 않는다.

④ 특정부서 담당은 주기적으로 교체를 한다.

⑤ 돈의 흐름에 대한 점검과 감독을 철저히 한다.

참고『내부감사실천매뉴얼』, 가키시마 카즈미, 박동준 장종원 공역, 소프트전략 경영연구원

◈ 윤리경영의 모범 사례로는 어떤 것이 있습니까?

[ ]

6월 16일 질문 잘하기

질문(質問)은 다그침도 지적도 아닌 문답식의 의사소통 수단이다. 필요한 질문을 제 때에 함으로써 이유를 알게 되고 핵심내용과 이면에 숨어 있는 것도 파악하게 된다. 즉, 좋은 질문에서 좋은 결과가 나온다.

1. '단답형 질문'이 아닌 '열린 질문'을 한다.

- '예, 아니요' 란 대답이 나오는 질문은 피하고, 무엇을(what) 어떻게(how)와 같은 구조적 질문으로 다양한 대답이 나올 수 있게 질문을 한다.

2. 경영자 형의 질문 스타일로 질문능력을 익힌다.

- 남의 탓이나 책임의 소재를 추궁하거나, 상황에 실망하는 식의 관리자형 질문이 아니라, "무엇이 문제인가?", "어떻게 하면 이 일을 잘 할 수 있을까?" 와 같은 경영자의 질문방식이 성공으로 이끈다.

3. 질문과정을 통하여 해결방안과 새로운 아이디어가 나오도록 한다.

- 질문하는 리더와 대응하는 부하간의 진지한 상호질문과 대답으로 가장 바람직한 해결책을 찾고, 새로운 아이디어로 서로 만족감도 갖게 된다.

4. 질문을 할 때 피해야 할 태도(자세)를 지킨다.

- 위압적인 태도로 심문을 하듯이 질문하거나,
- 대답한 내용에 대하여 말꼬리를 잡고 늘어지는 것 등이다.

참고 『질문 리더십』, 마이클 마쿼트 저, 최요한 역.

◈ 질문을 잘하는 자신만의 비결은 무엇입니까?

[ ]

6월

6월 17일 탈 상식의 경영

급변하는 환경 속에서 세상의 통념(通念)을 벗어나거나 업계의 관행(慣行)에 구애받지 않는, 독특하고도 혁신적인 발상으로 경영성과를 창출하는 것을 말한다. 상식은 효율성 중심으로 전문적 관리자개념인 반면에, 탈 상식은 혁신성을 기반으로 한 기업가 정신과 같은 것이다.

⊙ 사내의 사정(事情)과 업계 관행에 얽매이지 않는다.

- 아마추어의 정신과 원점(原點)사고로 아무도 생각하지 않았던 비즈니스 찬스를 발견한다.

⊙ 전략적 구상에 따른 탑다운(Top-down) 방식으로 기업 변신을 시도 한다.

- 사업성격에 따른 분권적 경영방식 도입, 다국적 기업으로 변신전략 등.

⊙ 하이테크 정보화 기술에서 압도적인 우위를 구축한다.

(예) 오토포커스(AF) 일안(一眼) Reflex 카메라 개발 : 카메라 속에 8비트 마이컴 2개를 포함하여 IC 9개를 조립하여 넣는 제품의 개발과 기술력임

⊙ 신제품의 개발 주도권을 기술자에게 맡겨본다.

- 참으로 혁신적인 제품은 마케팅 현장의 니즈만을 받아 들여서는 생겨나지 못한다. 다른 시장과 업종, 기술자적 사고에서 개발을 진행한다.

⊙ 매수(M&A)전략에 의한 글로벌화를 추진한다.

- 확실한 경영시스템 하에서 현지인 임원기용 등으로 경영의 현지화로 해외에 진출한다.

◈ 탈 상식의 경영에 어떤 좋은 아이디어가 생각나십니까?

[ ]

6월

6월 18일 경영 슬럼프의 극복

경영이론과 실제의 운영기법에 대하여 모두 다 잘 알고 있음에도, 경영성과가 생각처럼 잘 나타나지 않는 상태가 경영슬럼프다.
이런 슬럼프(시련)의 극복을 통해서 경영자의 지혜와 능력은 향상이 된다.

1. 자신을 잠시 해방시킨다.

– 초조감에서 벗어나 기분 전환을 위해 출장이나 해외여행을 다녀온다. 그리고 마음을 편안하게 갖고 사태를 어느 정도 객관적으로 바라본다.

2. 평소보다 2배로 열심히 일을 해본다.

– 짬이 있기 때문에 쓸데없는 생각으로 문제에 깊이 빠져버린다. 이럴 땐 일벌처럼 머릿속이 텅 빌 때까지 계속 일을 한다.

6월

3. 회사 밖의 조언가를 찾아 간다.

– 고민과 괴로움을 사내 사람들이나 거래처와 상담하면 효과가 적다. 경영 상담가나 친구 등에게 조언을 구하거나, 일기장에 고백하는 것도 도움되는 한 방법이다.

4. 몸을 던져 문제에 뛰어든다.

– 비우면 충만해지듯이 지위도 재산도 버릴 각오로, 태도를 바꾸어 대담하게 덤벼들면 자연히 길이 열린다.

◈ 경영 슬럼프에 빠졌을 때 어떻게 극복을 하셨습니까?

[ ]

경영혁신의 성공

혁신은 일하는 방식과 현장에서 그 일을 하는 사람들까지 총체적인 변화가 있을 때 성공을 할 수 있다. 혁신기법은 종합영양제가 아니다. 증세를 정확하게 진단하고 알맞게 처방하는 치료제이다.

⊙ 전략과 추진방안을 구체화한다.

– 공감대를 형성하여 추상적인 비전과 전략 구호를 실천 가능하도록 계획한다.

⊙ 업종을 초월하는 벤치마킹으로 경쟁력을 제고한다.

– 자만심 없이 선진 경쟁력과 탁월한 프로세스를 배워서 혁신해 나간다.

⊙ 리더는 혁신추구 형으로 직접 참여하고 변화를 솔선하여 이끈다.

⊙ 구성원은 혁신의 목적을 염두에 두고 동참을 한다.

– 자신부터 변화하는 실천과제와 계획을 추진하고 평가를 받는다.

⊙ 고객지향적인 문화로 선도적인 제품개발력을 갖춘다.

⇒ 고객에게 만족을 주는 독특한 상품과 개성 있는 서비스를 창출한다.

◈ 현재 경영혁신으로 어떤 방법을 활용하고 있습니까?

[ ]

6월 20일 지식경영과 지식관리

지식경영은 창의적인 지식을 활용하고 창출함으로써 제반 경영활동을 변화시켜서 성과를 높이는 것이다. 지식정보 사회에서 중요한 성공전략이며, 여기에는 개인지식을 조직지식으로 하는 지식관리가 있어야 한다.

1. 창조적인 파괴를 선행한다.
   - 현재의 기술과 방식을 타파하고, 새롭고 창조적인 것으로 거듭난다.

2. 지식경영자는 전 구성원을 지식자본가로 양성한다.
   - 지식 인재에게 기회를 부여하고 실수도 용인되는 풍토와 학습조직으로 배움과 학습을 체질화한다.

6월

3. 지식교류의 장을 활발하게 운영한다.
   - 성공과 우수한 사례는 물론이고 실패 사례까지 등록하고 활용을 하여 생산성과 품질향상에 기여한다.

4. 지식관리로 암묵지(暗黙知, know-how)를 형식지(매뉴얼화)로 전환 한다.
   - 지식의 공유, 활용, 저장, 창출, 평가시스템으로 효율을 높인다.

◈ 지식경영의 방안으로 어떤 것을 활용하십니까?

[ ]

6월 21일 창조경영과 신수종사업

21 세기에는 '품질 + 디자인, 마케팅, R & D 등'이 복합적으로 융합되어 창조적인 것을 만들고 글로벌화 해야 생존을 할 수가 있다.
모든 것을 원점에서 보고 창조적 사고방식으로 새로운 것을 만들어, 10 년 뒤의 먹거리(미래사업)도 준비해 나가야 한다.

1. 경영의 제반요소를 근본적으로 바꾼다.
   - 양(量)중심에서 질(質)경영으로, 디자인과 브랜드 중시 등의 창조성에 초점을 맞춘 시스템으로 개혁을 한다.

2. 조직의 창조 역량을 배양한다.
   - 창의성이 우수한 인력의 채용과 육성, 과감한 R&D 투자의 지속, 사내의 기업가 육성, 혁신적인 아이디어의 수용풍토 조성 등.

3. 독창적인 제품을 만들어 새로운 산업의 표준으로 제시한다.
   - 예측과 혁신, 직관과 영감, 디지털 기술과 제품 간에 융합하기 등

4. 신수종(新樹種) 사업으로 차세대의 성장 동력산업에 집중한다.
   - 기술혁신 ⇒ 가치혁신, 경쟁전략 ⇒ 창조성 전략 등으로 신 사업모델을 선정하고 창조한다.

◈ 창조경영과 Blue Ocean 전략과는 어떤 관계가 있습니까?

[ ]

6월 22일 이미지 관리

이미지(image)는 타인들이 보고 느낀 자신의 모습이며, 또한 자신이 전달하고 싶은 이미지를 선택하여 보여주는 것이기도 하다.
최고경영자(CEO)의 이미지는 그 기업의 이미지가 되므로, 최고경영자(CEO)다운 이미지를 적절하게 연출하고 관리를 해야 한다.

⊙ **전임 CEO와 차별화 될 수 있는 이미지 요소를 만든다.**

(예) 전임자가 카리스마형 ⇒ '온화한 이미지'로 기업체질을 창의력과 팀워크가 있는 생동하는 조직으로 변신시킨다.

⊙ **자신의 경영 철학과 방침을 이해하기 쉽게 만들어 지속적으로 전파 한다.**

– 일관된 메시지로 계속하면 이미지로 형성되고 동기부여가 된다.

⊙ **경영 능력이 실적으로 증명되어야 이미지 제고가 된다.**

– 뛰어난 경영성과로 시장가치가 상승하면 CEO 브랜드 가치도 올라간다.

⊙ **주변의 관련자들을 키우는 것도 이미지 관리에 중요하다.**

– 주변의 인재부터 잘 챙긴다. 즉, 경력관리 인사, 장단점의 피드백과 지도, 구체적인 대안제시 등으로 키워주면 잘 따르고 이미지도 좋아진다.

⊙ **존경받는 전문성과 리더십에 인간미와 신뢰성 이미지까지 겸비(兼備) 한다.**

참고 『기업인의 이미지(PI)』, 서재경저, 김영사.

◈ 이미지 관리를 위하여 어떤 노력을 하고 계십니까?

[ ]

6월 23일 매스컴 대응 잘하기

오늘날은 매스컴에 의해 기업 이미지가 형성되고, 그 이미지로 해당사의 상품판매가 좌우되며 기업의 존속까지 영향을 받게 된다.
기사취재에 적절하게 대처하여, 바람직한 이미지를 만드는 것은 경영자의 또 다른 책임이다.

1. 취재 담당기자와 우호 관계를 조성하고 홍보팀과 사전에 협의하게 한다.

2. 인터뷰 전에 취재 목적에 맞는 내용을 정리하여 대응한다.
   - 결론부터 간결하게 말하며 관련 없는 내용은 삼가도록 한다.
   - 절대로 화를 내거나, 큰소리로 논쟁을 해서는 곤란하다.

3. 전화 취재는 부정확한 전달이 생기기 쉬우므로 특히 유의를 한다.
   - 코멘트를 거부하지 말고, 있는 그대로 말하거나 직접방문을 요청한다.

4. 긴급 사건이나 사고의 발생 시의 대응은 신중하게 한다.
   - 관련 부서와 검토(특히 법률적 사항)를 충분히 한 공식 발표문을 적절한 시기에 기자회견 등으로 대응하며 문제를 최소화 시킨다.

5. 부당한 보도에 대한 반론 요청은 매체에 따라 방법을 달리하여 대처 한다.

6월

◈ 언론 인터뷰나 방송출연의 노하우로는 어떤 것이 있습니까?

[ ]

6월 24일 스피치 기법

스피치(speech)는 상호작용이어서 듣는 사람은 말하는 그 사람의 이미지와 중요한 말(key-word)만 기억을 한다.
훌륭한 스피치란 말을 듣는 사람들이 자신을 잘 이해하고, 말하는 내용을 믿고 자신과 보조를 같이 할 마음을 갖게 하는 것이다.

1. 청중은 설득하는 내용을 들을 때 '내용은 8%, 외모와 이미지는 42%, 말하는 방법은 50%' 비중으로 인식을 한다고 한다.

2. '말하는 방법(style)'을 부단히 연마(研磨)해야 한다.
   - 서두에서 부터 자신 있게 시작하며 사례, 유머, 통계 등으로 주의를 집중시킨다.
   - 전달할 주제는 2~3개로 하며, 질의 응답 후에 요약하고 강조를 한다.

3. '3단계 스피치 기법' 을 활용한다.
   ① 서론 : 관심사항을 거론한다. ② 본론 : 핵심 내용으로 영향을 준다.
   ③ 결론 : 행동(도전, 용기, 희망 등)하기를 격려한다.

4. 해외 비즈니스 원고는 현지의 스피치 라이터의 감수를 받는다.
   - 우리식 어휘와 표현방식이 현지의 청중들에게 차이가 있을 수 있다.

6월

◈ 스피치 기법의 연마를 위하여 무엇을 하셨습니까?

[ ]

6월 25일

위기관리

위기(危機)가 발생한 후 대응하는 것은 낮은 수준이다. 진정한 위기관리는 위기가 발생하기 전에 예방을 위한 '위험관리 조직과 시스템'을 가동하고 가상 모의훈련으로 사태를 수습하고 정상화시키는 실행력을 갖는 것이다.

1. 기획단계에서부터 '안전기준과 위험성을 예측' 하고 예방책을 반영 한다.

2. 업무 진행단계 : 위험관리 체계를 수립하고 교육훈련을 병행한다.
   - 작업은 여러 업체가 분업으로 하지만, 위험관리는 통합시스템으로 한다.
   - 위기의 징후에선 시간과 비용절감보다는 '안전최우선'으로 대처한다.

3. 사고 발생단계 : 최악을 가정하고 기민하게 전담조직을 운용한다.
   - 사고 수습본부 설치, 언론창구 일원화, 법무 팀의 조언, 사고보상 방법과 사후조치 등으로 대응해 간다.

4. 재발 방지단계
   - 위기관리 과정에서 얻은 교훈을 정리하고 참고하여 미비점을 보완한다.
   - 자사에 맞는 '전사적인 위기관리 시스템'의 구축에 투자를 한다.

참고 『기업인의 이미지(PI)』, 서재경저, 김영사.

◈ 중 단기적으로 보이지 않는 위험에는 어떤 것이 예상되십니까?

[ ]

6월 26일 시나리오 경영

우량기업의 장수비결은 미래에 예견할 수 있는 최악의 상황을 상정하여 미리 대응전략을 만들고, 당면하는 상황에 대하여 모의 테스트와 교육으로 환경 변화에 신속히 대처하는 시나리오(scenario) 경영을 추진한 덕분이었다.

〈사례〉로얄 더치쉘의 오일쇼크를 예상한 대응 시나리오경영의 추진.

1. 미래 사업 환경변화의 요인들을 도출한다.
   - 유가와 환율의 급변동, 제2의 금융위기, M&A, 경영권 승계관련 등.

2. 중대한 변화요인의 선정과 시나리오 조건을 설정한다.
   - 불확실성과 영향력이 높은 것으로, 해외 시장의 여건(악화, 호전)과 국내 경제의 안정과 불안정의 여부 등임.

3. 대응 시나리오를 조건이나 단계별로 작성한다.
   (예) 경기침체의 지속이나 가속, 경기의 회복과 완만한 회복의 조건별 등

4. 기간별(반기, 연간 등) 평가로 시나리오의 전략을 조정한다.
   - 전략적 목표대비 성과 및 결과평가에 따라 수정을 하거나, 환경의 또 다른 변화에 대응하기 위하여 시나리오 자체를 재수립한다.

◈ 비상상황의 경영 시나리오에는 어떤 것이 있습니까?

[ ]

6월 27일 **경영책임의 사례**

사업은 한 순간이라도 잘못하면 몰락할 수가 있다는 것을 수많이 보아왔다. 경영자의 조급증, 과욕, 오류로 부도나 파산되는 실패사례를 보고, 근원을 깨달아서 용의주도하게 경영을 해야 한다.

- ⊙ 분식회계 등 회계부정에 의한 경영성과의 조작
- ⊙ M & A 등 무리한 사업 확장과 과도한 차입경영
- ⊙ 비자금 조성 및 횡령사건 등의 도덕성 문제의 야기
- ⊙ 탈법 또는 편법에 의한 탈세나 경영권 이전
- ⊙ 안전과 환경기준의 설비투자 소홀로 사고유발의 책임
- ⊙ 경영판단의 미스로 구조조정의 잘못과 핵심기술력의 상실
- ⊙ 고수익 유혹으로 고위험군 상품에 과다한 투자집중 등.

◈ 경계해야 할 사례에는 또 어떤 것이 있습니까?

[ ]

6월 28일 사장교체 요인

자기중심적이고 특권의식에 도취되는 CEO 병(病)에 걸려서, 자신과 회사를 망치기 전에 스스로 엄정하게 자기를 검열할 필요가 있다. (다음 항목들에 대하여 그렇다고 생각되면 V 표시를 한다.)

- □ 전략사업을 육성하는 선견성과 통찰력이 없어지고, 눈앞의 현상과 업무들만 하고 있다.
- □ 무분별한 투자와 과도한 차입으로 누적 적자 상태가 지속되고 있다.
- □ 사내의 경영 시스템을 무시하고 특혜 지시나 갑작스런 변경지시로 현장을 혼란시키고 있다.
- □ 각 사업부나 각 부문에 걸친 쟁점 사항에 조정능력을 발휘하지 못한다.
- □ 조직의 소통이 나쁘고 올바른 정보와 건의가 정확하게 전달되지 않고 이런 상태를 방치하고 있다.
- □ 기업의 사회적 책임이나 환경 문제 등을 진지하게 생각하지 않는다.
- □ 유능한 사람들을 한직으로 보내거나 자르면서, 주위에 보신을 꾀하거나 예스맨들로 구성하고 있다.
- □ 사장을 만나기가 어려워지고 업무외적인 사회활동에 시간을 많이 보낸다.
- □ 개방된 풍토 만들기를 거부하고, 인사의 공평성을 소중히 하지 않는다.
- □ 회사를 마치 자기 자신의 것으로 생각하여, 회사재산을 남용하고 변칙적인 경비지출을 많이 하고 있다.

자기 검열 항목 앞의 □에 V 표시가 한 개라도 해당이 되면 용퇴(勇退)할 마음의 준비가 필요하다.

◈ 자기검열 □에 V 표시가 없으시면 훌륭한 경영자로 경하드립니다.

6월

좌우명(座右銘)

책상의 오른쪽에 놓아둔 쇠붙이에 새긴 글을 말하며, 늘 쳐다보면서 반성 하거나 생활의 길잡이로 삼는 명언이나 경구들로 인생의 좌표와 같다.

〈 나의 좌우명 〉

"좋은 경청자(傾聽者)가 되자." (삼성 이건희 회장)

"약속은 꼭 지킨다." (LG 구본무 회장)

"부지런하면 천하에 어려움이 없다." (현대차 정몽구 회장)

"실천이 중요하다." (SK 최태원 회장)

"미래를 지향한다." (미래산업 정문술 회장)

"미범생(美凡生) — 아름답고 평범하게" (개성상회 한창수 회장)

◈ 자신의 좌우명은 무엇입니까? 위의 네모 안에 써보세요.

6월 29일 노블레스 오블리주의 실천

노블레스 오블리주(Noblesse Oblige)는 '사회지도층 인사의 도덕적 의무'로, 그 직위에 맞는 역할과 의무수행의 높은 책임이 있다는 의미다. 지도층으로써 존경을 받으면서 더 큰 성공을 하기 위해선 도덕적인 권위를 먼저 확보해야 한다.

⊙ '경영자의 윤리'를 충실히 준수한다.

– 정도경영과 투명경영으로 존경받는 사회적인 기업의 경영자가 된다.

⊙ '법규준수'에 솔선수범하고 불법행위를 하지 않는다.

– 불법적인 사업, 탈세 행위, 세금 신고액 누락, 부정 군 면제, 위장 전입 등

⊙ 사회적인 활동(기부, 봉사, 자선 등)**으로 부**(富)**의 사회 환원에 참여 한다.**

⊙ 정당한 돈 이외의 돈에는 절대로 욕심을 내지 않는다.

– 뇌물수수, 차명계좌 운영, 자금의 전용이나 착복(횡령), 투기행위 등.

⊙ 가족들의 행사에 자리의 힘을 과시하지 않고 검소하며 조용하게 한다.

– 결혼식과 장례식에서 경조금 안 받기, 화환 / 조화대신에 '사랑의 쌀'로 불우 이웃돕기에 솔선한다.

◈ 자신만이 실천하는 것에는 어떤 것이 있습니까?

[ ]

6월

6월 30일 60대 건강관리

최고경영자 대부분은 규칙적인 섭생과 운동을 하고, 건강관리도 사업을 경영하는 것처럼 목표를 세우고 중간점검도 하면서 관리를 잘한다. 또한, 흡연, 과음, 과식하는 비율도 낮으며 건강에 대한 지식도 높다.

1. 3대 위험질환을 중점관리 한다.

- 호흡기 질환(폐암) : 직·간접의 흡연을 차단한다.
- 심장계 질환(심근 경색증) : 성인병 관리, 투쟁적인 성격의 완화 등.
- 뇌혈관 질환(뇌졸중) : 뇌 건강검진, 혈전 예방제의 복용 등.

2. 긴급 상황 발생 시에 조기대처를 잘 한다.

- 주치의 및 가족과 빠른 연락망을 유지하고, 항상 신분증을 지참한다.

3. 정신과적인 질환에 사전예방을 한다.

- 우울증은 마음의 감기이면서 뇌의 질환으로 조기진료와 처방을 요함
- 마음의 여유를 갖도록 스포츠의 생활화와 문화생활을 지속적으로 한다.
- 퇴임하면 ⇒ 현실을 받아들이고, 부부가 함께 하고 싶었던 일을 하거나 사회 공헌 활동으로 보람을 찾는다.

참고 『내 몸 경영』, 박 민수 저, 전나무 숲

◈ '건강관리를 위한 원칙'에는 무엇이 있습니까?

[ ]

흔들리며 피는 꽃

도 종 환

흔들리지 않고 피는 꽃이 어디 있으랴

이 세상 그 어떤 아름다운 꽃들도
다 흔들리면서 피었나니
흔들리면서 줄기를 곧게 세웠나니

흔들리지 않고 가는 사람이 어디 있으랴
젖지 않고 피는 꽃이 어디 있으랴

이 세상 그 어떤 빛나는 꽃들도
다 젖으며 젖으며 피었나니

바람과 비에 젖으며
꽃잎 따뜻하게 피었나니

젖지 않고 가는 삶이 어디 있으랴

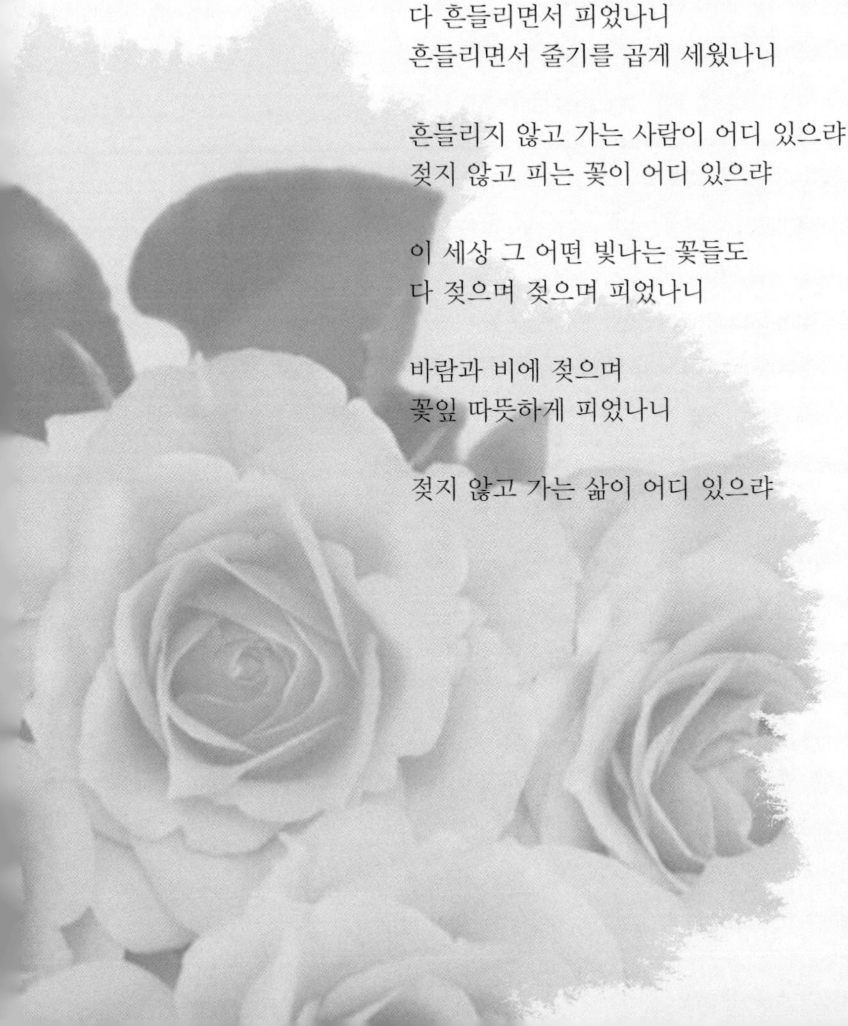

자기경영 성공멘토 365

7月 성찰

우리의 삶에는 여러 문이 있어요.
한쪽 문이 닫히면 다른 쪽 문이 열리고
다른 방에선 다른 일들이 일어나므로 주저앉지 마세요.
당신이 바꿀 수 있는 것은 오로지 당신 자신뿐입니다.

헬렌 니어링

7월 1일 **제2막 미션 설정**

한 번의 실패로 끝나는 인생은 없다. 포기하지 않는 한 기회는 다시 찾아온다. 최후로 성공하는 사람은 한 번도 넘어지지 않는 사람이 아니라, 넘어질 때마다 다시 일어나서 자신의 미션(mission)을 완수하는 사람이다.

사례 ① **스티브 잡스**

자기가 만든 Apple 컴퓨터회사에서 해고당한 뒤에, 췌장암 치료와 NEXT 창업으로 재기하였으며, 결국 복직한 뒤 PC 혁명의 선구자로 종신 CEO가 되었다.
절망한 끝에 2막 인생을 IT업계에 재도전하여 '아이 폰, 아이패드'등을 성공시킨 모범사례로 찬사를 받고 있다.

사례 ② **조앤 K. 롤링**

이혼녀로 딸과 함께 생활보호 대상자로 극빈한 생활을 하면서도, 작가로의 꿈을 그리며 '해리포터 시리즈'를 써서 최고의 베스트셀러 작가가 되었다. 역시 최악의 상황에서도 자신의 공상을 글로 적었고, 작가가 되는 꿈을 끌어 당겨서 성공적인 인생을 이루었다.

※ 인생의 2막을 시작하게 된다면, 자신이 진짜 원하는 것을 찾고, 인생에서 자신의 사명(使命, mission)을 깨달아서 문을 열면 된다.

참고『2 막』, 스테판 M. 폴란 저, 조 영희 역.

◈ 제2막에서 자신의 미션은 무엇입니까? [ ]

7월

7월 2일 이직의 성공조건

본인의 커리어관리 차원이든 헤드헌터의 이직(移職)제안이든 회사를 옮기는 이직 시에는 분명한 주관을 가지고 결정해야 실수가 없다. 연봉과 직위에 앞서서 '무엇이 되고 싶다'는 미래의 꿈을 우선적으로 한다.

1. 이직사유가 분명해야 한다.

- 현직에서 일해야 하는 이유를 5가지 기록해 보고 없다면 옮겨야 한다. 그렇게 하여야 새로운 목표를 향해 나갈 수가 있다.

2. 이직 자격이 있는지 냉철하게 점검해 본다.

- 담당업무의 전문성과 경력이 옮기는 회사에서 도움이 되는 정도와 회사의 브랜드가 없는 자신의 몸값은 얼마인가를 생각한다.

3. 이직 조건을 점검한 후에 결정한다.

- 우선순위 별로 점검을 하지만, 권한은 직급에서 나오므로 타이틀도 중요하다.

4. 새로운 조직문화의 적응에 노력한다.

- 6개월 정도는 업무방식, 인간관계, 의사소통 등에 차이를 인정하고 인내심을 발휘한다. 어디에서나 장벽은 있게 마련이다.

5. 떠날 때는 조용히 좋게 마무리를 한다.

- 상사, 부하, 동료, 거래처에 좋은 인상을 남겨야, 다음의 평판조회에서 좋은 결과를 얻을 수 있다.

◈ 이직을 한다면 본인의 희망직위와 연봉은 어느 정도로 생각하십니까?

[/]

전업의 선택

전업(轉業)은 직업을 바꾸어 새로운 일터에서 활동하는 것으로, 무엇을 새롭게 하고 싶거나 다른 무엇이 되고 싶을 때 결심을 하고 진로를 바꾼다. 적성과 보람 그리고 경력으로 용기를 갖고 새 출발을 하는 것이다.

1. 어떤 분야의 전업을 원하는가?

- 그동안 경제적인 사정 등으로 현재의 직장생활을 하였으나, 더 늦기 전에 자신에게 잘 맞고, 하고 싶었던 일을 하기로 한 결정을 숙고한다.

2. 전업에는 3~5년 정도로 준비하는 기간이 필요하다.

- 관심분야의 성공을 위한 연구와 새로운 기술과 자격증 등을 구비한다.

3. 직업 적성검사를 다시 받아본다.

(예) 홀랜드 직업적성 검사로 경력과 성향에 따라 새로운 분야를 고려할 수도 있다.

4. 커리어 컨설턴트의 도움과 조언을 참고한다.

- 다른 사람을 위해 일을 하는 한, 안정된 평생직장은 없다는 생각으로 직업을 바꾸기 위한 준비사항, 교육 등과 자신의 전업계획에 대한 자문을 구한다.

◈ 전업을 생각한다면 어떤 분야를 고려할 수 있습니까?

[ ]

7월 4일

퇴출의 충격

구조조정 등으로 해고(퇴출)시 사전에 통지가 없었다면 그 충격과 분노는 상상 이상이 될 것이며, 사전절차가 있었다면 그 영향은 다소 낮아 질 수도 있다. 그러나 마음의 상처는 평생의 아픈 기억으로 남게 된다.

1. 모든 해고에는 이유가 있다.

– 어떤 경영상황 발생에서, 본인의 결격사유가 있어서, 연줄의 힘이 없어졌거나, 또 다른 사유가 복합적으로 작용하여 해고된다.

2. 퇴출의 충격은 다양하고 오래간다.

– 필요 없는 사람으로 낙오자가 되었다는 생각과 수치심에 고개를 들지 못한다.
– 토사구팽의 분노와 모욕을 받은 무력감이 머릿속에서 계속 맴돈다.
– 가족에 대한 미안함과 생계의 불안감으로 잠을 이루지 못한다.

3. 퇴출충격의 극복에는 단계와 시간이 필요하다.

– 마치 암(癌)선고 때와 같이 '거부 ⇒ 분노 ⇒ 공포 ⇒ 체념 ⇒ 수용단계'를 거친다.
– 심리적인 정리 기간이 필요하며, 스스로 현실에 대한 이성적인 재해석으로 인생의 전환점을 만들 각오를 해야만 극복이 된다.

4. 해고시의 유의사항을 지킨다.

– 상위자는 해임이나 해고 시에 충격을 최소화 하도록 사전면담을 하거나, 사전통지로 자존심에 상처를 적게 주도록 배려를 해야만 한다.

◈ 해임이나 퇴출조치는 어떤 절차로 하십니까?

[ ]

7월 5일 위기의 극복

인생을 살면서 누구나 예기치 않는 불행과 시련들을 만난다. 승진누락, 실패, 해직 등의 위기에서 좌절하는 사람도 있지만 더 강해지는 사람도 있다. 의기소침해 있으면 본인만 손해다. 위기나 고난 속에서 감추어진 성장의 메시지를 발견하고 재도전 하는 사람이 발전한다.

1. 위기의 실체를 냉정하게 판단하고 인정한다.

- 절대 당황하지 말고 의연하게 위기상황을 인식하고 받아들인다.

2. 자기 안으로 몰입하는 시간을 가진다.

- 필기도구를 이용하여 침착하게 위기발생의 원인규명과 해결방안 강구에 집중한다.

3. 자존심을 약간 줄이고 겸손해 진다.

- 원망이나 변명·자책도 하지 말고 궁상도 부리지 않는다. 현재 상황과 약간의 거리를 두고 생각하며, 멘토의 조언을 들어 본다.

4. 성공사례의 책을 읽는다.

- 실패담보다 성공담의 책과 사례를 읽고 아이디어와 의욕을 갖도록 한다.

5. 희망을 가지고 새로운 계획에 도전한다.

- 어제의 자기 모습을 과감히 버리고 성공한 모습을 상상하며 재출발한다.

◈ 최근의 위기에서 배운 교훈을 무엇입니까?

[ ]

7월 6일 자부심 찾기

자부심(自負心)이란 자기 자신의 가치와 능력을 믿는 마음이다.
자부심을 품지 못하면 자기비하와 무기력 등으로 대인 관계와 인생의 여러 가지 문제들을 잘 해결하지 못하게 된다.

⊙ 자기 마음을 잘 정리한다.

– 실망스런 일로 상실감이나 패배의식(자책감)에 오래 있으면 자신감을 잃게 된다. 누가 대신 해주지 않으므로 재설계하고 분발을 한다.

⊙ 자신의 능력을 과소평가하는 태도에도 문제가 있다.

– 자신의 능력을 바로 보고 '나도 잘 할 수 있다'라는 암시를 반복한다.

⊙ 하고 싶은 일과 할 수 있는 일은 다르다.

– 자신의 능력과 자질에 대한 착각에서 벗어나 포기할 것은 포기를 한다.

⊙ 자신에 대한 비판이나 불만의 소리는 그냥 받아들인다.

– 상대방이 말은 하지만 큰 관심도 기억도 하지 않으므로, 신경과민으로 반응할 필요가 없다.

⊙ 남들과 비교하지 말고 자기답게 살도록 한다.

– 남을 너무 의식하지 말고, 남들과 다르고 자기만의 소중한 것을 찾아서 즐겁게 잘 살면 된다.

◈ 남들과 다른 자부심에는 어떤 것들이 있습니까?

[ ]

7월 7일 평생 다직업 시대

평생 직장이나 평생 직업에서 평생 다직업의 시대로 변천하고 있다. 즉 생애에 걸쳐 다양한 직장과 직무를 경험하는 다모작 인생이 전개되고 있는 것이다. 따라서 평생 현역을 한다는 각오로 부단히 준비해 가야 한다.

⊙ 멀티 형(π 형)인재로 2~3개 분야의 전문능력을 가진다.

⊙ 첫 번째 직업과 유사한 업종을 선택하거나 관련 분야로 진출을 한다.

⊙ 1개의 특화 직업(one source)에 다각화된 직장(multi-use)에서 활동한다.

⊙ 일을 잘 한다는 평판으로 계속 여러 곳으로 뽑혀 다닌다.

⊙ 온라인의 커뮤니티 활동이나 취미관련 분야로 시도를 한다.

◈ 멀티형 인재의 관점에서 볼 때, 몇 가지 분야의 전문능력이 있습니까?

[ ]

7월 8일 재취업

퇴직 후 재취업(再就業)은 객관적인 자기평가에 의해, 새로운 직장이나 직업을 물색하는 자세를 가져야 한다. 재취업은 시간 차이를 오래두지 않는 것이 좋으며, 어렵다고 도중에 포기해서는 더욱 곤란하다. 재취업 준비기간에 규칙적인 생활로 건강과 외모관리 등을 특히 잘해야 한다.

1. 본인의 역량과 가능성에 대해 재평가를 해본다.

– 자신은 과연 무엇을 원하는지? 어떤 일을 잘할 수 있는지를 자신에게 질문을 하고 다시 평가해 본다.

2. 전문가나 주위의 인적 네트워크에 조언과 도움을 적극적으로 구한다.

– 전직 전문회사나 헤드헌터를 활용하면 재취업의 각종 자격요건과 재취업 교육 등에 필요한 실질적인 도움을 받을 수 있다.

3. 과거의 경력에 집착하지 말고 눈높이를 낮춘다.

– 연봉과 처우조건은 업종이나 인력수급에 따라 결정된다고 생각하고, 과도한 조건을 요구하지 말고 무슨 일이든 한다는 생각으로 임한다.

4. 전직 지원(outplacement)제도를 활용한다.

– 개인별 직능검사와 경력계획 등으로 제2직업을 찾도록 지원하는 제도를 이용한다.

5. 경력이 보이는 이력서와 스토리가 있는 자기소개서를 준비한다.

◈ 재취업을 위한 다른 방법에는 어떤 것이 있습니까?

[ ]

성공적인 면접

면접(面接)에서는 자신을 최고의 상품으로 포장하여, 자신을 사고 싶게 만들어야 성공한다. 소개팅 하듯이 좋은 인상과 태도를 보이면서, 자신의 실력과 열정 등을 면접위원들의 눈에 띄게 해야 한다.

1. 취업회사에 대한 연구와 준비를 치밀하게 한다.

– 회사분석 보고서, 회사발전 제안서, 직무수행 계획서 중에서 필요한 것을 준비하여 제출하거나 설명한다.

2. 예상되는 질의응답 내용을 정리하고 모의연습을 한다.

– 1분 30초용 자기소개 내용, 발성과 표현력, 외모와 표정 등을 점검한다.

3. 면접유형을 사전에 인식하고 대비한다.

– 인성과 직무수행 중심, 행동유형, 압박면접이나 집단면접 유형 등임.

4. 질문의도와 핵심을 파악하고 응답한다.

– 왜 질문하는지? 어떻게 대답할지를 잠시 생각한 후에 답변을 한다.

(예) 마케팅이란 무엇입니까? ⇒ 기술적이나 전문적인 답변보다는 "돈을 버는 전략입니다" 와 같은 대답이 정답에 더 가깝다.

5. 면접 시엔 자신감 있는 태도를 보인다.

– 질문을 잘 경청하는 모습으로 눈을 맞추고, 대답은 밝은 목소리로 힘차고 명확하면서도 간결하게 한다.

◈ 지원하고자 하는 회사의 홈페이지의 현황을 보고 어떤 문제점을 발견하였습니까? [ ]

7월 10일 사업두뇌와 기업가정신

사업하는 머리는 따로 있다고 한다. 즉 사업하려는 사람은 지능지수(IQ) 보다 사업지수(BQ:Business Quotient)가 더 좋아야 성공할 수 있다. 창업가는 참신한 아이디어로 사업을 일으키며 다양한 위험에도 불구하고 신념을 가지고 추진하며, 새로운 가치의 창출과 성장을 추구하는 기업가정신을 소유해야 한다.

⊙ 스스로 사업 아이디어를 많이 내고 행동에 옮겨 일을 잘 도모한다.

(예) '컴퓨터를 들고 다니도록 해 본다' 는 발상으로, '노트북'을 개발하는 사업방식과 같은 것이다.

⊙ 상대방의 마음과 욕구를 잘 헤아리고 충족시킨다.

(예) 항상 자기보다 상대방을 먼저 생각하고 일을 맡기며 사람을 잘 부린다.

⊙ 이재(理財)에 밝고 머리회전이 빠르다.

(예) 사업수지 분석과 이해타산이 빠르며 돈 관리와 투자도 잘 한다.

⊙ 미지의 시장에 대한 도전과 개척정신으로 독특한 것을 창조해 낸다.

(예) 아무도 생각하지 못하고 하지 않거나 불가능 하다고 할 때, 이것에 과감하게 위험을 감수하고 도전하는 결단력으로 이루어 낸다.

◈ 자신의 사업지수를 어느 정도로 평가하십니까? [ ]

7월 11일 자기사업의 운영

세상의 발전은 창업에 의해 이루어지며, 자기사업은 혁신적인 것으로 새로운 가치를 제공해야 성공한다. 또한 사업하는 의미와 원칙이 있어야 하는 것은 기본사항이다. 사업은 항상 창조적인 자세로 현재 시각에서 미래를 보는 것이 아니라, 미래의 시각에서 현재를 생각하고 미래를 준비하는데 있다.

1. 비즈니스 모델과 수익성 계획에 따른 현금흐름을 잘 관리한다.

- 인재와 기술, 거래선 확보와 자금조달로 사업의 기반을 충실히 한다.

2. 고객의 기본적인 요구사항인 '제품, 가격, 서비스, 체험, 접근성 등'에서 차별성을 결정한다.

3. 법률적인 위험성을 예방하기 위해서 전문가의 도움을 받는다.

- 사업 계약서관련, 세법, 부동산 거래, 근로자관계, 거래관련 문서 등.

4. 좋은 제품의 개발과 판매로 합법적으로 돈을 버는 방식으로 운영 한다.

- 돈을 벌기위해서 무엇이든 할 수 있다는 태도는 가장 위험하다.

5. 어려운 상황에서는 위기를 극복한다는 자신감과 독립심이 중요하다.

- 초기의 장미 빛에서 어려워지면 의타심이 생기기 쉬우나, 어려운 환경을 극복하고 사업하는 것이 사업가 본연의 정신이다.

◈ 사업(事業)을 하는 진정한 의미(이유)는 무엇입니까?

[ ]

가족 기업

제 2 막의 평생 직업은 단순한 생계수단이 아니라, 자긍심으로 직업을 통해서 인생을 즐기고 보람도 있어야 한다.
여기에는 본인뿐만 아니라 부인도 자신의 재능과 강점을 살려서 새로운 길(일)을 찾을 수가 있다.

1. 시작하려는 비즈니스에 누구의 재능이 더 적합한지를 물어 본다.

- 부인의 재능이 더 적합하면 부인이 사업을 주도하고, 남편은 이를 지원하는 형태로 사업을 운영한다.

2. 아내의 재능을 활용한 비즈니스 아이템으로 전환도 모색한다.

3. 아내와 동업하기

- 남자·여자의 역할구분이 아닌, 재능의 최적 분담으로 둘이서 각기 잘하는 것으로 나눈다.

4. 과도한 금융비용 축소와 경리장부의 기록을 성실하게 한다.

- 현금흐름을 고려하여 금융비용은 최소로 부담하며, 모든 서류와 장표를 책임성 있게 기록하고 철저하게 관리한다.

5. 계약관계와 사기꾼의 함정을 조심한다.

- 기대감이 커서 방심하기 쉬운 계약서의 허점이나 중간 소개자의 사기성에 조심한다.

◈ 가족기업으로써 내세우는 차별성은 무엇입니까?

[ ]

7월 13일 **개인 경쟁력 강화**

불확실성이 많아지는 시대에서 모든 개인은 평범해서는 힘들고, 전문성과 지속적인 자기계발로 경쟁력을 가져야 롱런할 수 있다.
즉, 자신의 차별성과 경쟁력을 강화하고 생존할 수 있는 전략을 마련해야 개인의 발전과 가정의 행복을 함께 가질 수가 있다.

1. 스스로 일을 찾아서 하고 그 성과를 노출시킨다.

– 회사에 기여가 될 만한 가시적인 프로젝트를 추진해 성과를 내고, 상사나 주변에 깊은 인상을 남긴다.

2. 관련한 분야의 필요한 자격증을 취득하고, 좋은 아이디어(상표, 디자인, 비즈니스 모델 등)**및 기술, 특허를 지적재산권으로 등록을 한다.**

3. 인적 네트워크를 구축하고 관리하는 일에 정성을 다한다.

– 세계 자동차 판매왕인 조 지라드는 = '고객 한 사람은 250명의 인간관계를 형성하고 있다."고 했다. ⇒ 소셜 네트워크시대엔 2,500명은 돼야 한다.

4. 늘 관심 있는 분야의 정보수집과 데이터베이스를 정리하여 활용한다.

– 제2 전공분야, SOHO 비즈니스, 투 잡스, 사업 성공사례 등.

5. 사이버 공간에서 자신만의 공간(사무실)**을 개설하고 운영한다.**

◈ 자신만의 삶을 충실히 만드는 아이디어나 기술엔 어떤 것이 있습니까?

[ ]

7월 14일 배우자의 격려

부부는 결혼과 더불어 같은 배에 승선한 공동 운명체다. 두 사람의 힘은 서로 모여서 상승효과를 내지만 반대로 상쇄시키기도 한다. 비난은 상대방을 더욱 위축되게 만들며, 격려는 희망과 용기를 갖게 한다.

⊙ **남편의 실직과 실업을 사회적인 무능력과 연결시키지 않는다.**

– 수치심과 무력감으로 우울하고 불안한 사람을 감싸주고, 조기 퇴직은 일상적인 추세로 인정하면서 새로운 기회를 찾도록 돕는다.

⊙ **잘 나가는 친구의 남편과 비교는 열등감을 확인시켜주는 잔인한 일이다.**

– 비교를 통하여 강점을 돋보이게 하는 경우 이외에는 비교를 하지 않는다.

⊙ **자녀에게 '아버지를 닮지 말라'는 식으로 불만 등을 표시하지 않는다.**

⊙ **남편의 기질과 재능을 살리는 분야를 찾는데 함께 고민을 한다.**

– 최소한 3년 후의 인생을 그리도록 돕는 것이 내조라고 보고 지원한다.

⊙ **능동적이고 지속적으로 배움에 시간을 투여하도록 배려한다.**

– TV와 술, 담배 등을 멀리하고 운동과 학습을 바보온달 가르치듯이 엄격하게 하여 자신의 길을 준비하도록 한다.

◈ 재기(再起)하는데 어떤 격려가 도움이 되겠습니까?

[ ]

7월 15일 자신에게 재투자

하늘을 나는 솔개의 수명은 보통 40년 이지만, 일부의 솔개는 약 반년간의 힘든 갱생(更生)과정을 거쳐서 70년까지 산다고 한다. 자신의 변신을 택한 솔개는 먼저 높은 곳으로 가서, 부리로 바위를 쪼아서 새로운 부리가 돋아나게 한 후에, 새 부리로 발톱을 모두 뽑아서 새로운 발톱이 나오게 한다. 끝으로 날개의 긴 깃털을 뜯어내서 새 깃털이 나오게 한다. 즉, 솔개의 갱생론은 고통스러운 재탄생 과정을 겪지 않고는 새로운 미래를 만들 수 없다는 의미를 제시하고 있다.

1. 냉철한 자기진단으로 새로운 성공의 기회를 잡는다.
   - 마케팅의 SWOT 분석을 참고하여 자신의 능력을 냉정하게 평가하고 강·약점과 기회에 따른 보완을 하고 대비한다.

2. 외국어중 특히 영어의 구사능력과 제2외국어(중국어)에 집중투자를 한다.

3. 컴퓨터 활용과 프레젠테이션 능력, 경력에 필요한 자격증에 투자한다.

4. 외모와 건강에 대한 투자도 병행을 한다.
   - 밝고 좋은 인상과 자신 있는 태도와 복장 등의 외모를 중요시 한다
   - 체력과 건강미를 보이며, 필요한 성형도 하고 피부 관리도 받는다.

5. 마음수련으로 유연한 사고와 적응력을 갖추고, 과거의 방식에 안주하지 말고 상황의 변화에 따른 새로운 생각과 혁신 방법을 연구한다.

◈ 몸값에 맞는 상품성을 위해 어떤 것에 투자하고 계십니까?

[ ]

7월 16일 새로운 길

가지 않은 새로운 길을 만날 때는 어떻게 해야 하는가? 대부분 이미 걸어가고 있는 길의 연장선상에서 나가기를 희망하지만, 때로는 가지 않은 길을 용기 있게 선택하여 다채롭게 성공적으로 살아가는 인물들이 있다.

(예) **안철수 원장**

의사에서 컴퓨터 바이러스 백신프로그램을 개발하는 '안철수 연구소'를 만들고 CEO와 이사장을 역임하였다. 미국 유학 후 KAIST교수에 이어 서울대 융합과학기술대학원장으로 재직하면서 많은 저서와 강연 등을 하고 있다.

(예) **박경철 의사**

안동에서 외과의사로 진료활동을 하면서, 투자전문가의 길을 겸하고 있다. '아름다운 동행', '부자경제학', '주식투자' 등의 책 저술 및 방송의 경제 프로그램 진행과 강연 등을 하고 있다.

⊙ 인생의 목표를 '000로 살아가는 것'에서 '행복한 삶을 사는 것'으로 설정을 하면, 어떤 길을 만나든 성공적인 삶을 살아 갈수 있다.

⊙ 남들이 가지 않는 길, 틈새시장 분야에서 자신만의 영역을 개척한다.

⊙ 본업이외 별도의 관심분야 (투 잡)에서 'ㅇㅇ의 전문가'로 활동을 겸한다.

◈ 새로운 길 앞에 선다면 어떤 길을 선택하겠습니까?

[ ]

나 홀로 기업

인터넷과 응용 S/W의 발달로 사이버 공간에서, 건전한 비즈니스 아이디어와 다양한 제품의 상거래(商去來)가 가능하다. 즉, 누구든지 자기만의 소기업(1인 기업)을 만들어 성장시킬 수가 있게 되었다.

1. 최적(最適)의 비즈니스 아이템(item)을 확보한다.

- 자신이나 지인들을 위해 일상적인 문제들의 해결방안을 강구하는 과정에서 찾을 수 있다.

2. 주문(注文)형 서비스가 성장의 동력이다.

- 국내 및 세계의 어느 곳이든 인터넷망을 통하여 공급될 수 있는 온갖 종류의 주문형 제품과 서비스가 해당된다.

3. 현금흐름이 바로 가능해야 한다.

- 최소의 투자를 통하여 사업을 시작하자마자, 고객창출과 수익창출이 동시에 이루어져서 현금흐름이 가능하게 되어야 한다.

4. 자신이 잘 할 수 있는 분야에만 집중한다.

- 전문 특화영역에만 집중을 하고, 그 밖은 아웃소싱을 최대한으로 활용한다.

5. 나 혼자 한다는 마음가짐으로 운영한다.

- 단일조직(1~5명)이나 단순한 비즈니스 모델을 구성하여 자신이 직접 일을 못하는 동안에도 돌아갈 수 있는 시스템을 갖춘다.

◈ 프리랜서와는 다른 '나홀로 사업'에는 무엇이 적합하겠습니까?

[ ]

끈기 있는 실행

다이어트 원칙을 모르는 사람은 없는데, 다이어트를 직접적으로 실행하여 성공하는 것은 왜 잘 되지 않는가? 공들여 세운 전략을 완성하고 원하는 결과를 얻지 못하는 것도 꾸준히 실행하는 끈질김의 정도가 낮기 때문이다.

※ 끈질김의 공식

끈질김 = 집중도 × 역량 × 열정지속

1. 어려움과 고난을 극복해야 성취할 수 있다고 생각한다.

- 흠 없는 성공이나 한방에 이기는 선수는 없다. 맞지도 않고 강해지는 권투선수가 없는 것과 같다.

2. 목표를 세우면 장애물을 예상하고, 두 번째 계획(Plan B: 대안)을 준비한다.

- 넘기 힘든 장애물(위기)이 나타나면 우회하거나 작전상 후퇴는 하지만 포기는 절대로 하지 않는다. 재도전 하는 것은 필수다.

3. 선택과 집중으로 잘하는 것에만 매달린다.

- 선택을 하면 나머지는 포기를 한다. 모든 것을 다 잘하려는 마음은 모든 것을 다 못하게 되는 원인이 된다.

4. '할 수 있다는 자신감'과 '해내야 한다는 책임감'으로 실행한다.

- 처음 시작할 때의 마음가짐을 O년 넘게 유지하는 끈기와 우직함이 성공을 만든다.

◈ 눈뭉치로 눈사람을 만들 듯이, '끈기 있게 실행하고 있는 것'은 무엇입니까?

[ ]

결점의 보완

인생에서 성공과 실패는 자기성격에 맞는 일의 선택여부에 달려 있다. 일단 선택을 하였으면 부족한 점이나 결점을 보완해서 환경에 적응해야 한다. 구조조정 등의 위기상황에서 무신경(無神經)하게 있으면 희생을 당하기 쉽다. 자신의 결점이나 부족한 점을 점검하여 적극적으로 보완한다.

⊙ **내성적인 성격**(업무에 소극적, 수동적)**으로 행동력이 부족하다.**

⇒ 외향적인 사람과 보완관계를 갖으며, 자신의 권한을 행사하는 기술을 익힌다.

⊙ **일처리가 꼼꼼하고 완벽성으로 성과가 낮고 스피드도 떨어진다.**

⇒ 넓은 시야로 불확실성을 예상해 보거나, 큰 그림을 그려보아서 업무상의 교섭과 합의로 업무추진을 효과적으로 한다.

⊙ **부하에 대한 통솔력의 미흡으로 겉돌고 실적도 부진하다.**

⇒ 상대방의 성격과 입장에 맞은 대응방법을 선택하여 의사소통과 실적문제를 해결한다.

⊙ **상사와 관계가 소원하여 경쟁자에게 우선순위가 밀린다.**

⇒ 상사는 '자신이 좋아하고, 신뢰하고, 필요로 하는 사람에겐 까다롭게 하지도 않고 챙겨준다'는 것을 이해하고 상사와 관계를 먼저 개선한다.

◈ 자신의 결점보완을 위해 어떤 노력을 하고 계십니까?

[ ]

7월 20일 발상의 전환

새로운 무대에는 새로운 생각과 방법으로 올라간다. 남의 생각이나 기존의 방식이 다 옳은 것은 아니며, '생각이 바뀌면 행동이 바뀐다'는 믿음으로 장애물을 긍정적으로 재해석(再解釋) 한다.

1. 일반적인 '고정관념'을 '긍정적인 말'로 바꾸어 본다.

- 느리다 ⇒ 신중하다
- 까다롭다 ⇒ 용의주도 하다
- 건방지다 ⇒ 당당하다
- 경험이 부족하다 ⇒ 신선하다
- 고집 세다 ⇒ 소신이 있다
- 설치고 있다 ⇒ 적극적이다
- 우유부단 하다 ⇒ 생각이 깊다

2. 2막의 걸림돌을 극복하는데 '생각의 전환'을 한다.

- 이 나이에 가능할까? ⟶ • 늙거나 젊거나 무대에 설 수가 있다.
- 꿈을 추구하는 동안 돈이 걱정 된다. ⟶ • 사전에 과도기의 사용자금을 마련한다.
- 외모나 신체조건이 미흡하다. ⟶ • 가꾸고 바꾸며 실력을 향상시킨다.
- 남의 말과 시선에 신경이 쓰인다. ⟶ • 내 인생은 내가 산다는 생각을 한다.

7월

◈ 다른 장애물의 목록을 적고 긍정적으로 바꿔보세요.

[ ]

의미 있는 인생

자기가 좋아 하는 것에 자기가 가지고 있는 모든 에너지를 투입하여, 인생에서 성취의 보람을 맛보는데 그 의미(意味)가 있다. 가치있는 사고방식을 지향하고 살면 그것이 '성공과 행복'으로 귀결 된다.

1. becoming (~이 되는 것)
   - 입신(立身) 출세(出世)로 'OO이 되고', 큰 작품을 남기는 유명한 'OO가 되는' 인생에 의미를 둔다.

2. doing (~을 하는 것)
   - 일생을 걸만한 일이나 사명(使命)을 가지고, 그것을 달성하여 성취감을 얻는 인생이다.

3. having (~을 소유하는 것)
   - 권세, 명예, 부, 물욕 등의 소유 욕구를 지향하는 삶과 인생이다.

\+

4. being (~으로 존재하는 것)
   - 서로 사랑과 존중으로 옆에 있는 것만으로도, 의지가 되고 안심이 되는 존재를 추구한다.

◈ 어떤 인생을 지향하며 살아가고 계십니까?

[ ]

7월 22일 웃음의 묘약

웃으면 복이 오고, 근심과 병이 낫고, 인생이 달라진다고 한다. 언짢은 일이 있더라도 웃다 보면 즐거워지고 그래서 다시 웃게 된다. 이것이 웃음의 마력이다. "으~하하하~"하고 크게 자주 웃는다.

⊙ 한번에 15초 이상 크게 웃으면 스트레스가 줄어들고, 면역세포의 증대로 암세포가 10% 줄어든다고 한다.

⊙ 웃을 때는 입 꼬리가 올라가고 눈도 함께 웃도록 하는 연습도 필요하다.

(예) 안방이나 화장실 문턱을 넘어서면 혼자 웃는 습관을 들인다.

⊙ 유머내용이나 코미디 프로를 보면서 함께 웃으면 스트레스도 풀리고 기분도 좋아진다.

⊙ 웃는 인상은 좋은 인상이다. 인상이 좋으면 승진도 사업도 잘 된다.

– 표정이 어두우면 행운이 되돌아가고 불행이 찾아든다고 한다.

⊙ 자기 인생의 희로애락이 얼굴의 밝기와 탄력에 달려있다. 웃을 일이 없으면 거울을 보면서 억지로라도 웃어보라. 그러면 웃을 일이 많아 질 것이다.

(예) 거울에 웃는 사진이나 그림을 붙여 놓고 볼 때마다 웃어 본다.

◈ 웃는 모습을 위하여 어떤 방식을 주로 사용하십니까?

[ ]

7월 23일 알파 부모의 조언

성공하는 자녀를 키우고 싶다면 우선 성공한 사람들의 방식을 이해하여 그것을 가르치고 실천하도록 해야 한다. 알파 부모란 자녀들에게 관심과 지원이 많고, 좋은 교육적인 환경을 제공하는 부모들을 말한다.

1. 배우는 일을 절대로 멈추지 말고 지속하라.

– 오늘날과 같은 사회에서의 배움은 큰 기회이자 즐거움이다.

2. 자신의 재능을 마음껏 발휘할 수 있는 일을 한다.

– 좋아하는 일을 하되 무작정 사람들을 이기지 말고 이끄는 사람이 되라.

3. 지식과 기술을 이용하여 자립해야 한다.

– 자신이 가진 물질에 집착하지 말고 자부심과 자신감으로 성장하도록 하라.

4. 성공은 자신의 활동으로 사회적 기여도에 의하여 측정된다.

– 명함, 집의 크기, 비싼 자동차의 소유가 아닌 업적평가로 이루어진다.

5. 돈이란 자신의 정당한 노력으로 얻는 것이다.

– 무조건 돈을 벌어들이는 것만이 중요한 목표가 되어선 곤란하다. 자신이 정당한 노력의 결과로 얻은 돈이 가치 있고 기분 좋은 성과물이다.

◈ 알파 자녀가 되도록 하는 추가적인 조언은 무엇입니까?

[ ]

7월 24일 화목한 가정

세상에 완전한 가정이란 없다. 아무리 완벽한 환경을 가지고 있어도 그 안에 사는 가족들이 화목(和睦)하고 행복하지 않으면 아무런 의미가 없다. 부부가 먼저 화목해야 자녀들의 행복과 가정의 평화가 깃들게 된다.

⊙ 가족을 '최고의 고객'(VIP)으로 만족시켜 준다.

– 가장 가까운 가족에게 무신경하거나 상처주지 말고, 원하거나 필요로 하는 것들을 우선적으로 충족시켜 주도록 한다.

⊙ 잘못을 지적할 때는 '요망(要望)화법'을 사용한다.

– 버럭 화를 내거나 잔소리 같은 지적을 하기보다는, 사실을 언급하고 '앞으로는 이렇게 하는 것이 좋겠다'는 방식으로 말을 한다.

7월

⊙ 필요한 때에 맞추어 성의 표시나 인정을 베푼다.

– 마음 씀씀이와 함께 경제적인 정(情) 표시(선물 등)도 오고가야 한다.

⊙ 함께하는 즐거운 추억들을 많이 만든다.

– 맛있는 요리 만들기, 스포츠와 문화행사 참가하기, 여행 등을 함께 하면서 서로의 생각과 감정을 교류한다.

⊙ 화목하지 못하면 자신부터 점검해 본다.

– 가장(家長)이 먼저 사랑하고 베풀며 포용해야 가정의 화목이 온다.

◈ 스위트 홈을 만들기 위하여 어떤 노력을 하십니까?

[ ]

7월 25일 **취미활동의 사업화**

취미(趣味)삼아 하던 일이 마니아(mania)급 수준이 되고, 다시 사업화로 대박의 행운을 얻을 수 있다. 즉 '미쳐야(狂) 미친다(及)'는 말과 같다.

(예) 광양 섬진강변 '청매실 농원'의 홍쌍리 여사는 1967년부터 매실 나무에 심취한 결과로 '매실명인'이 되었고 매실의 사업화로 큰 성공을 이루었다. 3대째 매실에 전념하고 있다.

⊙ 화초나 나무 기르기(난, 허브, 분재, 야생화, 동백나무 등)

⇒ 화원과 농장운영, 원예 및 조경 사업, 수목원 운영 등.

⊙ 수집하기(동·식물 표본, 수석과 그림, 카메라, 민속물, 올빼미 인형 등)

⇒ 박물관 개관 등

⊙ 사진 촬영하기 ⇒ 사진작가 활동과 전시회, 책 저술, 스튜디오 운영 등.

⊙ 차(茶), 와인애호가 ⇒ 다실(茶室), 와인 숍, 다도교실, 와인스쿨 등.

⊙ 음악 관련한 취미(기타, 피아노, 색소폰 등) ⇒ 연주회, 레슨 강좌 등

⊙ 등산 및 여행의 취미활동가 ⇒ 가이드 활동과 서적 출판, 용품사업 등.

◈ 취미활동 중에 사업화 가능한 것은 어떤 것이 있습니까?

[ ]

7월 26일 자산 잃지 않기

퇴직하면 퇴직금을 노리고 접근하는 사람들이 많다. 그중에 잘 만나지도 않던 동창 친구가 돈 버는 기회가 있다고 제안하는 것들은 특히 잘 판단해야 한다.

※ 인생 2막에서는 우선 자산을 잃지 않고 빚지지 말아야 한다.

1. 고수익 보장과 후한 이자의 지급 등 금융사기를 조심한다.

2. 비상장(미등록)회사의 주식 지분 인수방식의 투자도 유의한다.
   - 사업성과 경영진을 검토하나 과도한 인수프리미엄 지급은 고려를 한다.

3. 공동투자한 회사의 대표이사 취임 후 차입보증엔 신중을 기한다.
   - 사전에 보증관련을 확인하거나, 명의뿐인 사장직은 사양해야 한다.

4. 아는 사람들의 추천에 의한 투자나 위임하는 투자는 금물이다.
   - 면밀한 검토와 확인 없이 기획부동산에 투자하거나, 자신의 돈을 다른 사람에게 맡겨서 대신 운용하게 하는 것 등은 절대로 하지 않는다.

5. 'OO네트워크', 'BCD'등 영문 이름의 회사를 조심한다.
   - 대부분 다단계판매 방식의 회사가 많다. 설명회, 면접, 교육 등의 권유에 참가하지 않는 것이 좋다.

◈ 달콤한 제안 중에 어떤 것을 경험하였습니까?

[ ]

7월 27일 위기대응 재산관리

퇴직으로 월수입이 제한되므로 지출항목을 점검하여, 불필요하고 시급하지 않는 것은 조정(調整)하여 긴축(緊縮)으로 대응한다. 그리고 재테크는 자산을 늘리기 보다는, 보유재산을 안정적으로 운용하여 현금흐름을 중시한다.

⊙ 부채상환을 우선적으로 하여 월이자 지출이 없도록 한다.

⊙ 보유재산을 재구성하여 월 수익 창출부분과 생활비 및 긴급 예비자금으로 배분한다. 이때는 반드시 배우자와 의논하여 합의를 봐야 한다.

⊙ 월 저축과 보험료 납입 등 금융상품은 구조조정을 한다.

① 자녀의 지출비용 ② 위험관리용 (자동차, 보장, 질병보험)
③ 노후 자금용 (연금 등) 이외는 모두 재설계를 한다.

⊙ 비과세 및 우대금리 예금의 활용과 절세효과 방안을 최대한 이용한다.

⊙ 직접투자보다는 간접투자 방식으로 운용을 한다.

– 기대 수익률은 원금보전에 시장평균을 약간 상회하는 정도의 수익률에 만족해야 한다.

⊙ 거래 금융기관을 축소하고 집중하여 전담 매니저의 자문을 받는다.

– 잘 모르는 부문(선물, 옵션, 파생상품 등)은 제외하도록 한다.

◈ 안전한 투자방식으로 어떤 것을 고려하십니까?

[ ]

7월 28일 스트레스 관리

스트레스(stress)란 외부자극에 대한 신체적 및 정신적인 반응이다. 적당한 스트레스는 성취 욕구를 자극하며 생활에 활력을 주지만, 지나친 스트레스는 건강과 업무수행에 장애를 주므로 적절한 관리가 필요하다.

1. 스트레스의 원인을 파악하고 합리적으로 대처한다.

- 스트레스 받는 내용과 상황을 글로 적어보면 그 원인이 분명해 지고, 자신이 통제할 수 있는지? 없다면 포기하거나 다른 방법으로 우회한다.

2. 스트레스를 잘 해소한다.

- 쌓아 두지 말고 건전한 방식으로 해소하는 것이 중요하다.(산책, 명상, 사우나, 운동, 노래, 수다 떨기, 영화감상 등)

3. 스트레스를 받지 않도록 예방조치를 한다.

- 스트레스 상황에 대한 자신의 생각을 바꾸고, 그 선택을 하지 않는다.

(예) '차량의 정체로 짜증이 난다' ⇒ '음악 듣기 좋은 시간이니 노래나 듣자' 라고 생각을 바꾸고, MP3 등으로 음악을 듣는다.

4. 스트레스에 강해지도록 내성(耐性)을 키운다.

- 신체를 강건하게 하고, 자기 암시나 이완 훈련으로 내성을 강화한다.
- 메모나 일기를 써서 상황을 재구성해 보고 생각과 마음을 잘 정리한다.
- 통을 크게 하거나 긍정적인 태도로 웬만한 스트레스엔 끄덕도 하지 않는다.

◈ 일상적으로 스트레스 해소는 어떻게 하십니까?

[ ]

7월 29일 우울증 대응

우울증은 '마음의 감기'라고 하지만 감기가 다른 질병으로 발전하듯이, 우울증도 방치하면 '죽음의 독감'이 된다. 경쟁의식, 과도한 업무, 강압적인 상하관계 등의 스트레스성 우울증이 많아지므로 스스로 잘 판단하여 전문가의 상담으로 치료와 처방을 받아야 한다.

1. 증상의 판단 : 우울한 기분과 우울증을 구분한다.

- 우울한 기분은 쓸쓸함·불안·허무감·초조한 감정이고, 우울증은 우울한 기분과 우울 증상이 2주 이상 계속되어 일상 생활에 어려움이 있는 것.

2. 발생원인

① 일상에서 큰 쇼크를 받는 경우(사랑하는 사람의 죽음, 실직 등)
② 두뇌 속의 신경전달 물질에 불균형이 발생하는 경우
③ 유전적인 요인 등의 복합적인 원인으로 발생이 된다.

3. 치료방법 : 우울증은 '뇌의 질환'이므로 적극적인 치료를 받아야 한다.

① 약물치료(항 우울제의 처방)와 상담치료를 병행해야 호전된다.
② 스스로 마음을 압박하고 억누르는 생각을 내려놓는 노력을 해야 한다.

4. 예방관리

- 모든 일에 걱정이 많고 꼼꼼한 태도에서 때로는 대범하게 처신한다.
- 돈, 명예, ○○기대감 등에 대한 지나친 집착을 하지 않도록 한다.

◈ 우울증상이 보일 때 어떻게 대응을 하십니까?

[ ]

7월 30일 자기 암시

"나는 훌륭한 사업가가 된다"라고 자신에게 긍정적인 말을 계속하여, 실제로 훌륭한 사업가가 되도록 하는 것이 암시방법이다.
잠재의식은 자기암시(自己暗示)로 자신이 되고자 하는 것(모습)을 계속 해서 입력을 하면 그것이 결실되도록 해준다.

[예 1] 일반적인 암시방식(에밀 쿠에 박사)

- 매일 기상 시와 취침 전에 암시문을 20회 반복한다.
"날마다/ 모든 면에서/ 나는 점점 더 좋아지고 있다."
(Day by day, in every way, I'm getting better & better.)

[예 2] 거울 앞에서 자신에게 각오를 말하는 방식(엔도 수사쿠)

"나는 정말 멋있어! 나는 반드시 훌륭한 사람이 된다."
"나는 ○○○같은 훌륭한 ○○○가(이) 되겠다."

[예 3] 자기가 만들어 사용하는 방식(빌 게이츠 M.S. 회장)

"나는 무엇이든지 할 수 있다."
"오늘은 나에게 큰 행운이 생길 것 같다."

- 매일 2가지 암시문을 반복한다고 한다.

◈ 소망(목표)을 위한 암시문은 어떤 내용입니까?

[ ]

"절대 포기하지 마라"

※절명의 위기에서 개구리는 황새의 목을 조른다.
숨이 막히는 황새는 개구리를 밖으로 내뱉어야 할 순간이다.

– 자신의 생각이 옳다면 절대로 포기하지 않는다.
기회를 살리면 헤쳐 나갈 수 있다는 용기를 개구리는 보여 주고 있다.
마음속에 개구리 한 마리를 키우면서…
무슨 일이든 희망을 버리지 말고 끝까지 노력해야 성공한다.

Never give up!

7월 31일 적합한 운동의 선택

어떤 종목의 운동이 건강에 좋고 나쁜 것이 아니라, 자신의 건강상태와 체력수준을 파악하여, 자기 몸에 알맞은 운동과 운동량을 정해서 해야 건강에 도움이 된다. 운동을 제대로 하지 않으면 오히려 병이 날 수도 있으므로, 운동에 앞서 반드시 트레이너의 처방을 받아서 운동을 해야 효과가 있다.

⊙ 다리의 근력이 자기체중의 80% 이하인 경우
- 등산, 줄넘기, 달리기 등의 운동을 하면 관절근육에 심한 상해를 입는다.

⊙ 좌우측 다리의 근력수준이 20%이상 차이나는 경우
- 농구, 배구같이 힘껏 뛰어오르는 운동을 하면 다리와 허리가 위험해진다.

⊙ 허리의 유연성과 복 근력이 약화된 상태에서, 골프 등의 허리 회전운동을 하면 허리나 갈비뼈를 다친다.

⊙ 체중에 비해 다리 관절기능이 저하된 사람
- 에어로빅을 하면 발목, 무릎관절, 허리통증으로 중단하게 된다.

⊙ 수영은 전신운동이나 평형은 요통환자에 좋지 않고, 소독약 때문에 호흡기나 피부질환자에게는 질병을 악화시킨다.

⊙ 팔 근력이 약화된 줄을 모르고 강한 스트로크를 치는 경우
- 팔꿈치의 인대가 늘어나 테니스(골프) 엘보가 발생할 수 있다.

참고 『약이 되는 운동 병이 되는 운동』, 김양수 저, 한국문원.

◈ 약이 되는 운동으로 어떤 것을 처방받았습니까?

[ ]

8월의 자기성찰

"Ask not what your country can do for you,
ask what you can do for your country."

여러분의 조국이 여러분에게 무엇을 해줄 수 있는지를 묻지 말고,
여러분이 조국을 위해 무엇을 할 수 있을지를 자문해 보라.

존 F. 케네디 대통령

자기경영 성공멘토 365

8月 성찰

1일 : 행복 헌장
2일 : 휴 테크닉
3일 : 마음의 평화
4일 : 진정한 웰 빙
5일 : 마니아 세계
6일 : 호연지기
7일 : 사회공헌
8일 : 말 한 마디의 힘
9일 : 불만 해소하기
10일 : 즐거운 도락
11일 : 이타적인 사람
12일 : 실패에서 성공
13일 : 한국인 특성의 변화
14일 : 태극기의 이해
• 성공 멘토링 Tip : '태극기는 말한다'

15일 : 역사 바로 알기
16일 : 2막 인생의 로드맵
17일 : 창업 준비와 기본요건
18일 : 창업 시 유의사항
19일 : 사업 성공의 길
20일 : 벤처기업의 성공
21일 : 동업 잘하기
22일 : 기업의 사회적 책임
23일 : 이기는 사람
24일 : 예상과 복기하기
25일 : 탐구하는 자세
26일 : 투자성향 파악
27일 : 가치투자 방식
28일 : 진정한 부자 되기
29일 : 공존공영
30일 : 화병 다스리기
31일 : 암 예방과 완치

8월 1일

행복 현장

행복에 영향을 주는 요인은 '유전자와 교육이 50%, 대인 관계와 공동체의 활동 40%, 소득과 외부환경의 영향은 10% 정도'라고 한다. 행복은 두뇌에서 만들어 지는 것으로, 이는 배우고 실천함으로 얻을 수가 있다는 의미다.

⊙ **낙천적인 성격으로 행복을 선택하며 산다.**
- 앞으로도 인생이 잘 풀리고, 문제가 있더라도 해결할 수가 있다고 생각한다.

⊙ **하고 싶은 일을 하는 과정에서 얻는 행복감이 중요하다.**
- 시련을 겪으면서 다양한 경험으로 인생의 깊은 맛을 느끼고 알아 간다.

⊙ **타인들과 좋은 인간관계로 만족감을 높인다.**
- 가족 간의 사랑, 만남과 대화, 친절과 선행, 사회봉사 등에서 얻는다.

⊙ **건강을 위해 몸에 맞는 운동과 취미생활로 활력 있게 생활한다.**
- 신체와 정신이 건강해야 만사가 유쾌하고, 아프면 만사가 귀찮아진다.

⊙ **즐겁고 좋았던 일과 도움 받은 것에 감사하며, 다른 사람에게도 그렇게 하여 보람을 느낀다.**

◈ 자신의 행복현장(수칙)에서 최우선은 무엇입니까?

[ ]

8월 2일

휴 테크닉

휴(休)테크란 휴식과 테크닉의 합성 신조어다. 일과 휴식을 적절히 조화시켜 재미와 자기충전 그리고 타인과 공감대를 형성하는 여가활동이다.
즉 재미가 있고 행복한 삶을 실현하는 휴식기술이다.
아는 만큼 잘 논다. 잘 노는 사람은 일도 잘하고, 그만큼 성공도 잘한다.

1. '잘 논다는 것'에 대한 생각의 전환이 필요하다.

– 돈과 시간을 들여서 대단하게 놀아야 잘 노는 것이고, 특별한 무엇을 해야만 한다는 강박관념에서 벗어나라.

2. 진정한 휴식과 여가는 창의성을 발휘하는 중에 느껴지는 재미와 자기충전에 있다.

– 자기충전은 자기를 돌아보고 반성하며 또 다른 자신을 발견함에 있다.

3. 우리에게 필요한 휴테크는 몸의 활력과 머리의 재충전에 있다.

– 그냥 몸만 쉬는 휴식이나 즐기는 여가만이 아니라, 몸과 머리의 재충전으로 새로운 구상과 아이디어로 활기를 찾는 진정한 휴가(休暇)다.

4. 가족의 여가활동은 공감대를 높이는데 있다.

– 함께 놀이를 공유하면서 공감대를 형성하여, 행복 찾기에 많은 의미를 두어야 한다.

참고『休 테크 성공학』, 김 정운 저, 명진출판.

◈ 혼자 놀아도 재미있는 것과 여럿이 해서 즐거운 놀이엔 무엇이 있나요?

[/]

8월 3일

마음의 평화

내 마음의 평화는 내 마음 속의 상처가 치유되고, 세상과 관계를 깨닫고 회복하여야 자유로움과 함께 찾아온다.
또한 상대방의 마음의 평화를 위해서 상대방에게 상처를 주지 않도록 배려하면서, 나와 다른 점에 대하여 이해를 하고 인정을 한다.

⊙ 마음 속의 응어리(장애물)**에서 벗어나야 자유와 평안이 생긴다.**

- 숨겨진 분노, 열등감, 미움과 섭섭함을 관조(觀照)하여 초탈하고 그 집착을 마음에서 내려놓는다.

⊙ 주위 사람들과 서로를 위하는 좋은 인간관계를 회복한다.

- 부모와 자녀, 선생과 제자, 상사와 부하 간에 서로 인정하고 사랑을 주고받음으로써 마음의 안정을 찾고 문제가 해결된다.

⊙ 긴장을 풀고 힘들게 하는 현재 상황을 긍정적인 의미로 받아들인다.

- 마음 비우기, 또는 바라보는 시각을 바꾸어서 다른 의미로 해석을 해본다.

⊙ 마음의 평화로 변화된 모습(안정감, 따뜻함 등)**을 지속한다.**

- 남의 평가나 비난에 대해 두려워하지 않고 자연스럽게 대응한다.
- 너그러워진 마음으로 일을 즐기며 대인 관계도 편안하게 한다.

◈ 마음의 짐을 내려놓으려면 어떻게 해야 합니까?

[　　　　　　　　　　　　　　　　　]

8월 4일

진정한 웰빙

웰빙(well-being)은 '잘 사는 것', '잘 존재하는 것'으로 행복을 추구하며 삶의 질(質)을 강조한다. 그렇다고 나 혼자 잘 먹고 잘 살면 무슨 재미와 의미가 있겠는가?

진정한 웰빙은 '올바르게 잘 사는 것'으로 자기 실현을 위한 일에 충실하면서, 함께 살아가는 가족, 이웃, 자연과 더불어 조화롭게 사는 것이다.

1. 자기 스스로 만족스러운 삶을 산다.
   - 끝이 없는 욕망에 휘둘리지 않고 기본적으로 소박하고 자연스럽게 살아간다.

2. 물질 중심에서 정신과 사람중심으로 변화한다.
   - 물질적 풍요에서 정신적 풍요로 사람들과 인정을 교류하고 베풀며 산다.

3. 잘 쉬고 즐기면서 여유 있게 생활한다.
   - 늘 조급하고 기는 생활에서 진정한 휴식과 여유로움을 가진다.

4. 모든 삶에서 균형을 추구한다.
   - 몸과 마음의 건강, 가족 사랑과 이웃의 봉사, 경제활동과 문화생활 등

5. 인간적이고 윤리적으로 바르게 살아간다.
   - 인간미가 없거나 비도덕적으로 살아간다면 아무런 의미가 없다.

◈ 진정한 웰빙을 위해 무엇을 하고 계십니까?

[ ]

8월 5일 마니아 세계

인생을 윤택하게 하는 취미와 흥미를 넘어서 열중하게 하는 그 무엇에 심취하는 것이다. 불광불급(不狂不及 : 미치지 못하면 미치지 못한다)의 세계와 세계최초, 최고가 되기 위해 한 우물을 파는데 미치고 득도(得道)하는 경지이다.

⊙ **팬**(Fan) **: 특정한 분야나 대상에 대하여 열광적이고 즐기는 애호가.**

– 야구팬, 영화팬, 음악팬, OOO팬 등.

⊙ **광**(狂, Mania) **: 한 가지 일에 광적으로 몰두하는 사람**

– 바둑광, 낚시광 등

[수집광(예)] 권태호씨는 대학 때부터 돌 수집을 시작하여 대한광업진흥공사 22년 근무까지 광물전문가로 1,000여점을 수집함.

⇒ 현재는 오현 광물연구소장으로 활동 중임.

⊙ **괴짜 천재 : 남다른 호기심과 열정으로 새로운 착상과 튀는 아이디어를 개발하여 세상을 혁신하는 인재.** (예) 갈릴레이, 스티브 잡스 등

⊙ **오타쿠**(御宅) **: 한 분야에서만 열중하는 마니아보다 더욱 심취하여 광적**(편집증적)**일 정도로 집착하는 사람, 게임기, 소재 장비의 개발자 등**

(예) 후루노 형제는 어선 전기설비 업체에서 어부들이 쓸 수 있는 물고기 탐지 장비개발에 뛰어들어서 미쳤다는 소리를 들은 끝에 '어군탐지기'를 개발하여 1948년에 처음으로 상용화 하였다.

◈ 마니아급으로 하고 있는 것은 어떤 것입니까?

[ ]

8월 6일

호연지기

호연지기(浩然之氣)는 인체 내에 충만하고 넓고 큰 기상(氣象)이다. '일리아드와 오디세이'의 호머나 '사기(史記)'를 쓴 사마천은 20 대에 주유천하(周遊天下)를 한 경험으로 이런 대작을 쓸 수 있었다.
대자연의 장엄한 광경과 기상을 보고, 밑바닥의 인심을 알아야 인간과 세상에 대한 호연지기가 길러진다.

1. 명산(名山) 대천(大川)을 유람한다.

– 명산에 올라가 보아야 내려다 볼 수 있는 안목을 갖춘다. 한나절의 등정에 그치지 않고 명산의 정기(精氣)를 느낄 수 있도록 잠을 자 보아야 한다.

2. '내가 왜 이 세상에 왔는가?' 를 깨닫는다.

– 이 물음(화두)으로 집을 나와 사람들과 세상을 둘러보아서 안다.

3. 사람과 현상에 대한 호기심으로 테마가 있는 여행을 한다.

– 백두대간 종주산행, 유럽(한국) 자전거 여행, 정글이나 오지의 트래킹, 문명 발상지의 답사 등.

4. 체력연마와 예술취미로 무예(武藝)를 겸비한다.

– 인문(人文)의 바탕위에 강인하게 체력을 단련하고, 1~2가지 예능분야를 개발하여 인간의 폭을 넓혀야 큰 인물로 성장한다.

참고『조용헌 살롱』, 조용헌 저, 랜덤하우스.

◈ 호연지기를 기르기 위해 무엇을 하였거나 하고 있습니까?

[ ]

8월 7일

사회공헌

기업과 개인은 사회로부터 많은 도움과 지원으로 성장하였듯이, 자신의 재능(지식, 기술, 자금, 인력 등)으로 사회발전에 기여하고, 이웃을 돕는 일에 진정성을 보이는 활동을 해야 한다.
두레, 품앗이와 같이 어려울 때 서로 돕는 공동체 정신과 나눔으로 사회성장이 선순환 되도록 노력을 하는 것이다.

1. 자원 봉사활동

: 전문적 재능의 봉사를 생활의 일부분으로 여긴다.

- 환경보호 지킴이, 의료봉사, 외국인 통역안내, 농어촌 주택보수 등.

2. 지식과 기술의 나눔

(예) 소아마비용 백신의 개발(조너스 소크), 성냥의 발명(존 워커), 라듐의 발견(퀴리 부부), X레이 발견(빌헬름 렌트겐) 등은 모두 공익을 위해 특허를 내지 않고 사회에 공헌을 하였다.

3. 꿈나무 육성의 후원

- 음악 등 예술과 스포츠의 영재들에게 도움을 주는 경제적인 후원과 정신적인 멘토 역할로 세계무대에서 활약하게 한다.

4. 기증과 기부에 참여

- 헌혈이나 신체장기 기증에 서약하기, 재산 기부나 성금 모금 등에 적극적으로 참가한다.

◈ 사회공헌(社會貢獻)활동 중에서 무엇을 하고 계십니까?

[ ]

8월 8일 말 한마디의 힘

이 세상은 혼자 살아 갈 수 없으므로 인간관계를 잘 유지할 필요가 있다. 좋은 인간관계를 위해서는 어떤 말을 어떻게 하느냐가 중요하다.
말을 잘 하는 사람이 성공한다고 하는데, '한 마디 말의 힘'을 새삼 느끼며 조심해서 잘 사용해야 한다.

1. 말에는 마음의 힘이 들어 있어 씨가 되고 열매가 된다.

– 가장 성공한 사람들(3%)은 자기의 꿈과 목표를 글로 적고 말로 선언하였다. 말하거나 글로 쓰는 것이 씨가 되어 남다른 삶의 열매를 맺는다.

2. 사람 살리는 말(덕담 : 德談)을 많이 한다.

– 배려와 존중하는 말, 따뜻한 격려(위로)의 말, 사랑의 말, 웃음과 즐거움을 주는 말, 상대가 잘되기를 바라는 말 등임.

3. 사람을 죽이는 말(촌철살인 : 寸鐵殺人)은 삼간다.

– 자존심에 상처 주는 말, 부정적인 말, 불안이나 화나게 하는 말, 무시하는 말, 스트레스를 많이 주는 말 등임.

4. 말로 인한 문제(설화 : 舌禍)가 생기면 바로 해명한다.

– 오해나 물의(物議)가 일어나면, 부인하거나 변명하지 말고 진의를 설명하고 이해를 구하거나 깨끗이 사과하는 것이 최선이다.

참고 『긍정적인 말의 힘』, 할 어반 저, 박 정길 역.

◈ 최근에 주변 사람들에게 상처를 준 말에는 어떤 것이 있었나요?

[ ]

8월 9일 불만 해소하기

사회생활을 하면서 상사나 동료, 부하나 후배들에게 불만을 가질 때가 가끔 있으며, 가족들과도 마찬가지로 불만이 생긴다. 사람의 언행에는 분명히 어떤 이유가 있다. 그러므로 상대방의 견해를 무조건 부정적으로 단정하지 말고, 냉정하게 듣고 이해하여 대처하는 지혜가 필요하다.

1. 불만이나 문제 사안을 상대에게 제 때에 말한다.

– 커지기 전에 해결할 수 있도록 단둘이만 있을 때 화내지 말고 차분히 말한다.

2. 말을 할 때는 문제되는 사실에 대한 자신의 느낌만 말한다.

– 상대방을 비난하기 보다는 사실에 대해서만 거론하고 느낌을 전한다.

[예] (자신) "○○에 대하여 (○○말씀은) 좀 섭섭합니다."
(상대방) "그랬었구나" 또는 "미안하게 생각한다" 등으로

– 인정하거나 수용을 하면 풀리나, 그렇지 않고 맞대응 하면 길어진다.

3. 지금의 한 가지 불만(불평)만 말한다.

– 과거의 것까지 합해서 말을 하면 기분을 더욱 상하게 만든다.

4. 해결할 수 있는 실제적인 방법을 제시한다.

– 앞으로 이런 문제(불만)는 이렇게 하는 것이 좋겠다고 대안을 제시하거나, 요망(要望)하는 방식으로 접근한다.

◈ 상대방이 자신에게 불만이 있다고 말할 때, 어떻게 대응하십니까?

[ ]

8월 10일 즐거운 도락

인생에서 진정으로 바라는 것은 기쁨과 즐거움(행복)을 향유하는 것이다. 이 기쁨(joy)과 즐거움(enjoyment)을 누리는 것이 바로 재미(fun)란 정서다. 재미란 즐거움의 중요한 동기며, '어떤 재미인가'에 따라서 즐거움의 질이 결정된다.

⊙ **행 도락**(行 道樂)

– 여행과 레저 활동은 재미와 즐거움을 주면서, 마음의 여유가 생겨 열린 마음을 갖도록 하고 정신건강까지도 좋아진다.

⊙ **음 도락**(音 道樂)

– 아름다운 선율을 듣거나 노래와 춤을 추면 즐겁고 기쁨으로 감동이 된다. 인생을 아름답게 살기위해서는 음악과 더불어 살아야 한다.

⊙ **다 도락**(茶 道樂)

– 다도로 마음을 다스리고 정신수양으로 모든 번뇌에서 벗어 날수 있다. 홀로 마시는 차가 으뜸이며, 눈과 향과 맛으로 마시면서 즐거움과 깨달음을 얻는다.

⊙ **학 도락**(學 道樂)

– 새로운 것을 배우고 익히는 것은 큰 즐거움의 하나다. 학문과 예술창작은 정신적인 기쁨으로 지속적인 만족감을 준다.

참고 『재미론』, 손대현 저, 형설출판사

◈ 재미있는 인생을 위하여 어떤 도락들을 즐기고 있습니까?

[ ]

8월 11일 이타적인 사람

본래 이기적(利己的)으로 태어난 사람들이 종종 이타적(利他的)인 행동을 보이는 이유는 무엇일까?
'먼저 베풀고 나중에 돌려받으려고, 친절하다는 주위의 평판이 탐나서, 이성과 친지에게 멋지게 보이려고, 남을 돕는 즐거움을 맛보고 나서' 이타적인 행동을 반복하게 된다고 한다. 즉, 가장 큰 요인은 남을 돕고 이타적인 행동을 하면 자신이 행복해 질 수 있다는 생각에 있다.

행복한 이타적인 사람	불행한 이기적인 사람
• 자신에게 엄격하고 남에게는 부드러운 언행을 한다.	• 자신에게는 후하고 남에게는 엄격한 언행을 한다.
• 남을 위해 기꺼이 봉사하고 잘되기를 기도한다.	• 자신만을 위해 간절히 기도하고 봉사는 생각하지 않는다.
• 가진 것이 적어도 나누고 기부를 즐겁게 한다.	• 가진 것이 많아도 나누거나 기부를 잘 하지 못한다.
• 겸손과 양보가 몸에 베여있다.	• 교만과 거만이 몸에 베여있다.
• 남이 잘 되는 것을 축복하고 실패하면 위로와 격려를 한다.	• 남이 잘 되면 배가 아프고 실패하면 통쾌해 하며 자기의 자랑만 한다.

◈ 남들로부터 어떤 성향의 사람이라는 평을 받고 있나요? [ ]

실패에서 성공

오늘의 실패가 내일의 성공을 가로막지는 못한다. 만일 실패 때문에 괴로워하고 있거나 하고자 했던 일이 잘 되지 않고 있다면, 다음과 같은 사례들의 실패와 그에 대한 극복을 생각해 보라.
이들은 실패하거나 인정해 주지 않아도 결코 포기하거나 주저앉지 않고, 새로운 인생에 도전하고 개척하여 성공을 거두었다.

[예 1] 칼리 피오리나 (Carly Fiorina)

UCLA 법대에서 낙제한 후에 휴렛패커드(HP)의 점원일도 하였다. ⇒ 스탠퍼드 대학 역사철학과를 졸업하였으며, 1999년(45세)에 HP의 CEO로 취임함.
세계 최고여성 CEO로 5년 연속으로 1위에 선정(포춘지)되는 영예를 얻었다.

[예 2] 윤석금 (尹錫金) **회장**

건국대학 경제학과를 졸업한 후 드링크제 대리점을 운영하다가 시작한 제조업에서 실패를 하였다. ⇒ 1980년 웅진 출판사를 설립 (35세)한 후, 비약적인 성장으로 15개 회사의 웅진그룹 (재계 34위)을 일구었다.

[예 3] 엘비스 프레슬리 (Elvis Presley)

테네시 주 멤피스의 흄 고등 재학시절에 음악교사로부터 C학점을 받았으며 "너는 노래를 하지 않는 것이 좋겠다" 는 충고도 들었다. ⇒ 1956년(21세) 데뷔곡 "Heart Break"를 비롯하여 총 10억장이 넘는 최고의 레코드 판매 기록을 세운 로큰롤의 제왕이 되었다. (파주시에 엘비스 기념관이 있음.)

◈ 실패와 좌절을 극복한 원동력은 무엇일까요?

[ ]

한국인 특성의 변화

특성이란 보는 관점에 따라 달라질 수가 있다. 예로 '빨리빨리 주의'는 강점(급성장)이면서도 약점(부실화)이 된다. 우리는 약점을 보완하여 강점으로 승화시켜, 올바르게 잘사는 선진국가가 되도록, 자신부터 기본을 지키고 개선점은 바꾸는 노력이 필요하다.

1. 준법정신과 공중(公衆)의식이 약하다.

- 특권의식으로 각종 법규를 잘 지키지 않고, 다수결이나 투표결과에도 승복을 잘 하지 않으며, 공공의 예의나 염치없는 경우가 너무 많다.

2. 이념(理念)과 인연중심의 사고에 너무 얽매인다.

- 이념과잉과 편향 등으로 파벌, 계파 형성으로 당파성의 다툼이 많다.
- 혈연, 지연, 학연으로 공사 구분이 약하고 부정 비리 가능성을 내포한다.

3. 사람과 일 관계에서 타협(妥協)과 협동심이 부족하다.

- 타협을 잘 모르고 양보를 패배로 생각하는 '2분법 논리'에 젖어 있다.
- 혼자서는 잘하나 공동으로 하는 일에 뭉치거나 협의, 협력이 부족하다.

4. 잘난 사람(부자, 성공인, 원로 등)에 대한 인정을 잘 안한다.

- 시기심이 많아서 남이 잘되는 것에 배 아파하는 심보가 많다.
- 인터넷에 익명성으로 타인에 대한 관심과 험담, 비평이 너무 난무한다.

5. 외형주의와 평등의식이 너무 강하다.

- 호의호식, 넓은 집, 명품에 외제차 타는 것을 자랑하고 성공으로 본다.
- 실력과 성과에 따른 차등대우가 필요한 데도 지나친 평등을 요구한다.

◈ 어떤 것부터 바꿔야 한다고 생각하십니까?

[ ]

8월 14일 **태극기의 이해**

국가의 상징으로 국기인 태극기(太極旗)는 근현대사의 아픈 굴곡이 그대로 반영되어 있다. 선열들의 피, 땀, 눈물이 얼룩진 태극기에는 우리 민족의 순결성, 무궁무진한 변화와 영원을 상징하는 심오한 의미가 있으므로, 태극기에 대한 의미와 해설 그리고 제도법도 잘 알아야 한국인이다.

1. 창안자와 최초 사용

고종(高宗)황제(조선26대)께서 직접 도안하고 색깔까지 지정한 것을 박영효 수신사가 처음으로 그렸고 사용하였다.(1882. 8. 9.)

2. 태극기 의미와 해설

- 바탕의 흰색은 백의민족의 순결성과 평화를 상징한다.
- 태극문양은 우주만물이 음양(陰陽)의 조화로 순환하며 무궁히 발전하는 모습을 표현한 것으로, 홍색은 양(태양)이요 청색은 음(땅)을 뜻한다.
- 건곤감리의 4괘

건·곤은 국운이 천지와 함께 영원 무궁하자는 '무궁의 정신' 을 의미한다.
감·리는 나라가 언제든지 달과 해와 같이 영원토록 빛난다는 '광명의 정신' 을 표현한 것이다.

- **건**(乾) ☰ 하늘(天), 봄(春), 동(東), 인(仁)을 의미한다.
- **곤**(坤) ☷ 땅(地), 여름(夏), 서(西), 의(義)를 의미한다.
- **감**(堪) ☵ 달(月), 겨울(冬), 북(北), 지(知)를 뜻한다.
- **리**(離) ☲ 해(日), 가을(秋), 남(南), 예(禮)를 뜻한다.

2. 태극기 그리는 방법 (별도 참고 바랍니다.)

◈ 자녀에게 태극기를 해설하고 함께 만들어 보세요.

8월

'태극기는 말 한다'

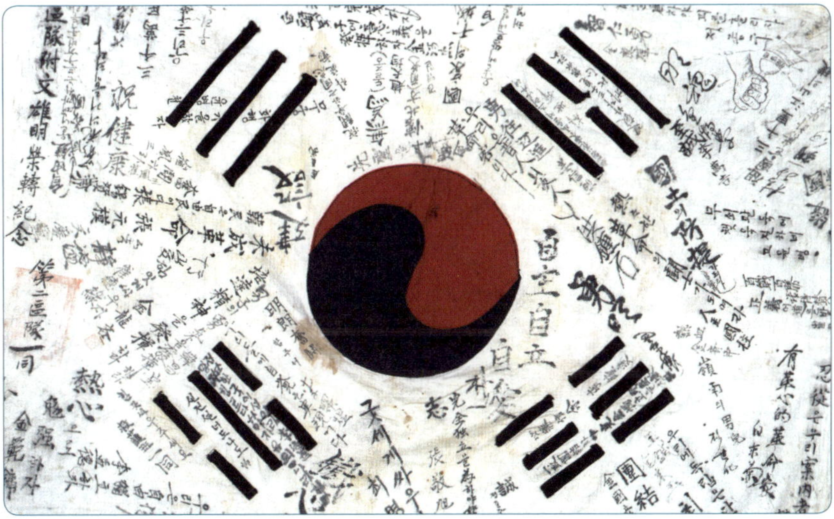

광복군 제3대대 2구대에서 활약하던 문웅명이 1945년 2월경 동료 이정수로부터 선물받은 태극기. 조국의 완전한 독립을 염원하며 결의를 다지는 글귀와 서명이 빼곡하다. 서명 중 김국주씨는 제17대, 김영일씨는 제18대 광복회장으로 활동했다.

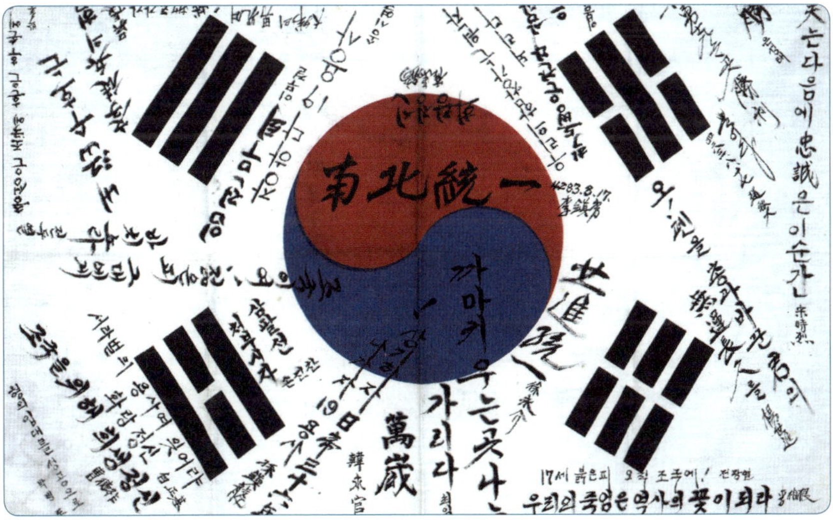

한국전쟁당시 경주에서 자원한 학병 19용사 등이 출정 전에 태극기에 각자 소감을 적고 서명한 태극기. "우리의 죽음은 역사의 꽃이 되라", "17세 붉은 피 오직 조국에!"등의 글귀가 보인다. 한국전쟁 중 우리 청년 학도병들의 굳은 의지와 각오를 느낄 수 있다. (사진제공 : 독립기념관)

역사 바로알기

현재를 있게 한 과거를 인식하고, 역사를 통해서 우리 민족의 뿌리, 정신과 문화를 올바로 알아야 한다. 역사를 제대로 알고 행동해야 잘못을 반복하지 않고, 미래를 준비하는 능력을 가질 수가 있다.

1. 한국 역사에 대한 올바른 지식을 함양한다.

① 정치사 중심의 국가 흥망사 내용과 문화 및 전통 중심의 역사도 함께 알아야 한다. 일본의 식민사관과 중국의 동북공정에 의한 역사왜곡을 정확하게 알아야 정체성을 회복하게 된다.

⇒ 삼국사기, 삼국유사, 규원사화, 근·현대사, 건국역사 등.

② 경제발전사 및 산업화와 민주화의 역사 등임.

2. 역사현장의 탐방으로 국난의 현상과 구국의 위인을 알아야 한다.

① **임진왜란** (1592. 4. 13. ~ 1598. 11. 18.)

– 통영 충렬사 및 아산 현충사, 행주산성, 진도 울돌목 (명량해전), 진주성, 서애 유성룡 유물전시관 (안동 하회) 등임.

① **병자호란** (1636. 12. 9. ~ 1637. 1. 30.)

– 청 태종의 10만군대의 침략으로 인한 치욕의 남한산성과 삼전도 비.

① **일제강점기** (1910. 8. 29. ~ 1945. 8. 15.)

– 독립기념관, 서대문 형무소, 유관순 기념관, 종군위안부 역사관 등.

① **한국전쟁** (1950. 6. 25. ~ 1953. 7. 27.)

– 북한의 무력남침으로 일어난 동란으로 3년간의 전쟁 후 휴전상태 임.
: 전쟁기념관, 거제포로 수용소, 월미도, 다부동, 백마고지 등임.

◈ 어떤 역사책을 읽고, 역사현장은 어느 곳을 다녀오셨습니까?

[/]

8월 16일 2막 인생의 로드맵

회사형 인간은 조직을 벗어나면 불안감과 무력감을 느낀다. 1인 기업가형은 조직 내의 위치에 크게 연연하지 않기 때문에, 조직을 나와도 스스로 생존을 할 수가 있다. 제2막 앞에선 지금은 창업형 인간으로 변신을 해서 자신만의 브랜드를 만들어 간다는 각오와 계획(이정표)을 가져야 한다.

1. 자신의 미래를 구상한다.

– 2막 인생의 목표선정과 큰 시나리오를 만들고 그대로 매진한다.

(예) '성공학 강사'로의 로드맵을 그리고 강의, 글쓰기, 저술, 방송활동을 한 성공전략연구소의 이내화 소장이 대표적이다.

2. 창업 성공의 모델을 빨리 찾는다.

– 자신의 강점(재능)과 경력으로 자신에게 적합한 미래성공 모델을 발견한다.

(예) 이내화 소장은 시(時)테크 전문가이면서 경영 컨설턴트인 윤은기 원장의 다양한 활동을 보고 모델로 정하였다.

3. 벤치마크 모델을 세밀하게 분석하고 검토한다.

– 설정한 모델의 강의를 수강하고 출판한 책 읽기, 방송에 출연한 프로그램의 시청과 인간적인 교류로 그 분야에 끊임없이 배우고 연구한다.

4. 사업모델의 구축과 전략의 시뮬레이션을 해본다.

– 사업의 핵심역량과 전략에 의한 수익모델의 현금흐름과 손익계산을 3년 정도 시뮬레이션 해보며, 회계와 세무관계 등도 검토한다.

◈ 벤치마킹 모델로 어떤 분을 선정하였습니까?

[ ]

8월 17일 창업 준비와 기본요건

조직에서 구속받지 않는 자유로운 삶을 즐기고, 사물을 종합적으로 판단하는 능력과 남들이 인정하는 전문성을 갖추어 창업에 필요한 준비를 철저히 한다. 가장 중요한 기본요건은 남들보다 뛰어나려고 하지 말고, 남과 달라야 하는 '독창성'에 있다.

⊙ 전문직 경력을 상품화할 수 있어야 한다.

– 마케팅·영업 업무, 기획·홍보, 재무·M&A 업무, 인터넷·IT 업무 등

⊙ 자신이 좋아하는 일을 사업화한다.

– 돈만 보고 사업을 하면 거의 망한다. 생활비 정도 번다는 생각을 하고, 자기가 좋아하는 일을 하다 보면 전문성이 누적되어 성장하게 된다.

⊙ 새로운 방식에 과감한 도전을 한다.

(예) 책아책아 출판사의 하현주대표는 전통방식에서 벗어난 '프로젝트별 제작 방식' 의 새로운 출판 시스템으로 'How Pc' 등을 발간하여 호평을 받았다.

8월

⊙ 시대의 흐름을 읽고 민감하게 대처한다.

– 시대의 트렌드 보다 너무 앞서도 비즈니스에선 성공할 수 없으므로, 호기심을 가지고 시장과 사물을 관찰하면서 남들보다 반걸음 앞서간다.

(예) • 웰빙 트렌드 ⇒ 유기농 식품사업, 바디용품 사업 등.
• IT 시대 ⇒ 반도체와 휴대폰의 부품 및 검사장비 사업, 소프트웨어 개발사업, 인터넷 쇼핑몰 등.

◈ 어떤 독창성을 갖고 계십니까? [ ]

8월 18일 창업시 유의사항

자기 사업을 시작하여 당당한 하나의 기업으로 만든다는 것은 현실적으로 매우 어려운 일이며, 많은 사람들이 실패를 경험한다.
반드시 사업을 성공시켜야 한다는 일념을 가지고 실천하는 만큼, 충분히 준비하여 여러 가지 난제들을 극복하면서 시행착오를 줄여야 한다.

⊙ 일반적인 실수를 예방한다.

- 자신이나 주위에서 원하는 제품을 개발함 ⇒ 시장이 원하는 것 개발함.
- 친구나 친지, 다른 이해관계자에 의한 시장조사를 함 ⇒ 객관적인 평가를 할 수 있는 사람들의 시장조사와 그 데이터가 중요하다.

⊙ 투자제안에 대한 거절을 끝났다고 생각하지 않는다.

- 얼굴 두껍게 그 이유를 정확히 파악하고, 다른 투자자를 소개할 의향까지도 묻는 끈기가 필요하다.

⊙ 계약위반과 소송 가능성을 사전에 방지한다.

- 모든 계약서의 내용들을 한줄 한줄 철저히 읽어 보고, 특히 '기타' 항목에 주의를 하며, 충분히 이해가 되었을 때에 서명을 한다.

⊙ 감수해야 할 위험을 극복할 용기가 있어야 한다.

- 자신의 재산과 친지들의 돈 까지도 잃을 수 있다는 두려움을 이겨낸다.
- 가족과의 시간이 적어지고 외롭게 되기도 하지만, 혼자서 일을 많이 처리해야 하는 것에 따른 심적인 고통을 견디어 낸다.

◈ 자금과 사람에 대한 유의사항으로 어떤 것이 있을까요?

[/]

8월

8월 19일 사업 성공의 길

사업 초기에 세운 사업정신 및 목표와 전략에 따라 포지셔닝 한 틈새시장에서 점차 성장하여 주류 시장으로 진입하는데 집중한다.
수익을 올리고 올바른 경영으로 사람들에게 도움을 주며, 사회에 무엇인가를 기여함으로써 보람과 행복을 얻도록 한다.

1. 사업계획대로 추진하고 혁신해 나간다.

- 차별화된 비즈니스 모델에 의해 제품이나 서비스를 일단 시장에 출시한 뒤에 계속 혁신하고 업그레이드를 해나간다.

2. 경영능력의 향상을 꾀한다.

- 올바른 사업 전략의 선정, 수익성과 병행한 현금 흐름의 관리, 잘못된 것은 바로 시정하고, 핵심 영역이외는 아웃소싱으로 효율화를 도모한다.

3. 인재로 육성을 하고 자금관리력을 갖춘다.

- 창업 초기에 적합한 인물을 채용하여 회사의 인재로 육성해 간다.
- 자본조달을 위한 사업계획 설명회와 자금운영은 직접 관장한다.

4. 브랜딩 기법으로 규모를 증대한다.

- 초기의 고객을 열성 고객으로 전환하는 마케팅 기법과 아울러 훌륭한 커뮤니티 구축으로 브랜드 이미지를 높이면서, 규모와 점유율을 증대시키는 전략으로 나간다.

◈ 사업 성공의 길에 추가해야 할 것들에는 무엇이 있습니까?

[ ]

8월 20일 벤처기업의 성공

벤처기업가의 아이디어와 기술, 열정이 꽃을 피우려면 벤처정신을 가진 벤처투자자를 잘 만나야 한다.
이들은 위험을 무릅쓰고 자기 재산을 아낌없이 걸고 몰두하고 지원하여 새 세상을 여는 개척자로 성공하려고 한다.

⊙ 확실한 아이템을 잡는다.

(예) 미래산업(정문술 사장)은 반도체의 성장과 발전방향을 사전에 예견하고, 메모리 검사 장비를 주력으로 육성한 것이 적중하였다.

⊙ 창업자와 조직원들이 마니아 근성을 가져야 한다.

– 동업자까지 모두 '미친 놈'소리를 들을 정도로 몰두를 해야 한다.

⊙ 틈새시장을 공략한다.

– 대기업이 진출하기 힘들거나 수입을 대체할 수 있는, 특수한 기술 분야 등의 틈새시장에 진출해야 한다.

⊙ 아웃소싱으로 비용을 줄인다.

– 제품 개발과 설계만 하고 생산은 다른 제조업체에 맡겨 비용 절감을 한다.

⊙ 창업자는 배짱과 카리스마 성향을 가져야 한다.

– 성취욕구가 높고 기술적인 안목과 강한 리더십을 갖춘 창업자가 벤처기업의 성공에 가장 중요한 요소가 되고 있다.

◈ 벤처기업에 적합한 아이템으로 어떤 것을 생각하십니까?

[ ]

8월 21일

동업 잘하기

동업(同業)은 자본, 기술, 노하우, 인맥 등을 합쳐서 동업자끼리 시너지 효과를 내면서 성장하고자 함께 운영하는데 묘미가 있다. 동업은 성공하기가 어렵다고 하지만, 성공사례도 많이 있다.

(예)

⊙ **마이크로 소프트(M.S.)회사 :** 1975년 빌 게이츠와 폴 앨런이 공동설립 함.

⊙ **예 치과병원 :** 1992년 박인출 치과의사 등 5명이 공동으로 개원을 함.

1. 사업운영에 대한 철학과 원칙에 합의한다.

- 동업목적과 투명하고 합리적인 운영원칙에 먼저 의견일치를 봐야한다.

2. 공동경영 계약서를 작성하여 분쟁을 예방한다.

- 투자금액, 회계책임, 수익이나 손실에 대한 분배기준, 폐업시 처리 등.

3. 파트너 관계와 우정을 혼동해선 곤란하다.

- 올바른 전략의 선정과 경영성과를 위해선 적절한 긴장관계도 필요하다.

4. 사업적인 행동은 상호동의를 한 후에 추진한다.

- 서로 원활한 의사소통을 하여 사전 동의절차를 거치서 시행하며, 각자 독단적인 행동은 삼가 한다.

◈ 동업을 잘하는 방법에 어떤 것이 더 있습니까?

[ ]

8월 22일 기업의 사회적 책임

기업이 사회의 여러 이해관계자를 만족시키는 것을 자신의 책임으로 받아들이는 것이다.
사회적 책임의 실천을 적당히 피해가거나, 기업의 본질이 아니라고 무시를 하면, 기업의 존속에 큰 위험 요소가 될 수가 있다.

⊙ 기업 본연의 임무에 충실하며 경영실패로 폐업하지 않는 것.

– 기업의 영속성 유지를 위한 정도경영으로, 기업의 모든 관계자들에게 피해를 주지 않는 것이 최우선이다.

⊙ 사회공헌 활동으로 좋은 기업으로 평가를 받는 것.

– 자선사업, 환경보호, 봉사활동, 농어촌 지원, 교육사업 지원 등의 활동을 한다.

⊙ 사회적인 지탄이나 물의 없게 내부경영을 합리화 하는 것.

– 임금체불, 불량제품 생산, 부정대출, 편법승계, 불법자금 조성 등이 없다.

⊙ 사회적인 문제 해결에 기여하는 방안을 실행하는 것.

– 환경문제, 동반성장, 협력업체와 상생관계, 저출산 및 고용문제의 개선과 실질적인 제도의 시행 등에 기여한다.

◈ 사회적인 책임을 다하기 위해서 무엇을 하실 계획입니까?

[ ]

8월 23일 이기는 사람

운동경기에서 '착한 선수'들은 우승을 못한다고 한다. 특히 축구나 농구에서는 몸싸움이 능한 선수가 골을 잘 넣는다. 최고라는 자만심과 지기 싫어하는 지독한 근성이 배어있는 '독한 선수'가 게임에서 이기고 스타 선수도 된다. 이런 원리는 사회 생활과 사업계에도 적용된다고 볼 수 있다.

1. 절대로 져서는 안 된다는 오기와 근성을 발휘한다.
   - 피눈물 나는 노력으로 다져진 실력과 인간적인 면 80%와 강한 승부욕 같은 매운 맛 20% 가 있어야 이긴다.

2. 남들이 포기할 때까지 달라붙어 끝까지 물고 늘어지는 지독한 면이 많다.

3. 승패의 순간에 초인적인 집중력으로 성공시키는 뛰어난 실력을 보인다.

4. 자신이 아니라고 생각하는 일에는, 현명하게 '아니요'(NO!)라고 자기 소신을 밝힌다.

5. 위기에 도망가지 않고 선두에 서서 싸운다.
   - 이 임무는 자신이 완수하지 않으면 아무도 할 사람이 없다고 생각하여 승부를 걸고 이긴다.

8월

◈ 이기는 사람은 어떤 면에서 또 다르다고 생각하십니까?

[ ]

8월 24일 예상과 복기하기

예상(豫想)은 예습과 같이 앞으로 있을 일이나 게임에서, 전체를 순차적으로 그려보거나(imaging), 경우의 수를 생각하면서 준비하는 방법이다. 복기(復棋)는 끝난 바둑을 돌아보는 복습 같은 행동이다. 바둑을 앞으로 더 잘 두고 같은 실수를 반복하지 않으려는 최선의 방법이며 의식이다.

1. 계획안을 사전연습으로 보완하여 자신감을 높인다.

– 시행 시 예상되는 문제점이나 부작용의 대응책을 수립하여 차질이 발생하지 않도록 한다.

2. 가상훈련(이미지 트레이닝)을 부단히 한다.

– 항상 다음의 기회(일, 게임, 샷 등)를 생각하면서 시나리오를 써본다.

(예) 어떤 골프장의 코스 18홀을 떠올리면서 머릿속으로 라운딩을 하는 것과 같다. 즉 가상의 상황을 부여하면서 티샷은 어떻게 하고, 세컨샷과 어프로치, 퍼팅을 어떻게 하는 것을 예상하거나 복기를 한다.

3. 평가회로 교훈을 얻고 기록을 남긴다.

– 계획대비 결과를 분석하여 잘 잘못을 평가하고, 차기를 위하여 머리의 실수와 마음의 실수도 언급하며 정리한 평가서를 남긴다.

4. 우수사례를 발굴하여 전파한다.

– 성공사례로 비법(노하우)이 전수되고, 실패사례로 다른 방법의 개발을 제시하여 성공에 도움이 되도록 한다.

◈ 최근에 완료한 프로젝트의 복기로 얻은 교훈은 무엇입니까?

[ ]

8월 25일 탐구하는 자세

인생을 그냥 받아들이는 것이 아니라, 유심히 관찰하면서 탐구(探究) 하고 노력할 때만이 가치 있게 살 수가 있다. '살아가는 방향과 목표는 맞는지?' 등을 통찰하고, 자신을 변화시켜 가야만 목적지에 제대로 도착할 수가 있다.

⊙ **상대방**(상사, 고객, 가족 등)**이 정말 원하는 것이 무엇인지를 알아낸다.**

- 그것에 대해 잘 알지 못하고 느끼지 못하면 만족스러운 관계 유지가 어렵다.

⊙ **어제의 자신에서 벗어나 새로운 모습으로 변신해 본다.**

- 외모, 패션, 언행을 평소와 다른 캐릭터로 변모해 보면, 마음과 발상의 전환도 새로운 창의력도 생긴다.

⊙ **'무엇이 나를 행복하게 하는가?'를 찾아낸다.**

(예) 김연아 선수는 피겨스케이팅을 통해서 자신이 즐겁고 행복함을 알았기 때문에, 행복한 연기로 감동을 주고 영광도 얻게 되었다.

⊙ **일하는 태도와 생각을 바꾸어 본다.**

- 종업원으로 일하면 모든 일이 힘들지만, 주인 같은 생각으로 일을 하면 힘들지도 않고 즐겁다. 돈을 받으면서 경험을 쌓을 수 있는 좋은 기회라고 생각을 바꾼다.

◈ 자신을 행복하게 하는 것으로 어떤 것이 있습니까?

[ ]

8월 26일 투자성향 파악

자신의 투자성향을 정확히 분석하여 알고서 투자를 해야 성공적인 투자가 될 수 있다. 다른 사람들이 돈을 벌었다고 탐욕으로 무임승차를 하지말라. 자신이 공부했던 이론들이 실제 거래에서는 제대로 적용되지 않는 경우가 많으므로, 자기 성향에 맞는 재테크 방법을 활용해야 수익을 얻을 수가 있다.

[일반적인 경우]

① 주가(株價)가 변동될 때마다 일희일비(一喜一悲)하거나, 원금 + α 수익률을 원하는 성향은 ⇒ 예금과 저축성 보험, 안정형 펀드상품, 부동산 등이 적합하다.

② 투자의 비중은 '100 – 나이 법칙'에 따라 결정한다.

(예) 나이가 40세라면 자산의 60%는 (100-40세) 주식 및 주식형 펀드 등 수익성 자산에 투자하고, 나머지 40%는 현금성 자산(금융기관의 예금 종류와 채권 형 상품 등)에 투자를 한다.

[증권사의 체크리스트에 의한 투자성향 파악 경우]

(예) ① 보수적(원금과 수익률을 중시하는 유형) : 포트폴리오 투자는
⇒ 확정금리 상품 70%, 투자 형 상품 30%로 구성한다.

② 중립적(수익률과 리스크의 균형을 추구하는 절충식 유형)
⇒ 확정금리 상품 50%, 투자형 상품 50%로 구성한다.

③ 적극적(고수익율과 시세차익 추구하는 공격적 유형)
⇒ 확정금리 형 30%, 투자 형 상품 60%, 직접투자 10% 로 운영.

◈ 투자성향 검사결과는 어떤 형으로 파악되었나요? [ ]

8월 27일 가치투자 방식

가치 투자란? 투자 대상의 내재 가치를 분석하여 그 내재 가치가 현재의 가격 수준에 비해 높은지 낮은지를 평가한 후에, 낮을 때 매입하고 가격이 내재 가치 이상의 적절한 가격대에서 파는 투자방식이다.

내재 가치란? 사실(자산, 수익성 등)에 의해 평가되는 가치로 하나의 가격이 아닌 가격의 범위다. 투자를 할 때는 가치투자 원칙을 지켜야 한다.

⊙ 부동산 투자에 있어서는 3가지 내재가치를 고려하여 투자한다.

- '자산가치, 수익성, 상승가치'이며, 단순한 집값 차익만을 염두에 두고 사고팔면 세금만 낼뿐이다.

⊙ 주식투자 시에는 기업의 내재가치를 판단하여 투자를 결정한다.

- **기업가치 평가지표 :** 자기자본 이익률(ROE), 배당수익률, 영업이익률 등
- **우량종목 발굴 :** 저 평가된 가치주, 자산주, 성장주 등에서 선정한다.
- **투자 포인트 :** 어떤 종목에서 투자이유가 충족되면 매수하고, 잘못 되었다고 판단할 때는 바로 매도를 한다.

⊙ 큰 소비에도 가치투자 방식으로 현명한 소비(투자)를 한다.

- 내재가치를 보지 않고 남의 눈을 의식한 '과시적인 소비'보다는, 가치가 있는 상품에 실질적인 소비를 해야 한다.

◈ 가치투자 원칙에 의해 어디에 투자를 하고 있습니까?

[/]

8월 28일 진정한 부자 되기

부자가 되기 위해서는 우선 자신의 전문분야에서 최고가 되어야 한다. 그리고 자신이 다른 사람들에게 정말로 도움이 되는 일을 꾸준히 하며, 사회에 필요한 사람이 되도록 하는데 있다.

1. 회사의 최고경영자가 되어 회사를 번창시킨다.

– 뛰어난 인재에서 소중한 경영자가 되도록 영업, 마케팅, 제품개발 등 회사의 수익창출에 기여하는 창의적인 업무에 집중한다.

2. 실물경제에 투자를 잘 한다.

– 투자할 때와 회수할 때의 타이밍을 잘 맞춰야 한다. 외환위기와 같은 폭락장에서 매수하고, 폭등시기에 매도하는 선견력과 용기가 필요하다.

3. 자기사업의 운영으로 정당하게 부(富)를 창출한다.

– 직장생활에서 높은 전문영역의 경력으로, 새로운 시장기회를 잡고 창업하여 올바르게 매진한다.

4. 좋은 활동으로 존경 받는 부자가 되어야 한다.

– 부의 축적과 이전 과정 등에서 합법적으로 하지만, 유지과정에서도 사회에 필요한 것을 필요로 할 때 지원해서 환영을 받는다.

참고『한국에서 달콤한 부자되기』, 이성동 저, 스마트 비즈니스.

◈ 돈을 벌어서 부자가 되려는 진정한 목적은 무엇입니까?

[ ]

8월 29일 공존공영

공존공영(共存共榮), 즉 '함께 존재하고 함께 번영 한다'는 것은, 개인중심의 성공에 집착하기보다는 다른 사람들을 도우면서 서로의 성공을 도모하자는 상생(相生)의 인생관이며 경영철학이다.

⊙ **영광은 상사에게 돌리고 책임은 본인이 진다.**
- 상사가 잘 되어서 성공을 해야, 본인도 잘 된다는 마음자세다.

⊙ **동료 파트너의 능력을 먼저 알아주고 띄워준다.**
- 선의의 경쟁을 하지만 업무성과를 내는 되는 서로 협력을 한다.

⊙ **누구든지 무시하지 않고 있는 그대로 인정을 해준다.**
- 특이한 외모나 언행을 한 부하를 자기식대로 평가하지 않는다. 즉, '보이는 게 다가 아니다' 라고 생각을 한다.

⊙ **외부 관계자와는 기본적으로 윈 – 윈 마인드(win-win mind)로 임한다.**
- 지원을 요청받으면 최대한 잘 되도록 후원을 한다.

⊙ **불필요한 평가(비판, 논쟁, 협담 등)는 하지 않고 이해를 먼저 한다.**

◈ 협력사와 공존공영(共存共榮) 원칙에는 어떤 것이 있습니까?

[ ]

8월 30일 화 다스리기

'화병'(火病 : 울화병의 준말) 은 한국인만의 독특한 정서적인 질병이다. 억울한 감정, 욕구불만, 분노 등으로 생긴 스트레스나 화를 오래 가슴에 담아두고 해소하지 못하면 화병으로 진행이 된다. 한순간 울화가 치미는 느낌을 한 두 번씩 받아본 사람은 '화 다스리기'를 잘 해야 건강해 진다.

1. 원인 : 분노 등 감정을 과도하게 억눌러서 생기며, 우울증과 같은 맥락이다.

– 뛰어난 인재에서 소중한 경영자가 되도록 영업, 마케팅, 제품개발 등 회사의 수익창출에 기여하는 창의적인 업무에 집중한다.

2. 해소(화 풀기) : '화는 마음의 독(毒)'으로 화가 났을 때는 먼저 심호흡으로 숨을 고르고 자신의 마음을 달래야 한다.

① 감정 표출하기: 자기와 대화하기, 하소연하기, 적당히 화내기, 글이나 일기를 쓰는 것 등.

② 화 배출하기: 활동적인 운동(농구, 테니스 등), 소리 내어 울거나 큰 소리 지르기, 노래 크게 부르기 등.

3. 화병 치료

– 충동형 : 다혈질 특성으로 도저히 못 참고 화가 자주 폭발하는 경우로, '상담 치료' 와 '처방약 복용'이 효과적임.

– 습관형 : 어떤 목적 달성(목소리 크면 이긴다는 방식)을 위한 화 폭발의 경우는 '마음 이완요법'이 좋다.

4. 예방 : '먼저 화내는 사람이 손해 본다' 란 생각으로 '화 조절법' 사용함.

① 자신에게 질문하기: 화를 낼만큼 중요한가? 나 자신은 정당한가? 내 주장으로 상황이 달라지는지? 이상의 세 가지 질문에 확신이 서면 감정을 표현한다.

② 화를 내는 사람의 말을 잘 경청해도 화가 날 경우: '잠깐 스톱'으로 대화를 일시 중단하여 분위기의 전환을 시켜 본다.

◈ '화'를 다스리는 자신만의 비결은 무엇입니까?

[ ]

8월

8월 31일 암 예방과 완치

암(癌)은 마음과 육체와 정신의 균형이 깨졌을 때 일어나는 질병이다. 우리 몸에는 수많은 암세포가 생기고 없어지는데, 면역체계가 충분히 강 할 때는 암세포가 파괴되고 약해지면 증식을 한다. 암은 불치병이 아니라 만성병이요 고질병으로 예방 및 조기발견과 치료가 중요하다.

1. 암 발생요인

– 산성체질화(붉은 육류, 스트레스 등), 저체온(36° 이하)과 저 산소환경, 암이 좋아하는 식품군의 섭취, 발암물질의 흡수 등임.

2. 암 예방방법

① 암이 좋아하는 식품의 섭취를 삼가 함 : 동물성 지방, 담배, 설탕, 우유(위장에 이상 있을시) 등.

② 음식 섭취시 유의사항 : 탄 것, 뜨거운 것, 짠 것,부패한 것은 먹지 않는다.

③ 암 발생 억제식품을 섭취함 : 녹황색 채소류, 콩류, 녹차, 정수된 물, 비타민 A. C. E. 식품군 등.

④ 근력운동으로 체온을 높이고, 유산소 운동으로 혈액순환을 좋게 한다.

⑤ B형 간염 백신의 접종과 암 조기검진을 주기적으로 받는다.

3. 투병의 완치

– 의료진의 처방을 철저히 지키고, 면역력 증대노력과 회복의지를 가지며, 가족의 도움받기를 수용하는 등 총력전으로 임해야 극복된다.

① 살아야 할 이유(목적)를 발견한다. ⇒ 해야 할 일, 가족사랑 등.

② 상상요법 ⇒ 건강한 자신의 모습을 시각화해 보면서 자신을 격려한다.

◈ 암 예방을 위해 어떤 것에 가장 신경을 쓰고 있습니까?

[ ]

9월의 자기성찰

인간에게는 두 가지 충동이 있다. 하나는 창조충동이고
다른 하나는 소유충동이다. 이 둘 가운데 인간의 진정한 행복은
창조 충동을 계발하고 강화하는 데 있다.
창조충동 이야말로 새로운 삶을 여는 열쇠다.

버트란트 러셀

자기경영 성공멘토 365

9月 성찰

9월 1일 10년 후의 자화상

10년 후 과연 나는 어떤 모습일까? 무엇이 되고, 어떤 위치에서, 어떤 활동을 하고 있을까? 자신이 바라는 자화상의 모습으로 되기 위해서는 10년 후의 목표를 정하고, 현재부터 무엇을 준비하고 그것을 어떻게 실천하는가에 있다.

1. '10년 성장계획'을 수립한다.

– 회사의 5년, 10년 계획 및 달성전략과 추진방안 등을 참고한다.

(예)

		현재 (세) 20 년	5년 후(세) 20 년	10년 후(세) 20 년	비 고
• 직장에서 목표					직위 등
• 사회경력					사회활동
• 재산	부동산				주택 및 금융자산
	동산				
• 가족관계					학교, 결혼

2. 달성방안 수립 : (1월 2일과 2월 2일 내용 참고)

3. '가상이력서'를 작성한다.

〈 현재 이력서 〉
- 학력 :
- 경력 :
- 주요 활동 :
(저서, 표창 등)

→

〈 10년 후 이력서 〉
- 학력 :
- 경력 :
- 주요 활동 :

◈ 성장계획과 가상이력서(별도)를 각각 작성해 보십시오.

9월

9월 2일 선견력

예측(豫測, forecasting)은 주로 현재의 트렌드가 지속될 것이라는 가정 하에 미래상을 그려보는 것이라면, 선견(foresight)은 관련된 다양한 요인들의 고려와 불연속성 및 파급력을 기준으로 미래상을 고찰하는 것이다.
선견력(先見力)은 현재 트렌드의 지속보다는 단절이 가져올 기회와 잠재 위험에 주목하며, 미래의 흐름과 모습을 미리 내다보는 통찰능력이다.

1. 미래 사업 환경에 대한 정보와 자료를 수집하고 분석과 조합으로 큰 그림을 그려본다.

2. 새로운 쟁점 사항들(emerging issues)의 변화에 주목한다.
   – 일시적인 유행(fad)일지, 미래의 큰 추세(trend)가 될지를 감지한다.

3. 변화의 트렌드를 읽고 투자나 사업의 기회를 예상해 본다.

4. 사업별로 미래예측과 선견의 범위를 다르게 설정한다.
   (예) 제품의 수명주기에 따라 단기(5년) ~ 장기(20년)등으로 정해보면 선견력이 높아진다.

5. 신문 및 책, 영화, TV 프로그램 등에서 미래의 키워드를 찾아본다.

◈ 미래를 읽는 자신만의 노하우엔 어떤 것이 있습니까?

[ ]

9월 3일 선수와 선점

경영의 고수(高手)는 바둑의 고수와도 같이 그날그날 운영 차원의 문제해결을 넘어, 사업의 전체와 미래 흐름을 먼저 보면서 큰 그림(포석)을 그린다.
그리고 다가올 기회에 선수(先手)로 대응하며, 유리한 미래의 시장을 선점(先占)하려고 노력한다.

⊙ 미래의 트렌드에서 기회를 발견하면 선수로 대응한다.

(예) 박 현주 미래에셋 회장은 동원증권 압구정지점장 시절에 '앞으로 10년은 증권·펀드시대가 될 것이다'라고 보고, 미래에셋 투자자문('97.8)과 자산운용사('98.12) 등을 세워 용기 있게 기회를 잡았다.

⊙ 미래시장의 불확실성에 따른 잠재 위험에 선제(先制)관리를 한다.

- 컨틴전시 플랜을 3가지(지속성장, 저성장, 시장파괴구도)로 수립한다.
- '조기 경보시스템'을 구축하여 상황별로 사전에 관리한다.

⊙ 미래 선견활동을 전략과 통합시켜 시장을 선점한다.

- 후발주자가 생각하지 못한 새로운 게임규칙(기술, 제품, 시스템)으로 시장지배를 지속해 나간다.

참고 『미래 선견력 제고 5 point』, 나준호 연구원, LG경제연구소.

◈ 지금 선수(先手)로 선점할 것이 있다면 무엇입니까?

[ ]

9월 4일 자기 점검

'나는 무엇으로 유명해지고 싶은가?'를 구체적으로 생각한다. 그리고 계획을 세워 실행에 옮길 수만 있다면 그것을 마침내 성취하게 된다.
그 과정에서 끊임없는 자기점검으로 목표한 방향으로 잘 가고 있는지를 늘 확인해야 한다.

1. 사심(私心)없이 일하고 있는가?
   - 최고의 실적과 정도를 말 하면서, 한편으로 편법·회계부정·비리 등으로 개인적인 이익을 도모해서는 안 된다.

2. 자신의 전문지식과 노하우를 공유할 수 있도록 배려를 하는가?
   - 혼자서만 알고 사장(死藏)하면, 고려청자 비법의 단절과 같게 된다.

3. 새로운 지식과 기술을 배우고 활용하여 능률을 올리고 있는가?
   - 선진 수준을 벤치마킹하여 도입하거나 혁신사업으로 조직의 발전에 기여한다.

4. 양심에 위배되는 속이는 행위는 없는가?
   - 학력, 경력, 자격증 등의 위조나 거짓으로 혜택 받는 일은 없어야 한다.

5. 자리에서 나아감과 물러서는 진퇴(進退)가 분명한가?
   - 자신의 역량과 도덕성 그리고 시운(時運)이 함께 하는 승진이나 용퇴가 아름답다.

◈ 자기점검에 추가할 사항은 어떤 것이 있습니까?

[ ]

9월 5일　비판적 사고

업무에 익숙해지면 논리적이고 비판적인 사고(思考)와 행동대신에, 관성적인 사고와 행동으로 무비판적인 사고방식을 많이 취한다.
비판적인 사고의 능력이 떨어지면 시행착오가 많고, 문제의 핵심을 잘 파악하지 못하며, 잘못 되어 가는 것을 예방하지도 못한다.

1. '무비판적 사고'는 위험하다.

- 윗사람이나 회사의 행위를 합당한지 여부를 파악하지도 않은 채, 옹호나 묵인하는 것만이 능사가 아니다.

2. 목적이나 전제를 명확하게 하기위한 질문을 계속한다.

- 왜 그렇게 하나? 본질은? 원인은? 옳은 방식인가? 등으로 물으면 오류가 없는 내용과 방법을 확인할 수가 있다

3. 올바른 논리전개 인지를 전체구조로 판단을 한다.

- 사물의 본질을 꿰뚫는 능력과 전체를 종합적으로 파악하는 사고로 혼돈과 독단이 없도록 한다.

4. 상황에 따른 인과(因果)관계를 철저히 파악하고 해결한다.

- 잘못의 질타보다는 문제의 해결점을 적극적으로 제시하는 방식이다.

즉, 비판적 사고란 현상을 있는 그대로만 받아들이지 말고 끝임 없이 의문을 품고 깊이 생각하여 합리성, 진위, 타당성, 본질 등을 찾아내는 것이다.

참고『Critical Thinking』, 그로비스 M. 인스티튜트 저, 김영환 공역.

◈ 비판적 사고력을 높이기 위해 어떤 방식을 활용하십니까?

[　　　　　　　　　　　　　　　　　　　　]

9월 6일 마인드 파워 활용

성공은 마음먹기에 달려 있고 생각이 원하는 것을 갖게 해주는 열쇠다. 마음에는 무한한 힘이 있으므로, 이루고 싶은 것을 염두에 두고 있으면 그것과 관련된 모든 것이 작동하여 언젠가는 꼭 이루어진다. 한 사람의 성향을 결정하는 것은 마음가짐이며, 움직이게 하는 것은 생각이다.

⊙ 'ㅇㅇ이 되겠다'는 마음으로 생각과 행동을 반복하여 습관화한다.

– 긍정적인 생각을 반복한다. 예로 '난 잘될 것이다', '난 이번에 승진할 것이다' 등을 끊임없이 반복하며 생각을 한다.

⊙ 그 생각을 정확한 그림이나 상황으로 이미지화 한다.

– 자신이 진정으로 원하는 것을 마음속에 구체적으로 시각화 해 놓는다.

⊙ 의심되거나 부정적인 생각은 무시한다.

– 마음대로 안 되는 일이 있을 때는 그것을 그대로 받아들인다.

⊙ 마음 밭에 물을 주고 잘 가꾸지 않으면 잡초가 무성하듯이, 마음도 부정적인 생각이나 두려움 등이 생기면 무기력해 진다.

참고 『마인드 파워』, 존 키호 저, 최상수 역.

◈ '마음을 다스리는 원리'에는 무엇이 있을까요?

[ ]

9월 7일 # 인생의 성공방정식

※ 인생의 성공(결과) = 사고방식 × 열정 × 능력

인생 성공방정식에서 중요한 것은 요소들이 곱셈으로 되어 있어, 3요소 중에 어느 하나라도 '0'이 되면 결과도 '0'이 된다.
또한 잘못된 사고방식의 사람이 열정과 능력이 넘치면 '마이너스(—)값' 이 커진다. 그러므로 선(善)한 동기가 기본이 된 사고방식과 열정, 능력의 조화가 이루어져야 좋은 결과가 만들어 진다.

1. 사고방식(기본 생각 / 철학)

- 남을 위하는 것이 비즈니스의 원점이란 신념과 자세가 중요하다. 즉, 사회의 공익을 위한 이타심을 기본적으로 가져야만 한다.

2. 열정(노력 / 열성)

- 평범한 사람도 열정을 가지고 정진해 나감으로써, 무언가를 창조하고 성취하는 큰일을 할 수가 있다.

3. 능력(재능 / 지식·기술)

- 남의 기술이나 상품을 흉내 내지 않고, 자신만의 것을 창출하는 독창성에 재능을 발휘하도록 한다.

참고『카르마 경영』, 이나모리 가즈오 저, 김형철 역.

◈ 타인에게 도움을 줄 수 있는 어떤 일을 하고 계십니까?

[ ]

9월 8일

실패의 극복

실패와 좌절도 성공이나 성취와 마찬가지로 인생의 한 부분이므로, 실패를 잘 분석하고 그 경험으로부터 얻은 교훈을 가지고 앞으로 나간다.
실패를 뒤 돌아 보면서 곱씹지 말고 그대로 받아들여서, 성공의 밑거름으로 전환시키는 것이 중요하다.

1. 실패에 대한 결과가 무엇이든지 긍정적으로 해석한다.

   (예) 에디슨 방식 : '실패란 단지 효과가 없는 방법을 하나 더 발견한 것에 불과하다.' 라고 생각하고 다시 도전한다.

2. 과거의 실패에 너무 집착하지 말고, 교훈을 얻고 새로운 기술과 방법들을 익힌다.

3. 실패한 후에는 당황하지 말고, 다음에 해야 할 일을 성공적으로 수행할 준비를 한다.

4. 좌절감을 극복하고 성공한 사람들의 '자서전이나 성공담' 을 읽어 본다.

   – 독서는 새로운 길을 생각나게 해주거나 힌트(영감)를 얻게도 한다.

5. 새로운 여건과 기회의 발견을 위해 자신만의 시간과 여행을 한다.

   – 오지여행 등으로 험한 인생살이와 일장춘몽에서 살 길을 찾게 된다.

◈ 최근의 실패에서 배운 방법(교훈)은 무엇입니까?

[ ]

9월 9일 행복해지는 습관

진정한 행복은 목표 달성으로부터 오지만, 자신의 행동에 만족하고 보람을 느낄 때가 가장 행복하다. 또한 행복이란 무엇을 갖고 있느냐보다는, 삶의 과정에서 무엇을 어떻게 하는가의 습관에도 있다.

◉ **일을 통한 즐거움을 갖는 습관.**

- 일에는 밥벌이 이상으로 성취와 꿈이 있다. 일의 괴로움보다 일하는 즐거움에서 성공과 행복이 온다.

◉ **사람과 함께 하는 습관.**

- 고독을 즐기는 것보다 사람들과 대화하고, 정을 주고 받으면서 기쁨을 느끼는 습관이 보다 더 행복하다.

◉ **선행과 베풀기를 자주하는 습관.**

- 남에게 필요한 도움을 주고, 가진 것을 베푸는 등의 행동에서 진정한 행복이 온다.

◉ **스스로에게 격려하는 습관.**

- 취침 전 5분간 그날 한일 중에서 잘한 것은 스스로 칭찬한다. 잘못한 것은 반성하고 잘하도록 격려를 하면 행복감을 느낄 수 있다.

◈ 행복해지는 습관에서 어떤 것이 더 있습니까?

[ ]

9월 10일 행복과 불행의 차이

행복은 목적지가 아니라 삶의 과정에서 느끼는 만족한 감정이다.
직장에 도착할 때까지 목적지만 생각하고 짜증내는 사람은 행복을 누리지 못한다.
출근하면서 좋은 생각도 하면서 차창 밖의 경치도 즐기고, 들려오는 라디오 음악도 즐기는 사람이 바로 행복할 수 있는 사람이다.

행복한 주인공	불행의 하수인
• 고난 속에서도 희망과 용기를 가지는 사람교만과 거만이 몸에 베여있다.	• 고난에 굴복하고 희망을 품지 못하는 사람
• 적은 것에도 만족하며 감사할 줄 아는 사람	• '누구는 저렇게 사는데…' 하면서 비교하고 불평하는 사람
• 사랑하며 용서할 줄 아는 사람	• 분노와 미움을 버리지 못하는 사람
• 상대방의 좋은 점을 찾고 항상 긍정적으로 말한다..	• 상대방의 나쁜 점을 지적하거나 부정적인 말을 한다.

9월

◈ 행복과 불행의 차이는 무엇이라고 생각하십니까?

[ ]

9월 11일 **진정한 지도자**

지도자의 성공기준에는 '그 사람의 성공으로 인해 세상(기업)이 얼마나 좋아졌는가?'란 평가항목이 포함된다.

지도자는 남들이 보지 못하는 것을 보고, 듣지 못하는 것을 들으며, 하지 못하는 것들을 해낸다. 지도자는 고독을 숙명으로 알고 미래를 구상하며 힘든 결단을 한다.

1. 미래의 통찰력으로 탁월한 의사결정을 한다.

(예) 빌게이츠 MS 회장은 1980년대 1인 1PC 세상을 내다보고, 개방형 시스템으로 '독점'보다는 '표준'을 장악하는 결정을 하여, 전세계 PC의 90%가 MS 운영체계를 이용하도록 하였다.

2. 문제 해결형의 리더십을 발휘한다.

- 주어진 상황 속에서 문제를 해결하고 최대의 성과를 올린다.
- 천리마가 없으면 준마들을 배치하고, 자신보다 뛰어나도록 통솔한다.

3. 감수성과 융통성을 발휘한다.

- 다른 사람들의 생각을 읽고 소통하며, 융통성으로 실효성이 있는 협력을 이끌어 낸다.

4. 끝없는 변화와 혁신을 추구한다.

- 성공의 자만을 경계하여 자기관리(도덕성 등)에 소홀함이 없으며, 끊임없는 학습열과 벤처정신을 키운다.

◈ 세상(회사)을 좋게 하는데 어떤 면에 기여를 하고 있습니까?

[ ]

9월 12일 성공하는 2인자

창업왕조나 창업회사 뒤에는 리더인 톱과 환상의 궁합인 2 인자가 있다. 한(漢)나라 유방(劉邦)에 장량(張子方), 태조 이성계(李成桂)에 정도전(鄭道傳), 워렌 버핏 회장에는 찰리 멍거 부회장 같이 보스와 스타일이 다른 2 인자를 두어, 서로 보완하고 자극하여 큰 목적을 이루는 형태이다.

1. 보스는 2인자를 포용하고 신임하는 자세를 갖는다.
   - 상호신뢰와 보완관계는 공조체제(파트너십)를 유지하는 원동력이다.

2. 2인자는 모셔야 할 리더를 신중하게 잘 선택해야 한다.
   - 보스(Boss)로의 진면목을 잘 알고, 자신의 역할과 설자리를 찾는다.

3. 보스가 원하는 것과 필요로 하는 것을 충족시킨다.
   - 모든 영예는 보스에게 바치고, 자신은 인내하는 성품의 참모가 된다.

4. 1인자에게 진실을 말하는 책임을 충실히 수행한다.
   - 고언(苦言)과 진실을 듣기 좋게 말하는 능력을 발휘해야 한다.

5. 2인자는 사심(私心)이나 흑심(黑心)을 갖지 말아야 한다.
   - 사심은 사적인 이익을 취함이며, 흑심은 모반(謀反)등의 다른 일을 도모하는 것이다.

◈ 2인자로 성공하는 또 다른 노하우는 무엇입니까?

[ ]

9월 13일 자기 브랜드 구축

자신의 색깔이나 존재감이 있는 듯 없는 듯 하는 스타일로는 성공하기가 힘들다. 핵심인재로 인정받는 사람들은 자신만의 경쟁력이 될 수 있는 자기 브랜드(Brand)를 통하여, 특색 있는 사람으로 자신을 홍보한 사람들이다.

브랜드는 자신의 능력이나 자질을 다른 사람들에게 좀 더 효율적으로 나타내는 수단이므로, 너무 튀거나 강요하는 인상을 보이는 것은 조심한다.

1. 자기분석을 제대로 한다.

- 가장 잘 할 수 있는 일은? [ ]
- 경쟁력을 가질 수 있는 강점은? [ ]
- 자신은 어떤 브랜드를 가장 원하는가? [ ]
- 다른 사람들에게 어떻게 평가되고 있는지? [ ]

2. 브랜드 전략을 세운다.

- 이미지를 구축하여 일관성을 유지할 핵심메시지를 만든다.

(예) 히트상품 제조기, 영업의 달인, 마케팅(기획)의 귀재, 재무 관리통 등.

3. 브랜드 파워를 키워 나간다.

- 다른 사람들을 통한 입소문으로 알리기나 스스로도 홍보를 한다.
- 자신의 브랜드와 관련한 교육이나 세미나 등의 활동을 꾸준히 해간다.

◈ 자신의 브랜드 핵심메시지는 무엇입니까? [ ]

9월 14일

대국적 안목

'나무는 보는데 숲을 못 본다.'는 것은 숲속에 있어서 숲 전체를 볼 수 없기 때문이다. 전체를 보려면 높은 관점에서 대국적인 안목(眼目)으로 긴 흐름까지 볼 수 있어야 한다.
일부 반대가 있어도 성장과 발전을 위해서, 전체적인 큰 안목으로 판단하고 결정할 필요가 있다.

⊙ 경영적 시각에서 전체적인 국면을 본다.

– 많은 사람들의 의견과 정보를 경청하고, 높은 관점에서 생각을 한다.

⊙ 몇 수 앞을 내다보며 경영요소의 균형을 고려한다.

– 승세를 타고 밀어 붙이기만 하면 종종 악수로 인해 문제에 직면한다.

⊙ 시간적으로 장래 국면까지 내다본다.

– 사태추이의 흐름을 읽으며, 결과에 대해서도 전망을 한다.

⊙ 위치와 입장을 바꾸어 본다.

– 관리자라면 경영자와 부하의 위치에서 생각해 보고, 거래관계에서는 상대방의 입장에서도 바꾸어 생각해 본다.

◈ 대국적인 안목으로 성공한 경험에는 어떤 것이 있습니까?

[ ]

9월 15일 인생 3막 구상

퇴직은 부끄럽지 않으며 30여 년간을 일하였으므로 축복으로 받아 들여야 한다. 더 많은 자유와 더 많은 것을 할 기회가 주어진 아름다운 인생의 오후인 셈이다.

그동안 자신과 가족을 위해 앞만 보고 달려 왔으므로, 이젠 스스로의 좋은 인생을 위한 의미와 보람을 찾는 구상과 실천을 준비할 시기다.

1. 하고 싶은 일로 평생 현역생활을 한다.

– 생계유지가 아닌 꿈꾸어 왔던 일이나, 꼭 해보고 싶었던 일을 한다.

(예) 농원운영, 교육사업, 저술 및 전시회, ○○배우기, 취미활동 등.

2. 사회의 각종 봉사활동에 참여한다.

– 남을 돕는 즐거움에 자원봉사, 단체 활동봉사, 재능활용의 봉사 등.

3. 사회 자선사업을 한다.

(예) 미국 록펠러 회장은 암에 걸려서 1년 시한부 인생을 통보받았다. 록펠러는 어머니의 "곧 세상을 떠날 터니 마음껏 자선사업이나 하고 가려무나"라는 말에, 그는 그날부터 자선사업을 시작하여 재단을 만들고, 가난한 이웃에게 아낌없이 베푸니 가슴이 확 트이면서 마냥 행복해 졌다. 결국 록펠러는 의사의 선고에도 불구하고 그 후로 40년이나 더 살면서 좋은 사업으로 명예를 남겼다.

◈ 퇴직 후에 하고 싶은 일로 무엇을 우선적으로 생각하십니까?

[ ]

9월 16일 간편하게 살기

복잡하고 분주하게 살면서 나름대로 성취도 하여보았다. 이제는 모든 것을 단순하게 보고, 다소 느리고 간편(簡便)하게 살아도 된다.
본인 주변과 집안생활의 모든 면에서, 묵은 짐들을 덜어 내어 간소하게 정리하여, 깨끗하고 편리하게 할 필요가 있다.

1. 삶의 가치를 재배열 한다.
   - 외부의 일과 평가 그리고 자녀 중심에서, 자기만족과 부부 중심의 생활로 전환한다.

2. 불필요한 직함, 인맥, 모임 등을 정리한다.
   - 철지난 직함, 의무감에서 만나는 사람들, 할 수 없이 참석하는 모임은 접는다.

3. 쓸데없는 물건, 책, 잡지, 옷 등은 버린다.
   - 아파트나 마을 부녀회, 사회봉사단체 등에 기부한다.

4. 돈 거래, 빚보증, 명의 대여 등도 청산을 한다.
   - 새로운 돈 거래나 보증 등의 부탁은 과감히 거절하거나 사양한다.

◈ 간편하게 살기 위해 실천하는 사항에는 어떤 것이 있습니까?

[ ]

9월 17일 라이프스타일 점검

자기 자신과 가정에 대한 생활 스타일을 점검해 본다.
각 항목에 대한 정도를 5점 만점에 몇 점 정도인지를 눈표시선에 '● 표시'하여, 6각형을 만들어 보면 잘 하는 점과 부족한 점이 나타난다. 부족한 부분에 대한 개선내용을 작성하고 추진하여 성공적인 라이프 스타일을 만든다.

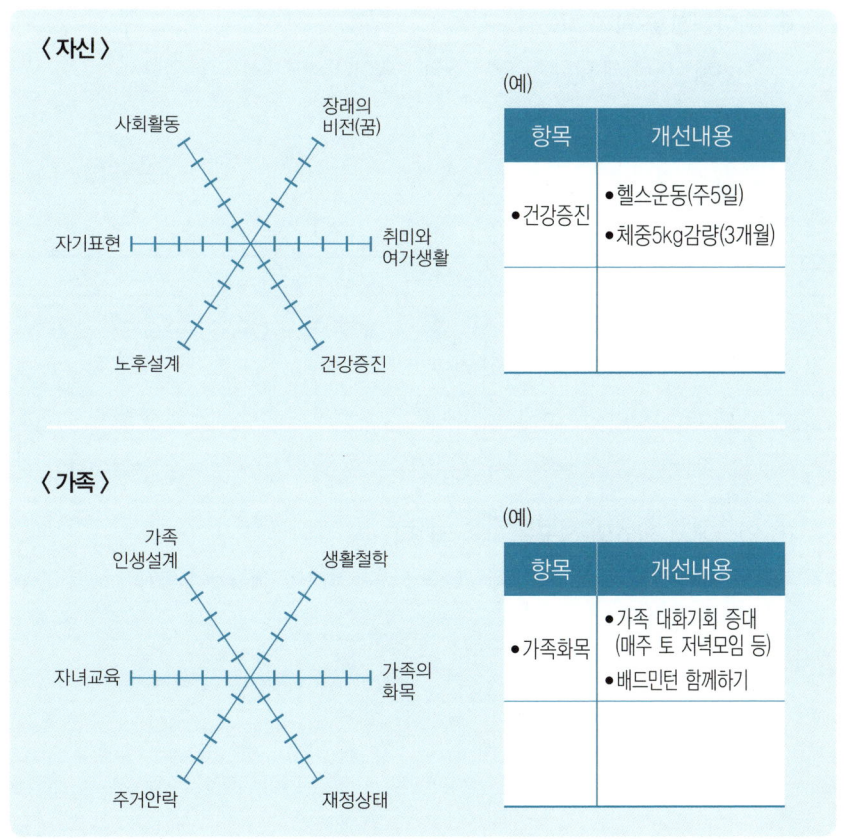

〈자신〉

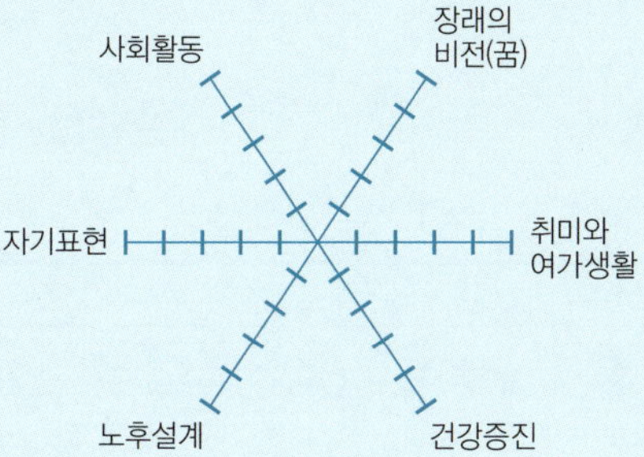

(예)

항목	개선내용
•건강증진	•헬스운동(주5일) •체중5kg감량(3개월)

〈가족〉

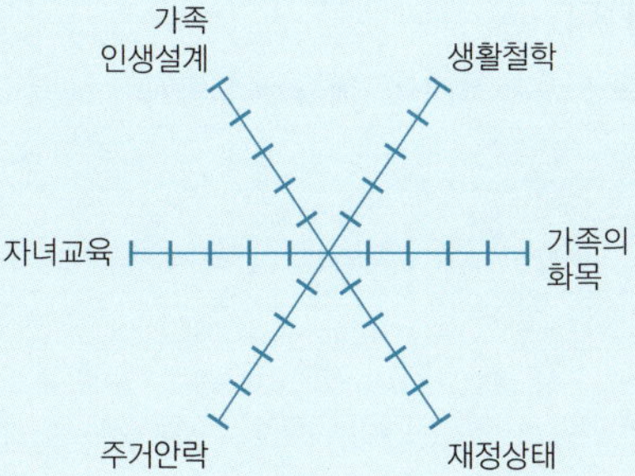

(예)

항목	개선내용
•가족화목	•가족 대화기회 증대 (매주 토 저녁모임 등) •배드민턴 함께하기

◈ 자신과 가정에서 가장 부족한 항목과 요인은 무엇입니까?

[/]

9월

9월 18일 인생의 친구

친구란 서로를 진정으로 알고 이해해 주는 관계에 있다. 서로가 호탕하게 즐기면서 우정과 연대의식을 함께 한다.
좋은 친구가 되는 길은 자신이 먼저 좋은 친구가 되어야 하며, 함께 하면서 '시간, 돈, 수고'를 아끼지 않아야 지속이 된다.

⊙ 취미생활을 함께 하는 친구

– 언제라도 함께 즐길 수 있는 취미 모임이나 레포츠를 갖고 있다.

⊙ 공통 관심사에 동지적인 친구

– 학문연구나 사회활동 등에서 서로 지원하고 우정을 함께 한다.

⊙ 터놓고 얘기하는 오래된 친구

– 쓴 소리, 재미있는 유머, 추억의 공유 등 서로가 도움이 되는 사이다.

⊙ 인생에서 최고의 친구는 '배우자' 다.

– 즉, '연인 ⇒ 부부 ⇒ 친구 ⇒ 보호자'로 한평생 애정의 동반자다.

◈ 좋은 친구가 되려면 어떻게 해야 가장 좋을까요?

[ ]

9월 19일 마음의 벽

매사에 자신이 없고 새로운 것을 시도할 때마다 '내가 잘 할 수 있을까?'라는 의심을 품는 사람은, 마음 깊은 곳(잠재의식)에 어떤 '마음의 벽'을 갖고 있다. 즉, 그 '마음의 벽'의 방해로 무의식중에 '난 할 수 없다.'란 생각이 떠올라 불안감이 생기는 탓이다.

이것을 뛰어 넘어야 자신감이 회복되고 성공의 맛을 볼 수가 있다.

1. '마음의 벽'을 깨는 데는 좋은 만남의 인연과 사람의 도움이 필요하다.

– 새로운 친구, 훌륭한 상사, 호의적인 고객, 좋은 멘토의 지도나 지원 등으로 극복 될 수 있다.

2. 마음의 장애를 넘는 데는 어떤 계기(契機)로 깨달음을 얻어야 한다.

– 좋은 결혼, 자녀의 탄생, 부모의 죽음 등이나 도움 된 책, 좋은 가르침 등에서도 얻게 된다.

3. 능력개발이란 마음의 벽을 부수는 일이다.

– 열등감, 두려움 등에서 새로운 지식, 기술, 태도의 교육으로 새롭게 태어날 수 있다.

4. 뇌기능에는 생각과 경험이 분리되어 있지 않음을 알아야 한다.

– 1% 라도 부정적인 생각을 하면, 과거의 실패 경험과 연계되어 부정적인 예감이 생긴다. 따라서 긍정적인 말로 '나도 잘할 수 있다' 등의 주문을 반복한다.

참고 『된다 된다 나는 된다』, 니시다 후미오 저, 하면서 역.

◈ 자신은 '마음의 벽'을 어떻게 극복하셨습니까?

[ ]

9월 20일 조화로운 삶

조화롭고 행복한 삶을 위해선, 마음을 '지금과 여기(now and here)'로 모으고 마음 상태의 균형을 잡아야 한다.
마음 속의 불만족 요소를 잘 관찰하여 알아차리면, 마음이 진정이 되고 평온을 얻게 된다.

⊙ 욕망과 능력의 균형을 도모한다.

– 욕망의 만족은 끝이 없으며, 능력의 량(Capacity)은 어느 정도 한계가 있으므로, 욕망을 조절해야 모두가 괴롭지 않게 된다.

⊙ '지금과 여기'(Now & Here)에 충실히 한다.

– 운전을 할 땐 운전에만 신경을 쓰듯이, 일을 할 땐 일에만 마음을 집중한다. 그리고 '지금, 여기서'만나는 사람과 하고 있는 일이 세상에서 가장 중요하다고 생각한다.

⊙ 있는 그대로 보고 인정을 한다.

– 부정하거나 고치려고 하지 말고, 있는 그대로 받아들이면 마음에 안정을 얻는다.

⊙ 사람관계와 문제의 본질을 알아서 깨닫는다.

– 균형 잡힌 언행과 지혜로운 해법으로 주변 사람들을 행복하게 만든다.

◈ 만족이 안 되어 괴로운 마음은 어떻게 하면 진정이 될까요?

[ ]

행복한 은퇴

제 3막의 연령에서는 남에게 기대지 않고, 남에게 해줄 수 있는 자기만의 특기와 자세가 있어야 한다. 돈을 더 벌어 볼 궁리보다는 사회에 기여하거나 주변에 도움을 주는 삶이, 인생의 후반전 삶을 충만하게 하는 태도다. 행복한 은퇴(隱退)는 은퇴 3~5년 전부터 체계적인 준비가 필요하다.

1. **경제력 :** 저축과 투자로 노후생활의 예상규모에 따른 자산을 확보한다.

2. **건강 :** 운동과 수련으로 심신의 건강을 유지한다.

3. **가족화목 :** 가족 간의 사랑모임과 집안일을 돕거나 직접 한다.

4. **할 일 :** 하고 싶었지만 못 했던 일중 5가지를 우선한다.
   (예) • 서재의 책을 모두 읽어보기 • 전공 관련한 책 집필하기 등
   [ ] [ ] [ ]
   [ ] [ ]

5. **취미활동**
   – 실용적인 것 : [ ] [ ]
   – 새로운 것 배우기 : [ ] [ ] 등.

6. **사회적 관계유지 :** 각종모임에 참여하고, 봉사활동에도 참가한다.
   – 모임 참여 : [ ] [ ]
   – 봉사활동 참가 : [ ] [ ] 등.

◈ 은퇴준비 사항 중에 4~6번 [ ]안에 내용을 적어 보세요.

9월 22일 활력 있는 생활

노년은 집착에서 자유롭고, 해방감(가족 부양의무, 명예추구, 타인의 평가인식 등)에서 여생을 즐기면서 활력 있게 살 필요가 있다. 편협, 인색, 요구가 많은 고집스런 노인에서 관용, 지혜, 위엄과 덕이 있는 어른스런 모습이 멋있고 바람직하다.

⊙ 사교적인 생활을 주업으로 삼는다.

– 기존모임이나 새로운 모임의 간사나 회장을 맡아 적극적인 활동을 한다.
(예) 사이버 외교관, 문화재 해설가, 발명 연구가, 악단의 멤버, 복지관 선생 등

⊙ 불운을 수용하여 좋은 찬스로 바꾸는 긍정의 마음을 발휘한다.

– 사고로 다쳐도 불행을 탄식하지 않고 잠시 쉬어가라는 뜻으로 해석한다.

⊙ 과거의 생각보다는 마음을 미래의 희망에 둔다.

– 장차 다가오는 죽음도 천국을 보는 설레 임으로 미소로 맞이한다.
– 무얼 하자고 하거나 먹자고 하면, 무엇이든지 OK를 한다.

⊙ 새로운 기술과 제품의 사용방법을 익히고 활용한다.

– 컴퓨터와 인터넷 활용, 스마트 폰, 디지털 카메라, 생활기기 등의 매뉴얼(사용설명서)을 2번 정도 자세히 읽어 보면 가능하다.

◈ 자신이 생각하는 활력 있게 사는 모습은 어떤 것입니까?

[ ]

9월 23일 투자시 유의사항

고수들의 투자시장에서 투자원칙 1조(여유자금으로 분산투자를 한다)를 잘 지키지 않으면 시행착오를 많이 겪게 된다. 자산배분은 '부동산 50%와 금융자산 50%'를 기본으로 하며, 금융자산은 생계용(교육비 등), 미래용(자녀 결혼자금, 노후자금), 투자용(30%)으로 운영을 한다.

〈 부동산 〉

- 서류(등기부 등본, 토지·가옥대장, 토지 이용계획서 등)와 현장을 두 눈으로 반드시 확인한다.
- 경사지(형질변경 허가대상 임), 맹지(진입로가 없는 땅), 유치권, 특수지역권(농작물 경작 등)의 부동산은 제외를 한다.
- 전원 주택지는 조망보다 방향이 중요하고, 도로가 가까우면 제한구역에 걸려서 건축을 하지 못할 수도 있다.
- 기획 부동산의 개발 예정물건은 현장답사를 할 때, 지번과 현장의 일치여부도 확인하고, 별도로 관공서의 개발계획까지 점검할 필요가 있다.

〈 주식 〉

- 주식 매수청구권 신청이나 유상증자 참여 등 어려운 상황에선, 담당자나 주변의 인물보다 전문가에게 자문을 구한 뒤에 결정을 한다.
- 손절 매도를 해야 할 때 하지 못하면, 비자발적인 장기 투자자가 된다.
- 비상장 주식매수 시는 프리미엄만 보지 말고, 안전성(자금난), 성장성, 환금성을 확인한 후에 매입한다.
- 분산투자 후 최소한 6개월마다 투자 상황을 점검하여 비중이나 종목 등을 조정한다.

◈ 투자에서 배운 교훈에는 어떤 것이 더 있습니까?

[ ]

9월 24일 노후 자금설계

미래를 책임 질 3대 자산은 '보장자산, 투자자산, 은퇴자산'으로 이런 자금만 마련해 놓으면 돈 걱정 없는 노후가 될 수 있다.
이제는 노후를 스스로 준비해야 하며 자녀나 연금에만 의지하지 말고, 노후자금의 규모를 계산해 보고 부족자금을 마련할 대책 들을 세워야 한다.

1. 노후(은퇴 후)자금은 얼마나 있어야 되는지를 계산한다. ⇒ [억원]

- 부부 공동의 생활비, 혼자 남는 배우자의 생활비, 부부의 사망 전까지 의료비(간병비용 포함) 등.

〈 남녀 평균수명 기준, 물가 상승률 3~4%, 투자 기대수익률 5~7% 가정 〉

2. 현재 재무 분석과 은퇴시점에서의 자산 가치를 예상한다.

- 각종 연금(국민, 퇴직, 개인)과 금융자산 및 보유 부동산 등임.

3. 은퇴시점의 부족액과 자금마련 계획을 세운다.

- 자산배분과 투자할 대상을 선택하면서, 월 임대수입이 가능한 부동산에 투자한다.

4. 정기적인 점검과 수정을 지속적으로 한다.

- 재무 설계는 6개월에 한 번씩, 건강 검진은 1년에 한 번씩 하는 방식이다.

◈ 가상 은퇴시점이 ( )세 이라면, 부족금액은 얼마정도 입니까?

[약 억원]

9월

9월 25일　생전에 효도하기

인생에 대한 긍정적인 생각과 정(情)표시를 잘하는 자식이 효도를 잘 한다. 인간미가 적고 인색한 기질의 사람은 자기 식구들만 생각하는 편이 많다. 이 세상에 살도록 생명을 주어 가르치고, 결혼시켜 가정을 이루게 해준 부모님의 은혜(恩惠)에 감사와 보답을 늦기 전에 해드려야 한다.

1. 기본적으로 해드릴 것.
   - 마음 편하게 해드리는 일
   - 집안의 작은 일에도 상의하기
   - 걱정 끼치는 일이 없도록 하기
   - 문안인사와 안부전화를 자주한다.

2. 경제적인 도움과 마음을 함께 드린다.
   - 정기적으로 용돈을 드리면서 필요한 용품이나 과일등도 함께 드린다.
   - 행사일(생신, 어버이날 등)은 꼭 챙기며 축하인사와 선물을 전한다.

3. 즐거운 추억을 만든다.
   - 학위 등 축하받는 자리에 부모님 모시기
   - 손주와 함께 놀이동산 가기
   - 학교나 회사구경 시켜드리기
   - 공연이나 여행 등을 함께 다니기
   - 결혼 후 시부모님 첫 생신을 집에서 대접하고 주무시게 하는 것 등.

4. 아프고 힘들 때 도움 드리기
   - 병문안과 간병하기
   - 입에 맞는 음식과 반찬을 해서 드리기
   - 말 상대 해 드리기
   - 끝까지 듣고 맞장구 잘하기

참고『부모님 살아 계실 때 꼭 해드려야 할 45 가지』, 고도원 저.

◈ 부모님께 먼저 해드리고 싶은 것은 어떤 것입니까?

[　　　　　　　　　　　　　　　　　　　　]

9월 26일

예법의 개선

조선시대의 주자가례(朱子家禮)를 지키는 완고함은, 예의 정신과 시의성을 읽지 못한 무지의 소치(所致)이거나 권위를 확보하려는 것은 아닐까? 현대에 맞는 가정의례를 스스로 만들고 지켜나가서, 명절증후군 등을 없게 해야 참된 예절이 마음과 함께 할 것이다. 가가예(家家禮)가 있으므로 참석자들은 음식 놓는 위치나 술을 붓는 절차 등의 예법에 관여하지 않는다.

⊙ **제례(祭禮)와 차례(茶禮)**

- 제주기준으로 2대(부모와 조부모) 봉사하며, 두 분을 함께 모셔서(合祀) 4회를 2회로 줄인다. 제수도 간소화하며 음식은 역할분담으로 한다.
- 추석차례는 성묘로 대체하며, 기일은 별도로 정하여 모인다.

⊙ **혼인례(婚姻禮)**

- 부모에 의한 과시적인 결혼식 문화를 신랑·신부 중심의 혼인의식으로 친지와 친구들만 참석하는 예식으로 한다.
- 혼주의 직장이나 거래처의 인사초청은 현세대부터 과감히 생략한다.

⊙ **상례(喪禮)**

- 3~4일 장으로 하며, 삼우제나 100일에 탈상을 한다.
- 가족묘지 또는 화장으로 납골묘원, 화원이나 수목장 등으로 한다.

⊙ **칠·팔순 행사(잔치)**

- 본인 중심의 각 계층 인사들의 초청으로 어색한 합석과 연회방식 ⇒ 가족별 모임과 친목회 별로 대접한다.

◈ 집안의 가정의례에서 개선할 사항엔 무엇이 있습니까?

[ ]

9월 27일 가족 모임에서 대화

가족들 모임에선 말로써 갈등이 생길 수가 있다. 가족은 '내 편'이라고 믿고 솔직하게 자신의 느낌을 다 표현해도 된다고 착각하는 경우가 많다. 그 결과로 상대방의 감정을 건드려 상처를 주거나 싸움을 하게도 된다. 가까운 관계일수록 말을 할 때는 신경을 더 쓰고, 기본예의가 있는 대화요령이 필요하다.

1. 걱정이나 조언을 한다면서 약점을 지적하는 말은 피한다.
   (예) • 살이 좀 찐 것 같은데... • 어디 병이 있는 건 아니지?
   • 아직 아이 소식 없어? • 취직은 어떻게 했는가?

2. 가족이나 자녀끼리 비교하는 것은 절대로 삼가 한다.
   – 상대나 상대의 가족에 대한 칭찬이나 격려가 좋은 화제 거리다.

3. 민감한 주제(정치, 종교, 이념, 지역감정 등)의 논쟁은 피하거나 아예 말을 하지 않는다.

4. 가치중립적인 화제로 대화 분위기를 조성한다.
   – 문화행사, 스포츠, 드라마 등으로 말하면서, ○○가 좋다고 하는데... 또는 ○○를 같이 가볼까? 등으로 말한다.

5. 감정에 상처(자극)를 받으면 과거의 경험을 생각하면서 웃고 넘어간다.
   – 말한 사람은 그냥 하는 말일 수도 있으므로, 고깝게 생각하지 않는다.

◈ 가족 간에 한때 소원하게 했던 말실수로는 어떤 것이 있습니까?

[ ]

9월 28일 대인 관계의 기대치

좋은 인간관계가 멀어지는 이유에는 자신이 상대방에 실망하거나 상대방이 자신에게 실망을 느끼는 것에 있다.

'지나친 기대는 금물이다'라는 말과 같이, 대인 관계에서 좋은 기대감은 형성해야 하지만, 적절한 기대치로 실망과 반감을 줄여야 한다.

⊙ 상대방에 대해 높은 기대치를 갖지 않고 대한다.

– 기대치를 조금 낮게 가지면 상대방의 언행에 구애받지 않게 된다.

⊙ 상대방이 자신에게 높은 기대치를 갖지 않도록 조심을 한다.

– 10번 잘해주다가 한번 거절하면 실망감을 더 갖는 법이다. 다른 방법은 약간 거리를 두고 관계를 유지해 가는 것이다.

⊙ 다른 사람에게 무언가를 주었을 때는 받을 것을 기대하지 않는다.

– 'give & take' 자세를 가지면, 못 받을 때는 실망감과 원망을 한다.

⊙ 높은 기대감이 깨어져도 장점 / 약점으로 평가를 한다.

– 기대한 것보다 좋았거나 미흡했다고 어느 한 쪽으로만 평가하지 않는다. 있는 그대로 보고 단점도 이해해 준다.

9월

◈ 기대치를 올바로 관리하려면 어떻게 해야 하나요?

[ ]

9월 29일 기의 충전방법

기(氣)는 질량이 없는 에너지로 활동의 근원이다. 원기(元氣)는 부모로부터 물러 받은 에너지로 유한하므로, 호흡·음식·수련을 통해서 에너지를 충전해야 한다. 기가 약하면 불안, 초조, 조급해지며 어디서든지 경쟁에 뒤지고 희생되기가 쉽다. 기를 강화하여 기가 충만해야 성공도 할 수 있다.

1. 기 순환 방법

- 호흡으로 기의 상태를 좋게 하는 방법 ⇒ 복식호흡, 기공체조 등, 떠들어서 (노래, 큰소리) 기분전환하기, 농담으로 크게 웃기 등.
- 삼림욕 등.

2. 혈액 순환방법

- 몸을 움직여서 혈액순환을 좋게 하는 것 ⇒ 빠른 걷기운동(파워 워킹), 조깅, 산행, 스포츠 등.

3. 기 보충방법 : 의식적이고 적극적으로 활용한다.

- 복식 호흡법 : 코로 숨을 들여 마실 때는 배(단전)가 나오고, 입으로 내쉴 때는 배가 쑥 꺼질 정도로 수축시키는 호흡법이다.
  ⇒ 날숨을 들숨보다 2배 길게 하는 것이 포인트다.
  (처음 하루에 10분 연습 ⇒ 차차 30분으로 늘린다.)
- 기 수련회 활용하기 등.

4. 식생활 활용법

- 계절에 따라 체질에 맞는 음식 (봄 : 신맛, 여름 : 쓴맛, 가을 : 매운 맛, 겨울 : 짠맛)을 섭취한다.
- 하루에 물 2ℓ 이상을 마셔서, 몸속의 수분상태를 좋게 한다.

◈ 어떤 방법으로 기를 충전(수련)하고 계십니까? [ ]

9월 30일

두뇌 활성화

두뇌(頭腦)는 쓰지 않으면 퇴화하며, 지적인 자극을 주면 뇌기능은 활성화된다. 인간의 뇌는 거대한 컴퓨터 시스템과 같아서, 훈련만 잘 하면 상상을 그대로 현실세계에 재현 할 수 있다.
특히 우뇌사용으로 입체적으로 보고 생각하면 창조성이 높아진다.

⊙ **두뇌 트레이닝을 꾸준히 한다.**

- 암산, 바둑, 모바일게임, 신문보기, 소리 내어 읽기, 외국어 단어외우기 등.

⊙ **뇌에 영양분을 충분히 공급한다.**

- 도움 되는 것 : 숙면, 좋은 음악듣기, 콩과 견과류, 비타민 B 복합체 등.
- 삼가 할 것 : 흡연, 음주, 스트레스, 활성산소, 지방질 식품 등.

⊙ **뇌의 혈액순환을 원활하게 한다.**

- 유산소 운동 : 1일 1만보 걷기, 물구나무 서기, 손·발·귀 자극법 등.
- 별도 : 뇌 체조 및 뇌 호흡법의 수련도 도움이 된다.

⊙ **'우뇌사용'을 적극적으로 한다.**

① 논리적인 사고방법에서 다양한 답을 내는 우뇌의 직감적인 사고를 많이 한다.
② 긍정적인 플러스 발상을 한다. 즉 무슨 일이든 좋은 방향으로 의미를 부여한다.

참고『뇌내혁명』, 하루야마 시게오 저, 박 해순 역.

◈ 두뇌 트레이닝을 위해 무엇을 하고 있습니까?

[ ]

10월의 자기성찰

무엇이 성공인가?

에 머 슨

자주, 그리고 많이 웃는 것
현명한 이에게서 칭찬을 듣고
아이들에게서 사랑을 받는 것

정직한 비평가의 찬사를 듣고
친구의 배반을 참아 내는 것
아름다움을 가려 볼 줄 알며
다른 사람에게서 최선의 것을 발견하는 것

건강한 아이를 낳든
한 뙤기의 밭을 가꾸든
사회 환경을 개선하든

내가 태어나기 이전보다
이 세상을 조금이라도 살기 좋은 곳으로
만들어 놓고 떠나는 것

내가 한때 이곳에 살았음으로 해서
단 한 사람의 인생이라도
행복해 지는 것

그것이 진정한 성공이다.

자기경영 성공멘토 365

10月 성찰

1 일 : 자서전과 성공담

2 일 : 이병철 삼성그룹 창업주

3 일 : 정주영 현대그룹 창업주

4 일 : 구인회 LG 그룹 창업주

5 일 : 인촌 김성수 선생

6 일 : 박태준 포항제철 회장

7 일 : 김우중 대우그룹 창업자

8 일 : 윤윤수 FILA 회장

9 일 : 손정의 S.B. 회장

10 일 : 반기문 UN 사무총장

11 일 : 히딩크 축구감독

12 일 : STX 강덕수 회장

13 일 : MCM 김성주 회장

14 일 : 안철수 서울대 기술대학원장

15 일 : 김영세 이노디자인 대표

16 일 : 구본형 변화경영연구소장

17 일 : 고도원 아침편지 이사장

18 일 : 두상달·김영숙 부부

19 일 : 김희갑·양인자 부부

20일 : 다산 정약용 선생

21 일 : 이승복 재활의학 박사

22 일 : 배상면 국순당 회장

23 일 : 송명근 건대의대 교수

24 일 : 아침고요 수목원

25 일 : 경보 화석박물관

26 일 : 도자기 8 대 가문

27 일 : 남종화 5 대 가문

28 일 : 엄홍길 산악인

29 일 : 최경주 프로골퍼

30 일 : 김규환 대우중공업 명장

31 일 : 서명숙 제주올레 이사장

독자적인 생각을 하는 사람을 주시하여 따르고
자신의 생각을 논쟁의 소재가 되도록 해라.
그리고 자신의 외모, 능력, 행동, 조직, 야망, 성취에 대해
항상 생각하고 생각하라!

토마스 · 왓슨

10월 1일 자서전과 성공담

자신을 바라보는 것에는 타인이 나를 보는 관점에서 기록하는 전기(傳記)가 있으며, 다른 하나는 자신이 자신을 바라보는 관점에서 기록하는 자서전(自敍傳)이 있다.

전기는 객관적일 수 있지만 나에 대한 사실이 잘못 해석되어 기록될 수도 있으며, 자서전은 진솔한 기록이 될 수 있지만 스스로 객관적이지 못할 때는 신뢰성에 문제가 있을 수 있다.

1. 자서전이나 전기 읽기
   - 훌륭한 사람들의 전기나 자서전을 한 달에 1권씩을 읽는다.
   - 그분들의 성공요인 등 배울 점을 정리하고 주인공의 인생을 느껴본다.

2. 성공담 내용을 파악하고 성공스크랩을 만든다.
   - 신문이나 잡지의 인터뷰기사나 강의 내용 등으로 성공과 실패사례의 분석과 이해로 간접경험을 쌓아간다.
   - 분야별로 구분하여 살펴보면서 자신이 관심을 두는 분야에 집중을 한다.

3. 자서전을 쓴다.
   - 자기의 삶과 존재를 확인하고 흔적을 남기는데 그 의미가 많다.
   - 다른 사람에게 나름대로의 인생여정을 보여주고, 참고하는데 도움을 줄 수가 있다.
   - 제2막에서 준비하여 제3막에서 완성을 하는 것이 가장 좋다.

◈ 최근에 읽은 '자서전'에는 어떤 것이 있습니까?

[ ]

10월 2일 이병철 삼성그룹 창업주

호암(湖巖) 이병철(李秉喆) 삼성 초대회장(1910~1987)은, 과감한 결단력과 추진력으로 전자, 금융, I.T 산업 등에 투자하고 후계자를 잘 선정하여, 오늘의 세계적인 삼성을 이룩한 현대 경영의 달인으로 칭송받는다.

〈 불굴의 기업가정신 〉

⊙ 1938. 3. 삼성상회(현 삼성물산), '53년 제일제당 ⇒ '54년 제일모직 등을 차례로 설립하거나 인수하여, 1987년 22개 계열사에 매출액 17조, 시가총액 1조원대의 대그룹으로 성장시켰다.

⊙ 무 학벌, 전쟁, 암 질환, 재산헌납 등에도 꺾이지 않는 의지로 삼성을 일구었다.

〈 사업철학과 경영능력 〉

⊙ 경영이념(事業報國, 人材第一, 合理追求)과 제일주의 정신 등으로, 인재육성과 경영관리 시스템의 개발 및 혁신을 선도했다.

⊙ 선진기술과 정보의 입수 및 사업제휴에 일본재계 등의 인맥을 잘 활용하고, 전문 경영인과 기술 인력의 용인술에 뛰어났다.

〈 반도체 사업의 투자결단과 성공 〉

⊙ '74년 한국반도체 인수 ⇒ '83년 본격 진출 결심 ⇒ '84. 5. 64KD 램 양산 ⇒ '86년 적자 1,300억 상황에서 1 MD램에 2,800억 추가투자 ⇒ '88년 3,200억 흑자로 반도체 신화를 탄생케 하였다.

◈ 삼성을 이끌어간 힘(원동력)은 무엇이라고 생각하십니까?

[ ]

10월 3일 정주영 현대그룹 창업주

아산(峨山) 정주영(鄭周永) 현대그룹의 초대회장(1915~2001)은, 산업보국(産業報國)의 신념으로 숱한 역경을 딛고 건설, 자동차, 조선 산업 등에서 맨 손으로 현대 신화를 만들어낸 한국 최초의 벤처 기업인(企業人)으로 존경받는다.

〈 무한도전의 기업가(起業家) 〉

⊙ 1937. 9. 경일상회로 사업시작 ⇒ '46. 4. 현대 자동차공업사 및 '47. 5. 현대 토건사 설립. '70. 3. 현대조선 사업부 설치 ⇒ 현대중공업 등의 기업군으로 대기업을 일으켰다.

〈 경영철학과 사업결단력 〉

⊙ 좌우명인 '신용과 성실'대로 한번 마음먹은 사업은 불도저같이 밀어붙였으며, 뛰어난 협상력과 속전속결 방식으로 사업을 직접 결단해 갔다.

(예) 소양강댐 건설방식을 콘크리트댐 설계(일본공영) ⇒ 사력(砂礫)댐 방식으로 현장답사 후 변경케 하여 30% 예산절감으로 준공을 하였음.

〈 맨주먹 마케팅으로 세계 1위 조선소를 건설 〉

⊙ '1970. 영국 애플도어사 롱 바톰 회장에게 조선소 부지 사진과 500원 지폐의 거북선을 보여주며 차관설득 ⇒ 그리스 리바노스 선주의 26만 톤급 유조선 2척 수주 ⇒ 차관성사 ⇒ '72. 3. 현대조선소 기공식 ⇒ '74. 6. 조선소 준공과 유조선 2척 동시건조에 성공함.

◈ 자서전인 '시련은 있어도 실패는 없다'를 읽은 소감은 무엇입니까?

[ ]

10월 4일 구인회 LG 그룹 창업주

연암(蓮庵) 구인회(具仁會) LG그룹의 초대회장(1907~1969)은, 나라를 위해 돈을 벌겠다는 일념으로 사업을 하고, 만석의 토지도 보유하게 되었다. 한국의 화학과 전자산업을 개척한 선구자적인 기업인이며, 동업과 합작사 경영의 성공사례를 남겼다.

〈 사업의 개척자 〉

◉ 1931년(25세) 구인회 상점으로 사업시작 ⇒ '40. 6. (주)구인상회(무역업 등) 창립 ⇒ '47. 1. 럭희화학공업사(현 LG화학) ⇒ '58. 10. 금성사 설립(현 LG전자) ⇒ '67. 5. 호남정유(현 GS칼텍스) 합작사의 설립 등으로 글로벌 LG의 초석을 만들었다.

〈 경영철학과 기업문화 〉

◉ '기업은 몸담고 있는 사회의 복리를 먼저 생각하고, 나라의 백년대계에 보탬이 되어야 한다.'는 경영철학과 '인화·정도경영'의 경영이념 및 '연구개발과 기술혁신'의 문화로 제품발명의 선도적인 역할을 하였다.

〈 동업의 모범사례 〉

◉ 3대 57년간(2005년 계열분리) 함께 경영한 LG그룹(구인회 회장)과 GS그룹(허준구 회장)가계는, '人和'의 경영이념 하에 지분비율(65:35)과 역할분담을 명확히 하면서, 전체 파이를 키운 것이 동업의 성공비결이라 한다.

10월

◈ 합작사의 경영에서 성공요인은 무엇일까요?

[ ]

10월 5일 인촌 김성수 선생

인촌(仁村) 김성수(金性洙) 선생(1891~1955)은 국가존망의 위기를 느끼면서 가족의 반대에도 불구하고 17세에 일본유학을 결심하여, 와세다 대학 경제정치학(1909. 4~1914. 7)을 공부하였다.
근대화된 민족교육과 민족기업의 필요성을 절감하고, 귀국한 후 하나씩 추진한 민족주의 애국자였으며, 좌우명은 '선공사후'(先公私後)임.

〈 활동분야 〉

⊙ 일제 강점기하에서 요시찰 대상자로 감시 받으면서도, 민족정기를 지키고 발흥시켜야 조국의 광복이 가능하다는 신념으로 활동을 하였다.

1. 교육진흥 : '식민지의 독립은 진정한 교육에서 출발한다.'
   - 1915년(25세) : 중앙학교 인수와 교장취임 ⇒ '32년(42세) 보성전문학교 인수와 교장취임 ⇒ '46년(56세) 고려대학교 창립으로, 민족을 위한 민족의 대학을 설립해야 한다는 오랜 꿈이 실현되었다.

2. 산업개발 : '민족자본으로 만든 기업이 있어야 자립과 독립이 가능하다'
   - 1917년(27세) 경성직뉴(주) 인수 ⇒ '19년(29세) 경성방직(주)(현 경방)창설 함.
     : 한국 최초의 근대적인 방직공장 임.(1인 1주 갖기 운동전개)

3. 언론창달 : 민족 언론으로 민족정신을 고양할 터전을 마련 함.
   - 1920년(30세) 동아일보 창간 ⇒ '31년 신동아 ⇒ '33년 신가정 창간 함.

4. 독립운동 지원
   - 자강운동을 강조하면서 3.1운동, 한글 맞춤법 통일안, 조선어 사전 편찬 등 각종 활동을 지원하였다.

◈ 귀하가 일제 강점기하에서 감시받고 있는 위치에 있었다면, 어떤 활동을 하였겠습니까? [ ]

10월 6일 박태준 포항제철 회장

한국의 경제발전을 위한 일관제철소의 건설이 필수적인 시대에, 한국의 철강 왕으로 불러지는 박태준(朴泰俊) 포철 초대회장은, 철강입국(鐵鋼立國)이란 집념으로 불가능에 도전하여 세계적인 철강기업으로 성장시킨 일등공신임.

1. '세계의 최고가 되자'는 좌우명

- 1946년 와세다 대학교 기계공학과 수료 ⇒ '48년 육사 6기 임관 ⇒ 6.25 전쟁에 참전 ⇒ '67. 11. 포철 추진위원장에 임명 ⇒ '92. 10. 퇴임하여 25년만에 박정희 대통령 영전에 건설완공을 보고함과 같이, 애국심과 사명감에 투철하였다.

2. POSCO 성공요인 : 전권을 위임받은 박태준회장의 탁월한 리더십

⊙ 국영기업체(안)을 상법상의 주식회사 형태로 변경하여 채택함.

- 공기업의 약점을 벗어나 세계적인 기업으로 성장가능하게 하였다.

⊙ 제철소공장(제선 ⇒ 제강 ⇒ 압연공장 순서)건설을 역순으로 건설함.

- 전체 공장건설이 완공되기도 전에 수익을 내는 구조로 만들었다.

⊙ 생산규모를 멀리 내다 본 비전과 기술자립 전략을 추진

- 일본 자문단에서 200~300만 톤 규모제안 ⇒ 천만 톤 규모 청사진 요청 ⇒ 1992년 조강생산능력(포항 + 광양) 2,100만톤을 달성함.

3. 세계3위 철강기업으로 도약

- 1969년 IBRD 권고로 제철소건설계획이 무산됨 ⇒ 대일청구권 자금 일부 전용에 양국이 합의 ⇒ '73. 6. 제1고로 가동 ⇒ '92년 세계3위 철강 기업으로 제철신화를 이룩하게 되었다.

◈ 공로가 많으면서 박회장은 왜 포철주식을 1주도 소유하지 않았을까요?

[ ]

10월 7일 김우중 대우그룹 창업자

대우(大宇) 신화의 주인공인 김우중(金宇中, 1936년생) 회장은, 한국 최고의 일중독자였다. 맨손으로 세계적인 기업을 세운 탁월한 전문 경영인 이였으나 지금은 불운을 겪고 있다. 세상의 모든 일에는 공과(功過)가 함께 있는데, 공적은 인정을 해주고 과오는 교훈으로 삼아야 사회가 더 발전할 수 있다.

〈 대우의 기업정신 〉

⊙ 1967년(31세) 자본금 5백만 원으로 '대우실업'을 설립하였다. 창업이념인 '도전, 창조, 희생'이 대우인들(41개 계열사, 25만 명)에게 '대우 정신'이 되어 수출과 해외 시장개척에 도전적인 정신자세로 매진하게 하였다.

〈 부실기업 인수 후 기업정상화 〉

⊙ 많은 위험을 감수하고 부실기업을 인수하였으며, 인수 후 적극적인 경영혁신활동 등으로 모두 정상화시켜, 산업의 발전에 큰 기여를 하였다.

(예) 한국기계(현, 대우중공업), 옥포조선소(현, 대우해양조선), 새한자동차 (현, GM대우자동차), 대한전선 가전부문(현, 대우일렉트로닉스) 등.

〈 세계경영과 그룹해체 〉

⊙ 1993년 세계경영을 선포하고 해외시장을 직접 개척한 것은 기업인의 표본으로 존경받는다.

⊙ IMF 체제하에서 '과도한 부채, 경영관행의 지속'등으로 좌초함. 글로벌 시대에 해외경영 방침은 옳았다고 평가된다.

참고『세상은 넓고 할 일은 많다』, 김우중 저, 김영사.

◈ 대우그룹의 경영에서 얻은 교훈은 무엇입니까?

[ ]

10월 8일　윤윤수 FILA 회장

수많은 실패 속에서 한 번도 포기하지 않고, 다시 도전하여 FILA 회장이 되는 성공신화를 이루었다.

〈 도전정신과 근성(집념) 〉 '수많은 실패경험은 인생의 자산이다.'

⊙ 한진해운에 입사(30세) ⇒ J. C. 페니회사 구매담당 : 삼성전자와 전자레인지 개발로 미국에서 히트 ⇒ '82년 화승 수출이사 : ET 인형 수출건의 클레임으로 퇴직 ⇒ '84년 개인회사 운영: 자체개발 신발로 1억$ 판매로 대히트 ⇒ '91년 휠라 코리아 CEO 로 선임됨.

〈 신뢰경영과 꿈의 경영 〉

⊙ 신뢰는 기본덕목(성실, 정직, 도전자세)과 언행일치하는 경영에서 이루어진다.

⊙ 사업은 돈을 벌기 위해서만 하지 않고, '본사를 직접 경영해 보겠다.' 는 꿈을 꾸었고, 그 목표에 도전하여 쟁취하듯이 승부사같이 하고있다.

〈 위대한 성취 〉

⊙ FILA 본사 인수 : '05년 휠라 코리아 지분인수 ⇒ '07년(61세) 휠라 본사인수 (삼성증권과 은행권에서 무담보로 4,500억 인수비용을 차입 함.) ⇒ '07년 4월 회장에 취임 함.

⊙ 아쿠쉬네트 (세계 1위 골프용품회사) 인수 : '11년 5월 경영을 하는 전략적 투자자로 미래에셋 PEF와 컨소시엄으로 1조 3천억 M&A에 성공함 ⇒ 향후 종합 스포츠 브랜드로 도약이 기대된다.

◈ 최고경영자는 신뢰경영을 위해서 어떻게 하십니까?

[　　　　　　　　　　　　]

10월 9일 손정의 소프트뱅크 회장

재일 교포 3세(1957 년생)로 가난 때문에 성공한 사업가를 꿈꾸었다. 고교 1학년 때 미국 어학연수 후 자퇴하고, '74년(16세) 버클리대학 경제학과에 입학하여 '79년 졸업하였다.

대학재학 중 '일어 ⇒ 영어번역 장치'를 개발한 후, 샤프에 팔아서 100만 $ 수익을 올릴 정도로 기술 아이디어와 사업수완이 좋았다.

〈 손 정의(孫正義) 인생 50년 계획 〉

대학3년(19세)에 작성한 것인데 그대로 실현이 되고 있다.

- 20대 반드시 사업을 일으키고 이름을 떨친다.
- 30대 적어도 1천억 엔의 자금을 모은다.
- 40대 커다란 사업을 일으킨다.
- 50대 사업에서 큰 성공을 이룬다.
- 60대 전문 경영자에게 사업을 물려준다.

〈 가족의 힘 〉 한 기업인을 만든 것은 가족들의 '긍정의 힘'이였다.

- 부친(손삼현)은 '넌 반드시 위대한 인물이 될 것이다. 너는 천재다'
- 조모님의 '모두 다른 분들 덕분입니다'란 말에 감사하는 경영을 하게됨.

〈 사업 경과 〉

- '81년(25세) 자본금 1억엔과 직원2명으로 '소프트뱅크'를 설립 ⇒ 소프트웨어 유통과 IT 투자를 시작함. '2000년(44세) : 일본 고액납세자 순위 3위 ⇒ 2010년(54세) 일본 CEO가 뽑은 금년의 '가장 우수한 경영인'에 선정됨.

10월

◈ 손회장의 사업성공의 비결은 무엇이라고 생각하십니까?

[ ]

10월 10일 반기문 UN 사무총장

충주가 낳은 신동 반기문 사무총장(1944 년생)은 외교관의 꿈을 어릴 적부터 꾸었다. 실력과 인품으로 교과서 같은 방식으로 최선을 다한 결과, 외교통상부 장관(2004년)에 이어서 제8대 UN 사무총장(2006 년)에 선출(62 세) 되고, 재선되는(2011년) 개인의 영광이자 국가의 경사를 맞았다.

〈 외교관의 꿈 〉

- 초등학교 5학년 때 변영태 외무부 장관의 '나라를 위해 큰 사람이 되라'는 강연을 듣고 외교관을 꿈꾸기 시작하였다.
- 충주고등 3학년 때 미국연수 중에 케네디 대통령을 만나서 장래희망으로 외교관이라고 대답한 후 꿈을 확정하였다.

〈 외국어 마스터 열정 〉

- 충주중학교 3학년 때 Time지를 혼자서 공부하였고, 고등학교 1학년 때 충주 비료공장의 미국 기술자 부인에게 교과서를 원어민 발음으로 녹음하며 영어 발음 등의 지도를 받았다. ⇒ 자력으로 영어공부를 하여 케네디 대통령과 대화가 되었다는 것은 신선한 자극제가 된다.
- 특히 독일어는 오스트리아 대사 시절에, 불어는 장관 시절에 배우는 열정에 모두들 감탄을 한다.

〈 재선의 원동력 〉

- 조화(調和)에 기반을 둔 동양적인 리더십(외유내강형), 부드러운 설득과 성실한 추진력 등에 있다.

◈ 반기문 총장의 인생에서 주는 메시지는 무엇이라고 생각하십니까?

[ ]

10월 11일 히딩크 축구감독

거스 히딩크 감독(57세)은 18개월 만에 한국축구를 변방에서 세계 4강으로 도약시켰다. 2002년 6월 월드컵 16강 진출의 열광과 8강 ⇒ 4강전에서 변모된 선수들과 국민들을 한마음이 되도록 만든 영웅 이였다.
그의 신념에 찬 카리스마와 '세계를 깜짝 놀라게 하겠다', '아직도 배가 고프다'란 말은 지금도 우리들의 기억에 남아 있다.

〈 리더십의 요체 〉

- 분명한 비전과 공통의 목표를 제시 : '16강 진출', '월드컵 1승' 임.
- 기본과 원칙을 강조함 : 강한 체력과 파워, 기술과 기량의 보강 등.
- 공정한 선수의 선발 : 관행(학연, 서열)×, 기량부족×, 팀워크 문제×
  ⇒ 오직 능력중심의 인선을 함.
- 끊임없는 내부 경쟁유도와 가혹한 조련 ⇒ Best로 만들고 선택한다.

〈 인간적인 매력 〉

- 할배(애칭)같은 친화력으로 선수들을 전력으로 분투하게 만든 점.
- 선수들과 동고동락하는 현장중심의 리더모습으로 솔선수범 한 점.
- 축구에서 최고의 전문성으로 16강으로 가는 과정을 알고 자신 있게 지도함.

〈 신드롬의 교훈 〉

- 결과만 아니라 목표에 도달하는 과정의 중요성을 깨닫게 해준 것.
- 기본체력(경쟁력)을 중시해야 하는 것.
- 능력주의 인사와 경쟁체제로 최고인재를 선발하고 구성을 해야 한다는 점.
- 멀티플레이어가 되어야 한다는 점 등.

◈ 히딩크 감독의 어떤 점이 가장 인상에 남아 있습니까?

[ ]

10월 12일 STX 강덕수 회장

샐러리맨의 성공신화는 꿈과 도전으로 이루어 졌다. 동대문상고 졸업 후 '73년에 쌍용양회 입사 ⇒ 2000년 쌍용중공업 CFO(최고 재무책임자) 전무가 됨 ⇒ 외환위기로 법정관리에 있는 기업들을 인수합병(M&A)하거나 설립하여 당대에 대기업을 일으킨 자수성가의 표본으로 창업회장이 되었다.

〈 인생 최고의 결단 〉

- 법정관리 기업인 쌍용중공업(현 STX엔진)의 대주주인 한누리 컨소시엄(34.5%)에 의해 2000년 11월 CEO에 선임 됨.
- 한누리의 지분매입을 결심하고, 자신의 전 재산과 친지의 차용금 20억원으로 최대주주가 되는 모험을 해서 성공하였다.(2001. 5.)
- 2001년 매출 2,605억 ⇒ 2010년 26조원으로 100배 성장의 신화를 만듦.

〈 기업가 정신과 경영철학 〉

- 기업가 정신 : 해운. 조선. 에너지 전문기업으로 성장한다는 사업관이다.
- 속도경영 : 신속하고 과감한 의사결정으로 급변하는 환경변화에 적응한다.
- 가치경영 : 매물로 나온 기업을 M&A로 인수한 후 가치를 키우는 것에 중점을 둔다. 즉, '묘목을 사서 거목으로 키운다.'는 경영철학이다.

〈 M&A 성장전략 〉

- 2001년 대동조선(현 STX 조선해양)
- 2004년 범양상선(현 STX 팬오션)
- 2008년 아커야즈 조선(현 STX 유럽)
- 2009년 하라코산 풍력발전기(현 STX 윈드파워)등.

◈ M&A를 하는데 가장 큰 성공요인은 무엇입니까?

[ ]

10월 13일 MCM 김성주 회장

대성그룹의 막내딸(1956년생)이였으나, 편안한 삶을 거부하고 스스로 도전하는 삶을 산 대표적인 여성기업인이다. 출가외인으로 재산상속은 없었으나, 사업가의 기질을 물러 받아 명품 패션 브랜드 MCM(독일)을 인수하여 글로벌 리더로 인정받고 있다.

〈 사업 단계 〉

- 유학(미국 앰허스트 대학 경제학과 등) ⇒ 블루밍데일즈 백화점에서 패션 소매 유통업 경험(4년) ⇒ 패션전문가 ⇒ 귀국 후 '90년 ㈜성주를 설립하여 글로벌 패션 전문유통업을 시작함.
- GUCCI 제품 수입판매 ⇒ MCM(핸드백) 국내 제조와 판매 라이선스 계약 ⇒ MCM 글로벌 본사의 인수(2005년)로 세계적인 비즈니스로 발전하게 됨.

〈 사업철학과 경영 〉

- 패션사업 : 사회를 먼저 파악하고 브랜드 잠재력과 인재(믿고 좋아해야 함)가 있어야 한다.
  ⇒ 무엇인가를 이루려면 '머릿속에 그것을 성취했을 때의 모습'을 정확히 그릴 수 있어야 한다.
- 투명경영과 사회 환원기업(성주재단 설립)으로 책임의식을 강조한다.

〈 명품브랜드 전략 〉

⊙ **'자체 브랜드가 어려우면 외국브랜드를 우리 것으로 만들면 된다'는 발상**
- 2004년 MCM 본사와 전략적 파트너십 계약
- 2005년 본사 인수에 성공함. (현재 30개 국가에 진출 중)

◈ 자신의 머릿속에는 무엇을 성취하는 모습이 그려집니까?

[ ]

10월 14일 안철수 서울대 기술대학원장

가장 존경받는 기업인으로 젊은이들의 롤모델 (role model)이다. 의사라는 안정된 직업에서 컴퓨터 바이러스를 치료하는 백신개발업체를 창업하였다. 그 후 4년간 악전고투를 하면서도 사회에 큰 기여를 하였으며, KAIST 교수에 이어 서울대 융합과학기술대학원장으로 융합기술분야에 공헌을 하고 있다.

〈 안철수 연구소 창업 〉

- '88년 서울의대 박사과정 중 자신의 컴퓨터를 공격한 '브레인 바이러스' 치료 백신을 만든 것(무료배포 함)이 계기가 됨.
- '95년 컴퓨터 백신개발을 조직화해야 하겠다는 생각으로, 연구소를 설립하고 컴퓨터 바이러스 감염예방과 치료하는 전문업체가 되었다.
- 통합 보안업체로 도약(일본과 중국에 진출함)하고, '영혼이 있는 기업'으로 영속하여 사회에 기여함을 사명으로 하고 있다.

〈 변신하는 삶 〉

- 컴퓨터 프로그래머 ⇒ 의사(서울의대 교수) ⇒ 의학박사('91년 29세) ⇒ 안철수 연구소 사장. 이사회 의장 ⇒ 와튼 스쿨 테크노 MBA ⇒ KAIST 교수로 '기업가(起業家= 창업가) 정신'을 강의 함.
- 경영을 하면서도 10권의 책을 저술하고, 수많은 강연 등의 활동하고 있다.
  ⇒ '영혼이 있는 승부', '지금 우리에게 필요한 것은' 등이 있음.

〈 존경받는 특별함 〉

- 컴퓨터 바이러스 백신(V3 등)을 무료로 배포함.
- 외국기업의 인수제안(1천만$ 120억)을 국민을 위해 거절함('97년)
  ⇒ 돈만 알았으면 불가능한 일임.

◈ '자기 인생의 비즈니스 플랜' 개요는 무엇입니까?

[ ]

10월 15일 김영세 이노디자인 대표

디자인 구루(Guru)라고 불리는 세계적인 산업 디자이너이며, 1986년 실리콘 밸리에 설립한 'Innodesign'을 세계 10대 디자인회사로 키운 이노베이터(innovator)이다.
'디자인 회사를 만들고 산업 디자이너로 성공하겠다'는 20세 때 꿈과 '디자인 회사를 미국에서 설립하여 성공한 뒤에, 한국에 들어와 디자인의 뿌리를 내리게 하겠다'는 계획을 모두 실현하였다.

〈 디자인 철학 〉

디자인의 핵심은 혁신(이노베이션)이며, 이노베이터로써 '자신감을 판다'는 것이다.

⊙ 이노베이터(innovator) : 혁신과 트렌드를 창조하는 사람이다.

- 디자인으로 세상을 바꿀 수 있다는 신념으로 활동을 한다.
- 원동력은 순수한 호기심에 대한 몰입과 자기생각을 실현하려는 열정이다.

⊙ 이매지너(imaginer) : 생각과 상상으로 이 세상에 도움 되는 것을 그리는 사람이다.

- 감성적 능력과 상상의 힘으로 미래의 가치를 현실로 시각화한다.
- 이매지닝이란 창의적인 생각의 과정을 통해서 새롭고 뛰어난 디자인과 변화를 탄생하게 하는 것이다.

〈 수상 경력 〉

⊙ 세계 디자인상 수상 : MP3 아이리버 H10(레인콤)

⊙ IDEA(디자인계의 아카데미 상) : 금상(1991년), 은상(1993년), 동상(2000년) 수상의 진기록을 남겼다.

◈ 가장 혁신적인 디자인으로 어떤 것이 생각나십니까?

[　　　　　　　　　　　　　　　　　　]

10월 16일 구본형 변화경영연구소 소장

역사학과 경영학(대학원)을 전공하고, 한국 IBM(20년간 근무)에서 경영혁신 팀장으로 변화와 개혁의 실무 총괄(16년간)을 한 뒤에, 2000년(43세) 변화 경영 전문가로 변신을 하였다. 변화의 핵심은 자신을 바꾸는 것이 아니라, 진정한 자신을 찾아가는 여정에 있다. 한 분야의 전문가가 되어 두각을 나타내려면, '준비와 견딤'의 10년 세월(1만 시간의 법칙)을 투입해야 한다는 '변화경영 사상가'이다.

〈 변화경영 연구소 〉

- 2000년 3월 자택에서 설립하고, 활발한 강연 및 교육과 저술활동을 하고 있다.
- 다양한 프로그램 운영 : 변화경영, 자아경영, 미래직업(천직) 설계 등.
- 연구원 제도 : 삶의 혁명을 꿈꾸는 사람들로 2년간 수련 후, 자기 저서 1권을 발간해야 졸업을 하게 된다.

〈 1인 기업가 〉

- '97년 소명에 대한 대 각성을 한 후에, 매일 새벽 4시에 일어나 4~5시간씩 저술활동 등을 하고 있다. '익숙한 것과 결별', '내가 직업이다' , '그대 스스로 고용하라' 등 16권을 발간하였다.
- 강의와 칼럼 기고 등으로 변화경영 사상을 전파하고 있다. ⇒ '변화를 두려워하면 꿈을 이룰 수가 없다.' 등.

〈 삶의 목표 3가지 〉

- 자유로운 생활을 하는 것.
- 하고 싶은 일을 하는 것
- 그 일을 통해 아름다운 사회를 만드는데 참여 하는 것.

◈ 1인 기업이 될 수 있는 강점분야는 어떤 것입니까?

[ ]

10월 17일 고도원 아침편지 이사장

2001년 8월 '희망이란' 첫 글로 시작한 '고도원의 아침편지'는 매일 아침 270여만 명의 네티즌에게 꿈과 희망의 메시지를 전하고 있다. 언론인 출신으로 그동안 읽은 책에 밑줄을 그어 놓은 좋은 글귀에, 단상을 덧 붙여 주위에 이메일을 보낸 것으로 시작하여, 오늘의 '아침편지 문화재단'과 '옹달샘 명상센터'를 설립하고 운영하는 희망과 명상의 지도자다.

〈 아침편지 〉

- 남다른 독서열의 부친과 넉넉한 감성의 모친의 영향으로, '한 권의 책이 한 사람의 운명을 바꿔 놓을 수 있다', '좋은 말 한마디가 많은 사람들에게 마음의 비타민이 된다' 는 신념으로 '꿈과 행복의 교훈' 을 전파하고 있다.

〈 명상센터 〉

- 11번째 꿈인 세계적인 명상센터 '깊은 산속 옹달샘'은 한 사람의 꿈이 만인의 꿈으로 자라나 멋지게 태어난 곳이다.
- 명상치유 센터에서는 다양한 프로그램으로 '명상, 휴식, 운동, 마음 수련'으로 에너지를 재충전하게 한다.
- 특히 꿈꾸는 부부학교, 중년 부부학교, 아버지 학교도 운영한다.

〈 저술활동 〉

- 아침편지 1. 2. 3.
- 당신이 희망입니다.
- 잠깐 멈춤
- 감사합니다, 사랑합니다 등 다수.

◈ 명상을 통하여 어떤 점들을 느끼게 되십니까?

[ ]

10월 18일 두상달 이사장과 김영숙 원장

– 부부 행복 전도사

행복한 가정과 건강한 사회를 만들기 위해 부부가 함께 노력하며, 국내 제 1호 부부강사로 21년째 2,000건 이상의 특강을 하고 있다. 가정문화원과 부부학교 운영까지 모든 활동을 함께하고, 강연은 물론 결혼주례도 같이 하는 행복한 부부다.

〈 가정 문화원 〉

- 1990년 설립하였으며, '행복한 가정이 경쟁력이다'라는 모토로 '행복해지는 원리'를 전파하고 있다.
- 교육프로그램(가정행복 특강, 부부행복 학교, 아버지/어머니 학교 등)과 상담실 운영, 저술사업 등의 활동을 한다.

〈 부부행복의 비결 〉 부부관계도 배우고 연습하고 기술을 연마해야 한다.

- 부부싸움을 잘한다. '현재의 문제만 이야기하고 사람은 공격하지 않는다'는 등의 규칙 몇 개를 정하고 활용한다.
- 말을 부드럽게 하고, 배우자가 싫어하는 것들은 하지 않는다.(원칙)
- 사랑은 대가를 바라지 않고 상대방의 필요를 채워주는 것으로 정의하고 서로가 노력한다.

〈 수상 경력 〉

- 2004년 서울시 부부상, 국무총리 표창.
- 2007년 신지식인 상
- 2009년 가정의 날 대통령 표창.

◈ 우리 집 부부싸움의 규칙 1조와 2조는 무엇입니까?

[/]

10월 19일 김희갑 작곡가와 양인자 작사가

– 음악 애호가 부부

국민 애창곡을 많이 만드는 이 아름다운 부부는, 운명적으로 만나 재혼하여 '히트 가요 제조기'란 애칭을 듣고 있다.

〈 작곡가의 여정 〉

- 평양의 의사집안에서 태어났으나, 월남하여 꿈도 생활도 바뀌었다. 악기기본 연주법을 부친에게서 배우고 기타는 독습함 ⇒ 미8군 클럽의 악단(7년간) ⇒ 충무로 클럽의 연주활동(5년간) 중에 이교숙 교수에게 작곡을 2년간 배움 ⇒ 가요 3000곡, 영화음악 300곡, 뮤지컬 '명성황후'등 3편을 작곡하였다.
- 히트곡 쓰는 비결은 '진심으로 음악을 좋아 하는 것에 있다.'고 한다.

〈 작사가의 길 〉

- 부산여중 3학년 때 쓴 소설 '돌아온 미소'가 출판되어 히트를 쳤으나, 신춘문예보다 한국문학에서 소설 '외항선'으로 작가로 인정받음 ⇒ 대학 졸업 후 '여학생'잡지사 기자생활 ⇒ 김수현 작가의 권유로 라디오 드라마 '부부만세'등을 씀 ⇒ 김 선생을 만나서 '열정'과 '소녀의 꿈'을 작사하면서 작사가의 길이 시작되었다.

〈 함께하는 음악세계 〉 두 분이 작사 작곡한 노래는 400여곡이 된다.

- 뮤지컬 '명성황후' 삽입곡(60여곡)
- 킬리만자로의 표범(조용필 노래)
- 타타타(김국환 노래)
- 립스틱 짙게 바르고(임주리 노래)
- 그 겨울의 찻집(조용필 노래) 등.

◈ '킬리만자로의 표범' 대사와 가사를 읽어본 소감은 어떻습니까?

[ ]

10월 20일 다산 정약용 선생

다산 정약용 선생(1762~1836)께서는 정조 재위 시에는 여러 관직을 수행(성균관 포함 18년)하였으나, 서거 후 신유사화(1801 년)에서 약종 형은 참수되고 약전 형은 흑산도로 다산은 강진으로 유배되었다. 18년의 긴 유배기간(40세 ~57세) 동안 절대고독과 고난을 어떻게 극복하였을까? 독수공방에도 좌절(挫折)하지 않고 극기력(克己力)으로 절망을 이기고, 학문의 대업을 이루는데 활용하였다.

〈 독서와 학문연구 〉

- 독서는 현실개혁이란 분명한 목표를 가지고 하였다. '무엇이 잘못 되었을까? 어떤 방법이 좋은가? 다함께 잘 사는 길은 무엇일까?'의 관점에서 함.
- 실학(實學)사상을 집대성하였으며, 정치. 경제. 사회. 문화. 의료 등에 개혁방안을 남겨서, 오늘날의 '다산학'(茶山學)이 되었다.

〈 저술 활동 〉

503권 182책의 방대한 업적을 남긴 것은, 학문에 대한 열정과 탁월한 편집역량 그리고 다산의 성실과 용기에서 비롯되었다.

- 경세유표(經世遺表) : 정치 경제 사회제도의 개혁안으로 부국강병책 임.
- 목민심서(牧民心書) : 목민관 = 지방관(地方官)의 기본 지침서.
- 흠흠신서(欽欽新書) : 형사사건의 종합지침서.

〈인재 양성 〉

- 초의선사 : 유학과 다도(茶道)로 교류함.
- 추사 김정희 : '다산초당' 현판을 씀.
- 24명의 제자 중 : 이청 '현산어보' 를 완성함.

◈ 어떤 분야의 발전방안을 연구하고 있습니까?

[ ]

10월 21일 이승복 재활의학 박사

8살 때 미국으로 이민('73년)가서, 한국대표 체조선수로 올림픽에서 금메달을 따는 꿈을 갖고 있었으나, 고등학교 3학년(18세)때 공중회전 연습시 실수로 경추를 다쳐 사지마비 장애인이 되었다. 그 뒤에 장애인이지만 장애를 훌륭하게 극복하고 재활의사가 되어, 많은 환자와 장애인들에게 희망과 용기를 주는 특별한 슈퍼맨 닥터 리가 되어 큰 감동을 주고 있다.

〈 척추손상 장애인 〉

- 경추 c7~c8 손상으로 사지마비이며, 포크사용 등의 세밀한 손동작은 불가능한 상태임. 휠체어는 팔뚝 힘으로 밀고 다님.
- 재활치료 후 글씨는 펜 홀더로 쓰며, 컴퓨터와 특수자동차 운전도 한다.

〈 재활훈련 〉

- 뉴욕 러스크 인스티튜트 (척추신경과 재활의학 전문병원) 2개월 치료 후에 8개월간 재활훈련을 함. 물리치료 ⇒ 작업치료(옷 입기 등) ⇒ 방문교육으로 대학입학 준비함.
- 러스크 병원 설립자이자 재활의학의 창시자인 하워드 러스크 박사의 자서전을 읽고 면담 ⇒ 의사가 되는 꿈을 갖게 되고 역할모델로 삼음.

〈 의사의 꿈에 도전 〉

- 뉴욕대학교 : 학사
- 콜럼비아대 공중보건대학원 : 석사
- 다트머스 의과대학 : 수석졸업
- 하버드 의대 인턴과정 : 올해의 인턴상
- 존스 홉킨스병원 : 재활의학과 수석 전문의(척수신경 장애병동)

◈ 이승복 박사의 '기적은 당신 안에 있습니다'를 읽으신 소감은 무엇인지요?

[ ]

10월 22일 배상면 국순당 회장

경북대학교 농예화학과에 입학하여, 미생물 반 활동 등으로 전통주 개발에 관심을 가졌다. 졸업 후 통역장교로 군 복무를 마치고, 1952 년(28세)에 '기린양조장'을 설립하면서부터 전통주 개발과 연구에 60년을 헌신하였다. 국순당을 설립하고 숙원사업인 전통주의 현대화와 고급화를 위해 '우곡양조종합연구소'를 운영하고 있으며, 후진양성을 위해 사재 80억원으로 양조기술자 10 만 명 양성을 위해 '배상면 양조학교'를 포천에 세웠다.

〈전통주 개발신화 〉⇒ 국순당의 '백세주' 탄생

- 한국을 대표하는 명주를 만들어 보자고 장남과 함께 개발을 시작하였고 백세주(百歲酒) 작명은 차남이 하였다. '82년 생쌀 발효법에 의한 전통술제조 특허취득(고려말 백하주 제조기법) '91년 생쌀 발효법과 10가지 한약재를 넣고 발효시킨 '백세주'를 개발하여 전통주 시장을 부활시켰다.

〈 경영원칙 〉

- 정도경영을 최고의 가치로 삼는다.
- 불가능한 일에 도전한다.
- 깨끗한 경쟁은 기업경쟁력을 키운다. 등

〈 좌우명 〉

- 백시천개(百試千改) : 백번시도하고 천 번 고쳐라.
  (그러면 길은 반드시 열린다는 뜻이다.)

〈 전통주 가문 〉

- 장남 배중호 : 국순당 대표이사 (백세주, 우국생 막걸리 등)
- 차남 배영호 : 배상면주가 대표이사 (산사춘, 대포막걸리 등)
- 딸 배혜정 : 배혜정 누룩도가 대표이사 (부자막걸리, 우곡주 등)

◈ 어떤 것을 세계화 하고 싶으십니까?

[ ]

10월 23일 송명근 건대의대 교수

흉부외과 의사로써 심장수술의 최고 권위자이다. '88년 국내 최초로 뇌사자 판막을 심장병 환자에게 이식하여 성공하였다. '92년 심장이식 수술과 인공 심장이식에도 국내 최초로 성공하였으며, '97년 보조 인공심장 이식수술의 최초 실시 등으로 수천 건의 심장수술을 하였다.

〈 심장수술의 새시술법 개발 〉

- 기존의 '대동맥 판막수술법'은 판막전체를 인공판막으로 갈아 끼우는 고가의 수술이었다. ⇒ 판막기능이 잘 작동하지 않는 부위만 단단히 잡아주면 판막 기능을 되살릴 수 있다고 보고, 판막기능 보조 장치인 SS Ring 수술법을 개발함. ⇒ 이 장비는 인공판막 비용의 절반수준이며, 국내외의 큰 관심으로 특허도 획득하였다.

〈 유언장의 공개 〉

- 독자 개발한 심장판막 장비로 재산이 급증하면서, 마음이 변할까봐 유언장을 작성하고 공증공개(2002년)하는 모범사례를 보임.
  - 두 자녀에게는 결혼자금 등으로 각 3억 원을 지급한다.
  - 200억 + α 는 심장병연구, 노인복지와 고아들에게 쓰도록 기부한다.
- 사회생활로 번 돈은 사회로 다시 환원해야 한다는 자신의 인생철학을 실천함.

〈 건강관리 비결 〉

- 스트레스 관리 : 늘 마음 편하게 일하고 주변사람들과 갈등을 피함.
- 음식섭취 : 소식, 채식, 과일주스(복분자, 포도 등), 적포도주 마시기 등.
- 기호식품 관리 : 금연, 절주(2잔의 룰 지킴)
- 운동 : 걷기등 유산소운동과 등산을 즐김.

◈ 맡은 분야에서 개선할 기술이나 방법은 무엇이 있습니까?

[ ]

10월 24일 아침고요 수목원

- 나무 심는 교수 한상경 원장

원장은 원예학과 신학을 공부하고 상록수의 꿈을 안고, 농촌에서 과수원을 일구며 자연과 흙속에서 사는 것이 처음의 꿈이었다. 은사의 권유로 원예학과 교수(29세)가 되어 삼육대학에서 25년간 재직하면서 아름다운 정원을 사재를 들여서 만들었다. 2004년에는 '아침고요 입양 복지회'를 설립하여, 입양가정의 지원과 자녀장학금 지급 등의 활동을 하고 있다.

〈 원예수목원의 탄생과정 〉

- '90년 미국 유학 중 '부처드 가든'(캐나다 빅토리아 섬)을 보고 난 뒤 수목원의 밑그림을 그리기 시작하였다.
- '92년 귀국 후(42세) 과수원 농장과 집을 처분한 돈으로 축령산 자락 10만평을 구입함. 한국의 아름다움은 숲과 산, 구릉과 계곡에 있고, 곡선미와 비대칭의 균형을 살린 정원에 꼭 맞는 곳으로 생각하였음.
- '94년부터 나무를 심기 시작하여 ⇒ '96년 개원 함.

〈 아침고요 수목원 〉

- 한국 정원의 모형을 제시하고, 한국을 대표하는 정원으로 세계최고의 정원이 되는 것을 목표로 하고 있다.
- 20개 주제정원으로 조성하여, 4500여종의 식물과 꽃이 사계절에 있다.

〈 한상경의 시 '나의 꽃' 〉

네가 나의 꽃인 것은
내 가슴속에 이미
피어있기 때문이다.

◈ 자신의 아름다운 낙원을 어디에 마련하고 있습니까? [ ]

10월 25일 경보 화석 박물관

– 화석박물관의 선구자 강 해중 관장

한 개인의 관심과 수집취미로 시작하여 화석박물관을 3곳에 개관을 하였다. 많은 화석과 대작들은 외국에서 수집해서 들여왔으며, 국내에선 태백과 포항지역에서 수집하였다. 페인트 사업과 부동산으로 돈만 생기면 화석을 구하러 어디라도 가는 수집 메니어 급으로, 30년 동안 번 돈을 모두 화석구입과 박물관에 쏟아 부었다.

박물관은 돈벌이를 위해 하는 것이 아니고 봉사며 공익사업이다. 열심히 수집한 것을 후대사람들이 보고 즐기며, 이 분야를 전공하는 사람들에게 실질적인 도움을 주는 것으로 족하다는 관장의 지론이다.

〈 경보 화석박물관 〉 영덕군 남정면 소재

- 국내 최초의 사립 화석박물관으로 1996년 6월에 개관하였음.
  제 1전시실 : 30여 개국 화석 2500여점이 시대별 지역별 등으로 전시됨.
  제 2전시실 : 식물화석 테마관과 세계 24개국 지폐가 특별전시 됨
  야외 전시장 : 규화목 화석(100여 점)의 대작들이 있음.

〈 바다 화석박물관 〉 포항 호미곶 새천년 기념관내

- 바다에 살았던 생물체의 화석 등의 2,000여 점을 현생 대와 과거시대를 비교하여 전시해 놓았다.

〈 세계 화석박물관 〉 경주 세계문화 엑스포 공원내

- 동양 최대 규모의 화석과 공룡 등을 시대별로 전시함.

◈ 어떤 수집취미가 있습니까? [ ]

10월 26일 도자기 8대 가문

영남요(嶺南窯)는 조선 사기장(沙器匠)의 명맥을 8대째 이어가고 있다. 초대 김취정(金就廷), 2대 광표(光杓), 3대 영수(永洙), 4대 락집(洛集), 5대 운희(雲熙), 6대 교수(教壽)로 200여년을 이어왔다.
옛날 방식 그대로 장작 가마와 발 물레로 조선백자와 분청자기를 만드는 도예장인 가문이다.

〈 7대 백산 김정옥 사기장 〉

- 한국 중요 무형문화재 105호(1996년 지정)
- 청화백자의 전통을 복원하고 전통 사기그릇의 멋과 가치를 알리는데 평생을 정진하고 있다. 가문의 문양은 포도넝쿨이다.
- 대표작품 : 백자대호(달 항아리), 청화백자 등.

〈 8대 우남(牛湳) 김 경식(璟植) 〉

- 육군 대위에서 전역한 후, 현대 도자기에 대한 공부를 하고 '95년에 가업을 계승하였다.
- 2006년 백자 달 항아리 제작 신기법 개발 ⇒ 한국 지식인 선정(중기청)
- 2007년 황자 유약 개발로 특허를 받음.

〈 백산(白山) 김 정옥(正玉) 경력 〉

- '84년 국제무역박람회에 찻(茶)사발 출품.
- '87년 전승 공예대전 입상
- '91년 정호다완 재현 ⇒ 명장칭호 받음.
- '05년 석탑 산업훈장 서훈.
- '06년 자랑스런 한국인상(제6회)

◈ 계승하실 가업에는 어떤 것이 있습니까? [ ]

10월 27일 남종화 화가 5대 가문

남종화(南宗畵)는 산수화의 2대 화풍중의 하나이며, 문인화가들 중심으로 전개되었다. 수묵과 옅은 담채를 써서 내면세계의 표출에 치중하면서 시정적(詩情的)측면을 중시해서 그린 품격 높은 그림을 일컫는다.

초대 소치(小癡) 허 련(許 鍊), 2대 미산(米山) 허 형(許 瀅)으로 이어졌다. 엄격한 대물림은 재능과 학문이 있어야만 자신의 후계자로 받아들였다.

〈 3대 남농(南農) 허 건(許 楗) 〉 (1908 ~ 1987)

- 남종화 역사의 산증인이다. 한국 화단의 중심에 서서 많은 미술활동과 평생 수집한 수석, 자기, 목물과 운림산방 3대의 작품을 목포시에 기증하여 문화 발전에 크게 기여하였다.(1981년)
- 1982년 운림산방 복원(지방 문화재 51호 지정), 문화훈장 서훈.
- 1985년 남농 기념관 개관.

〈 4대 임전(林田) 허 문(許 文) 〉 (1941 ~ 현재)

- 남농의 동생인 임인(林人) 허 림(許 林)의 아들로 '운무산수화'라는 독창적인 화풍을 일구어 냈으며, '안개화가'란 별명이 있다.
- 1990년 '소치일가 4대전'과 가문의 화집을 발간함.

〈 5대 허 진(許 塡) 교수 〉

- 남농의 손자이며 산수화대신 한국화를 그린다.
- 2001년 오늘의 젊은 예술가상 수상 (문화부)

◈ 예술분야에서 어떤 것에 조예(造詣)가 있습니까? [ ]

10월 28일 엄홍길 산악인

세계 최초 히말라야 8,000m급 16좌 완등의 신화를 만든 산악대장이다. 고교 졸업 후 산악기술을 전문적으로 익히고, 해군 UDT 복무로 강한 정신력을 갖게 되었다. 자신의 17번째 8,000m 봉우리는 등반 중 사고를 당한 셰르파와 대원들의 유족을 지원하는 것을 포함한 휴먼재단 활동에 두고 있다.

〈 등반 성공요인 〉

- **목숨을 건 진검승부를 했다.**
  - 안나푸르나 등반 4번째에서는 발목이 돌아가고 왼쪽 엄지와 검지 발가락을 잘라 내었으며 셰르파도 잃었다.
- **백절불굴의 도전정신이다.**
  - 38전 18패 20승으로 53% 승률이다. 에베레스트에 한번 오른다는 목표가 3수만에 달성되어 계속 꿈에 도전함.
- **등반대장으로 뛰어난 리더십의 발휘다.**
  - 생사가 달린 문제가 많으므로 한 순간도 긴장을 늦추면 안 되고, 준비와 팀워크도 완벽해야 하였다.

〈 히말라야 16좌 〉

- 14좌
  - 에베레스트(8,850m) 칸첸중가(8,586) 로체(8,516) 마칼루(8,463)
  - 다울라기리(8,167) 마나슬루(8,163) 안나푸르나(8,091) K2(8,611)
  - 낭가파르바트(8,126) 브로드피크(8,047) 가셔브룸 1봉(8,068)
  - 가셔브룸 2봉(8,035) 초오유(8,201) 시샤팡마(8,027)
- 2좌 (위성봉) ⇒ 얄룽캉(8,505) 로체샤르(8,400m)

〈 엄홍길 휴먼재단 〉 2008년 5월 설립.

- 네팔에 교육 및 의료사업 지원
  - 첫 번째 휴먼스쿨(팡보체 초교)준공 • 교육기자재, 장학금 지원 등.
- 히말라야 환경보호 사업 등.

◈ 가장 높이 오른 산은 어느 곳입니까? [ ]

10월 29일 최경주 프로골퍼

완도중학교에서는 역도선수로, 고등학교에선 골프부 활동으로 골프와 인연을 맺어 오늘의 영광이 있게 되었다. 1994년 프로입문 후 국내 7승, 일본 2승을 올린 뒤, 2000년(30세) 미국 PGA에 도전하여 8승('11년 5월까지)으로 놀라운 성적과 많은 기부활동 등으로 새 역사를 쓰고 있다.

〈 PGA 성공요소 〉

- 절대 져서는 안 된다는 오기와 근성이 강하다.(근성의 승리)
    - 탱크(별명)의 매서운 눈매와 카리스마에서 대단한 기(氣)가 나온다.
- 피눈물 나는 연습과 노력을 기울인다. 동료들에게서 연습 벌레로 통한다.
- 승패의 결정적인 순간에 초인적인 집중력을 발휘한다.
- 스윙 교정, 신기술 용품 사용(4각 그립 퍼터 사용)등 향상노력을 계속함.

〈 인생의 모토 〉

- **잡초 : 강한 정신을 가진다** 어떤 바람이 불어도 넘어지지 않는다.
- **계단 : 겸손한 자세다** 안 될 때는 한 계단 올라가고, 잘 될 때는 한 계단 내려간다.
- **빈잔 : 비운다** 낡은 기술을 비울 때 새로운 기술을 채울 수 있다.

〈 최 경주재단 운영 〉 2007년 11월 설립.

- 골프 꿈나무 육성 및 지원
- 청소년 장학사업
- 해외 재난 등의 지원 사업을 함.

◈ 인생에서 어떤 모토로 정진하고 있습니까?

[ ]

10월 30일 김규환 대우중공업 명장

무학(초등학력)에 15세 가장이 되고 기술 하나 없이, 1977년(23세) 대우중공업(현 대우종합기계) 사환으로 입사하여, 1992년 창원 기능대학 졸업과 초정밀 가공분야 명장이 되었다. 1급 기술 자격증 최다보유, 5개 국어 구사, 제안 24,612건과 국제 발명특허 62개, 장영실상 5번, 발명특허 대상, 자동차 윈도 브러시 개선으로 1개당 100원의 로열티, 훈장 2개 등을 수상한 입지전적 인물이다.

1. 준비하는 자에겐 반드시 기회가 온다.

- 사환으로 매일 05시에 출근하여 일하는 모습을, 사장은 05시20분에 출근하여 보고 기능보조원으로 ⇒ 2년 뒤 정식 기능공 ⇒ 반장으로 승진시킴.
- 온도가 1도 변할 때 쇠가 얼마나 변하는지 '온도치수 가공조견표'를 2년 반 동안 연구하여 만들었음 ⇒ 국내 1급 비밀기술이 됨.

2. 목숨 걸고 노력하면 안 되는 일 없다. (가훈)

- 담당 기계를 익히기 위해 2,612개 부품을 분해하면서 기술을 배웠고, 국가기술 자격시험 학과에 9번 떨어지고도 합격했다.
- 생각하고 생각하면 해답이 나온다. ⇒ 700여개의 제품과 신기술을 개발함.
- 심청가는 1,000번 이상 듣고 완창하고, 외국어는 1일 1문장씩 외워서 됨.

3. 지금 하는 일에 최선을 다한다.

- 대표선수로 외국인과 경연대회에 참가하고 있다고 생각하면서 업무를 해보라.
- 한 분야의 정상에 서면 모든 명예와 부가 다 해결된다.
  ⇒ 돈의 노예가 되지 마세요.

– 강연내용 중에서

◈ 특허나 수상 받으신 것은 무엇입니까? [ ]

10월 31일 서명숙 제주올레 이사장

서귀포 출신으로 서울에서 언론인으로 23년간 명성을 날린 뒤, 2006 년 9 월(50 세)스페인 산티아고 순례자의 길 800km를 36일간 걸었다. 순례길에서 끝나고 나면 자신만의 카미노(길)를 만들겠다고 다짐을 하였다. 귀국 후 제주도에 정착하여, 제주올레(2007년 9월) 설립으로 신드롬을 만들었다.

〈 걷기 예찬론자 〉– '놀멍 쉬멍 걸으멍 제주걷기 여행' 중에서

- 걷다 보면 모든 미움, 한탄, 증오, 연민이 다 부질없이 느껴진다. 참 묘한 일이다. 적어도 걷는 순간만큼은 '강 같은 평화' 가 온다. 걷기는 마음의 상처를 싸매는 붕대노릇을 한다.

〈 제주 올레 길의 개척 〉

- 올레 길(제주도 말)은 집 마당에서 마을의 거리로 들고나는 좁은(골목)길이며, 원래 소통과 화해의 뜻이 있었다.
- 사단법인 올레가 코스개발을 맡아서 2007년 9월에 1코스(15km) 개통함.
- 올레 길 하나로 걷기 열풍과 느림의 문화를 불러 일으켰다. ⇒ 슬로우 라이프(slow life) 변혁으로 많은 사람들의 생활패턴과 의식까지 바꾸어 놓았다.

〈 올레 길의 진화 〉

- 현재 18개 코스 367km ⇒ 향후 30개 코스 500km 예정 임.
- 한라산 둘레길(80km), 북한산과 도봉산 둘레길(70km) 등으로 신드롬은 계속 되고있다.

◈ 제주도 올레길에서 어느 코스를 걸으셨나요? [ ]

11월의 자기성찰

세상에서 성공을 거두기 위해서는
타인들에게서 사랑을 받는 덕(德)과
타인들이 두려워할 만한 뚜렷한 소신(所信)이 필요하다.

주베르

자기경영 성공멘토 365

11月 성찰

1 일 : 성공하는 사람의 7 습관

2 일 : 성공하는사람의 7 습관 (2)

3 일 : 성공의 법칙

4 일 : 성공의 법칙 (2)

5 일 : 인생의 좌표

6 일 : 인생의 좌표 (2)

7 일 : 신념의 마력

8 일 : 신념의 마력 (2)

9 일 : 자기경영 실천

10 일 : 자기경영 실천 (2)

11 일 : 변화의 기술

12 일 : 변화의 기술 (2)

13 일 : 인간관계 클리닉

14 일 : 인간관계 클리닉 (2)

15 일 : 위대한 승리

16 일 : 위대한 승리 (2)

17 일 : How to be happy

18 일 : How to be happy(2)

19 일 : 행복한 작은 부자

20 일 : 행복한 작은 부자 (2)

21 일 : 사랑을 잘 하는 7 습관

22 일 : 사랑을 잘 하는 7 습관 (2)

23 일 : 행복의 수업

24 일 : 행복의 수업 (2)

25 일 : 주식 가치투자

26 일 : 주식 가치투자 (2)

27 일 : 부동산 투자

28 일 : 부동산 투자 (2)

29 일 : 아름다운 노년

- 성공 멘토링 Tip : '숙년 인생 7-up'

30 일 : 아름다운 노년 (2)

11월 1일 '성공하는 사람들의 7가지 습관'

– 스티븐 코비 저, 김 경섭 역, 김영사.

리더십과 조직개발의 권위자로써 '코비 리더십센터'를 창립하고, 원칙중심의 리더십과 생활을 교육하고 있다. 개인이나 조직이 성공하기 위해서는 자연법칙과 같은 7가지 습관을 잘 이해하고 완전히 자기 것이 될 때까지 실천하면, 삶에서 지속적인 변화가 일어날 것으로 확언하고 있다.

[습관 1] 자신의 삶은 자신이 주도한다.(자기책임)

⊙ 주도적인 사람은 자신에게 어떤 일이 일어나든 원망도 남(환경)의 탓도 하지 않는다.

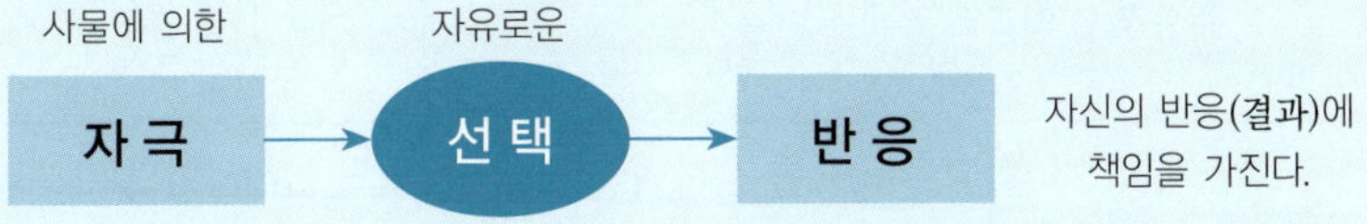

⊙ 반사적(부정적, 소극적)인 말 대신에, 주도적(긍정적, 능동적)인 말을 사용한다.

⊙ 적극적인 에너지(영향력)로 관심의 대상을 확장해 나간다.

[습관 2] 사명과 끝을 생각하며 시작한다.(방향제시)

⊙ '자기(가족, 회사)사명서'는 사명(목표)과 역할수행에서 어떤 성품, 공헌, 신념에 초점을 두고, 사명의 수행을 위한 방법들을 작성한다.

⊙ 완성된 모습을 생각하면서 원칙중심(일, 소유, 가족 등)으로 행동을 한다.

(예) 자신의 '가상 장례식' 모습을 생각하면 적어도 지금과는 다른 관점에서 살게 된다.

– 조문객들에게 자신은 어떤 존재였는가?
– 자신의 인생은 과연 어떠한 것이었는가? 등을 돌이켜 보게 된다.

◈ 가족사명서와 조직 사명서를(별도) 작성해보세요.

'성공하는 사람들의 7가지 습관'(2)

[습관 3] 소중한 것을 먼저한다.(개인관리)

⊙ 급하지는 않지만 소중한 핵심업무 중심(Ⅱ분면)의 시간관리를 한다. 즉, 사명, 역할, 목표, 장기계획, 인간관계, 건강관리, 자기계발 등임.

〈 시간관리 매트릭스 〉

	긴급함	급하지 않음
중요함	Ⅰ ·급박한 문제 ·마감시간 일 등	Ⅱ ·계획수립 ·예방조치 등
중요하지 않음	Ⅲ ·회의, 보고서 ·일상 바쁜 일	Ⅳ ·사소한 일들 ·낭비하는 일들

⊙ 주간계획은 역할별로 목표를 정한 후, 위임 업무외의 실천사항으로 수립하여 실행한다.

[습관 4] win – win 방식을 생각한다.(대인 관계)

⊙ 상호이익이 되는 승–승(勝)의 해결방안과 이행합의로 성과를 도출한다.

⊙ 승–승의 패러다임을 활성화하려면, 기획, 교육, 보상 시스템 등 제도면에서 이 원칙이 반영되어야 한다.

[습관 5] 먼저 이해한 다음에 이해시킨다.(공감적 대화)

⊙ 상대방의 얘기를 공감적인 경청으로, 내용뿐만 아니라 그 마음과 관점을 진정으로 이해한다.

⊙ 자신의 생각을 표현할 때에는 공감적인 이해에 기초를 두고, 자신의 관점이 이해되도록 잘 설명을 한다.

⊙ 시너지적 의사소통은 상호간의 친숙으로 '신뢰와 협동심 수준'에 따라서 성립한다.

[습관 6] 시너지(synergy)를 창출한다. (창조적 협력)

⊙ 상대방과 의견이 상충될 때는 그 사람과 관점의 차이가 제3의 대안을 찾는 방안이 될 수 있다.

[습관 7] 끊임없이 쇄신한다. (자기쇄신)

⊙ '4가지 차원'(신체적, 정신적, 지적, 사회적)의 쇄신계획을 실천하고 그 성과를 평가해 본다.

⊙ 균형 있는 쇄신과 재충전을 하면 시너지효과가 나타난다.

(참고)

'성공하는 8번째 습관' ⇒ '내면의 소리에 귀를 기울인다.'

⊙ 내면의 소리(비전, 열정, 전략, 양심 등)를 찾고, 다른 사람들도 내면의 소리를 찾도록 고무한다.

⊙ '성공하는 7가지 습관'으로 삶의 주인이 되고 변화한 삶을 지속하려면, '8번째 습관'을 실천해야 진정으로 성공한 사람이 될 수 있다.

◈ 4가지 자기 쇄신 계획의 성과에는 어떤 것이 있습니까?

[ ]

11월 3일

'성공의 법칙'

– 맥스웰 몰츠 저, 공병호 역, 비즈니스북스

저자는 성형외과 의학박사 겸 심리학자로써 다양한 성공이론과 사례에서 일관된 것들을 '성공의 과학적 법칙'으로 종합 정리하였다.

1. 긍정적인 자아 이미지를 갖는다.

– 손상된 자아 이미지(실패와 부정적 이미지)에 정신적인 성형수술로 긍정적인 자아 이미지(self-image)로 바꾸는 것이 제일 중요하다.

– 모든 것은 머릿속에 각인되어 있는 '생각의 틀'에 달려있어 그 틀을 바꾸어야 한다.

2. 내부의 성공 메커니즘을 작동시킨다.

– 모든 사람들은 성공목표를 설정하고 행동에 옮길 때 성공 메커니즘이 작동하게 되어 있다. 단 부정적인 목표를 설정하면 실패 메커니즘이 작동하여 실패하게 된다.

– '자동 유도시스템'은 긴장을 풀고, 작동을 가능하게 하는 과제를 부여해야 한다.

3. 창조적인 상상력을 활용한다.

– '이미지트레이닝' 기법은 운동, 치료, 사업 등에서 좋은 성과를 내고 있다.

(예) 스타벅스의 슐츠회장은 '낭만적인 매장에서 고급커피의 문화를 파는 상상력의 실천'으로 커피산업에 일대 혁신을 불러 왔다.

◈ 이미지 트레이닝을 한 후의 업무나 운동경기의 결과는 어떻습니까?

[ ]

11월 4일 '성공의 법칙'

사람들에게 필요한 것은 외모의 성형보다는, 부정적인 내면의 이미지를 바꾸는 마음의 성형수술로 정신력을 키우고, 자기 확신을 갖느냐에 따라서 성공의 성적표가 결정된다고 강조한다.

4. 합리적인 사고로 잘못된 믿음에서 벗어난다.

- 자신 안에 성공 메커니즘 작동을 방해하는 마음의 족쇄들을 삭제한다.
  - 부정적 사고, 열등감. 불가능하다는 생각, 실패의 두려운 마음 등.
- 다른 사람들의 기준으로 자신을 판단하여 열등감이 생기므로, 자신의 기준이나 규범으로 판단하고 평가한다.

5. 성공과 위기를 연습한다.

- 성공의 기적은 깨달음(자기 발전능력)이 지속적으로 일상화되면 일어난다. 건강을 위해 운동하듯이, 성공을 위해 성공연습도 매일 한다.
- 위기를 기회로 바꾸는 자신만의 '가상복싱'(shadow boxing)으로 지혜와 실력을 기른다.
  - 가상의 판매화법 연습, 가상의 외과수술, 가상 무탄사격 훈련 등.

6. 머릿속의 성공 패턴을 재생한다.

- 성공의 느낌(승리감)과 자신감은 내부 메커니즘을 성공적으로 행동하도록 한다.

  (예) 하이 다이빙 챔피언 그렉 선수 : 다이빙 전에 마음속으로 성공적인 영상을 40번 정도 연습을 한다.
- 목표달성의 성공모습을 상상 ⇒ 실현가능하다는 관점에서 생각을 함 ⇒ 머릿속으로 생생하게 영화를 보듯이 성공패턴 만을 재생해 간다.

◈ 성공을 현실화 시키는 상상력 훈련은 어떻게 하고 있습니까?

[ ]

11월 5일 '인생의 좌표를 잡아라'

– 크놉라우흐 공저, 이 노은 역, 김영사.

다람쥐 쳇바퀴 같은 삶에서 벗어나, 자신의 내면의 이상과 지금까지 꿈꿔왔던 인생을 이루기 위해서는 새로운 좌표를 설정하도록 제시를 한다. 폭풍우 속에서 나침반으로 위치를 파악하고 항로를 다시 잡듯이, 올바른 좌표를 설정하고 새로운 사고방식으로 실천하면, 성공하는 인생으로 이끄는 나침반 역할을 한다.

1 단계 : **자기인생의 미래를 구상한다.**

– 지금처럼 살아서는 미래가 없다고 자각하고, 위기 속에서 기회를 발견하기 위한 질문을 스스로에게 한다.

⇒ 하고 싶은 꿈은? 내가 해야 할 일(사명)은? 제일 좋아하는 역할은?

– 자신의 인생영역(직업, 사회, 가정 등)에서 소망목록을 찾아내고 우선순위를 결정한다.

2 단계 : **내면의 숨은 능력을 찾아낸다.**

– 자신의 재능과 잠재능력을 찾아내서, 이상적인 직업을 선택한다.

- 중요한 경험 : 책, 유명인과 만남, 조언 등
- 유전적 기질 : 특별한 재능, 성향, 취미, 성격의 특성 등
- 즐겨 하는 일 : 사람 만나는 일, 정보취급, 기계 잘 다룸, 악기연주 등

– 드림 데이(Dream day)를 만들어, 인생의 핵심문제를 생각한다.

- 해결해야 할 일, 중요한 비전(목표)의 달성계획과 현재의 활동을 비교하여 점검한다.

◈ 현재 자신의 삶에서 위기(危機)는 무엇입니까?

[ ]

11월 6일 '인생의 좌표를 잡아라'(2)

3 단계 : 인생의 좌표를 구체화한다.

- 인생의 비전을 체계화하고 시각화 해 본다.
  - 말과 글로 표현(목표, 사명선언문), 비전을 보여주는 사진으로 앨범 만들기, 인생의 지도(청사진) 그리기 등
- 자신의 소원을 구체적인 목표로 바꾸면서, 삶의 균형을 유지해 간다.

4 단계 : 비전을 가지고 적극적으로 행동한다.

- 목표를 생각하면서 일의 우선순위를 정하고, 중요치 않은 일들은 거절이나 위임을 한다.
  - 인생에서 20%는 바꾸기가 어렵지만, 80%는 스스로의 노력으로 변화하거나 창조가 가능하다.
- 연간 기본계획에 따라 월간, 주간, 일일계획으로 시간을 배분한다.

5 단계 : 인생의 여유를 갖는다.

- 성취하는 자신에게 정기적인 상도 주면서 인생의 여유를 즐긴다.
  (예) 맛있는 음식과 술 먹기, 여행하기, 선물주기 등.
- 자신의 연간 축하계획표를 만들어 즐기는 '인생 예술가'가 된다.
  - 가족의 생일, 결혼기념일, 회사 창립일, 승진인사나 교육수료일 등.

◈ 구체화시킨 자신의 '인생의 좌표'는 어떤 것입니까?

[ ]

11월 7일 '신념의 마력'

– C. 브리스톨 저, 최 염순 역, 비즈니스북스.

저자는 언론사 기자에서 투자은행의 경영자로 변신해 많은 부(富)를 쌓았다. 경제공항을 극복한 후 어려운 상황에 있는 사람들에게 희망을 주기위해 '신념의 마력'을 출간하고 강연을 하고 있다.

강한 신념(信念)이 원하는 결과를 만들어 낸다. 즉 원하는 것을 마음에 그림으로 그리고 잠재의식에 암시(暗示)하고 실행하면 반드시 이루어진다.

1. 신념이 운명을 바꾼다.

– 어떤 일을 '할 수 있다는 신념'을 가지면 실제로 해낼 수가 있다. 즉 신념이 모든 성공의 근원으로, 마음에서 원하는 것을 명확하게 결정하고, 마음의 기술(잠재의식 활용기술)로 간절히 원하고 믿으면 실현 된다.

2. 잠재의식의 힘을 믿는다.

– 잠재의식은 지식과 경험의 저장소이면서, 어떤 메시지가 전달되면 그것을 해결하도록 시간과 공간을 초월하여 움직인다.

– 또 잠재의식은 신념의 힘을 발휘하는데 중요한 역할을 하며, 믿는 자를 위해서만 불가사의한 엄청난 힘을 보인다.

◈ 현재 마음에서 진정으로 원하는 것(신념)은 무엇입니까?

[ ]

11월 8일 '신념의 마력'(2)

3. 원하는 그림을 그린다.

– 상상력으로 잠재의식 속에 성공의 그림을 먼저 그린다. 즉, 자신이 원하는 물건이나 상황이 자신이 바라는 대로 되어있는 모습을 눈앞에 가시적으로 그리는 것이다.

– 또한 마음속의 장애물을 제거하면서, 원하는 것을 종이에 글로 쓰거나 그림으로 그려보면 된다.

4. 마음의 기술을 활용한다.

① 암시방법 : 원하는 것이 이루어진다고 믿으면서 만든 '암시문'을 반복해서 말함으로, 잠재의식이 창조적인 일을 하도록 만든다.

② 거울 사용법 : 거울속의 자기 눈을 보면서 '원하는 것을 반드시 이루겠다.'고 자신에게 큰소리로 말하는 것이다. 거울에 슬로건을 써놓고 하루에 2번 이상 반복한다.

③ 직감을 믿고 따르는 법
(예) 야구에서 공치기 전의 예감, 골프에서 라인을 본대로 퍼팅하기 등.

5. 자신의 생각을 투사(投射)한다.

– 생각에는 파동이 있어서, 자기생각을 마음속의 암시로 상대에게 보내면(투사), 상대방도 반사작용으로 느낌이나 움직임을 보낸다.

– 연상(聯想)의 힘을 활용 : 하나의 생각(작용, 자극)을 응용하거나, 다른 관념과 연결시키는 방법으로 새로운 아이디어를 얻는다.

◈ 자신의 잠재의식을 어떤 방법으로 활용하고 있습니까?

[ ]

11월 9일 '자기경영 실천 프로그램'

– 공병호 저, 21세기 북스.

지식과 기술이 급변하는 시대의 조직에서 인정받으려면, 미리 미리 자신을 새롭게 준비해야 생존할 수가 있다.
'자기경영 노트'의 저자가 자신의 삶과 비즈니스를 잘 경영하는 실천방법(프로그램)을 체계적으로 제시하는 실천서이다.

1. 자신을 진단한다.

– 세상 사람들의 10%만이 자신의 뜻을 세우기 위해 노력하면서 살고 있다.

– 자신에게 솔직한 질문을 하고 답변을 정리해 본다.

- 인생에서 무엇이 되고 싶은가? 있어야 할 자리는 어디인가? 등.

2. 당장 행동부터 한다.

– 마음을 먹고 행동하는 습성을 ⇒ 역으로 계획한 것을 행동부터 한 다음에 마음을 정리한다.

– 주간별 '일일 목표 리스트'를 영역별로 작성하고, 실시간 체크하고 평가를 해 간다.

3. 미션을 시각화한다.

– 자신의 미션을 찾아내고 그것을 한 문장으로 표현한다.

- '미션 선언서'(숲 전체) ⇒ '목표 선언서'(나무 한그루)를 작성한다.

– 미션과 목표의 시각화 방법을 실천하면서 자신과 대화를 가끔 나눈다.

- 책상 앞에 부착, 수첩에 넣고 다님, 읽거나 이미지화를 한다.

◈ 자신을 나타내는 핵심가치(values)는 무엇입니까?

[ ]

11월 10일 '자기경영 실천 프로그램'(2)

미션과 목표는 가만히 있으면 절대로 달성되지 않는다. 그것은 끊임없는 노력이 뒷받침 되어야 한다. 강점을 강화하고 약점을 보완할 행동원칙을 1, 2, 3 순서로 정리해서 실천을 한다.
특히 성공을 가져올 수 있는 결정적인 요소들을 파악하고, 확실한 방해물은 제거한다.

4. 자기경영 원칙을 습관화한다.

[1 원칙] 헌신한다 : 자신이 추구하는 분야에 전력투구하며, 그 일을 즐기면서 집중(몰입)한다.

[2 원칙] 도전한다 : 끊임없이 새로운 기회(관찰 사용부 사용함)를 찾고 도전하며, 안주하지 말고 얻기 위해서 위험도 감수한다.

[3 원칙] 혁신한다 : 더 나은 것으로 혁신하고 새로운 것을 창조해내면서, 자신을 차별화할 수 있는 원동력을 가진다.

[4 원칙] 확실히 한다 : 체계적인 학습으로 무엇이든지 마감시간에 맞게 제대로 일을 처리한다.

5. 나쁜 공정을 개선한다.

- 기업들의 프로세스 개선과 같이, 개인도 주제별(시간, 지식 등)과 활동 영역별(업무, 영업 등) 공정을 파악하고 개선해야 성장한다.
- 공정개선은 나쁜 습관의 리스트를 만들고, 좋은 습관으로 고쳐 나가는 것이다.

◈ 본인의 '자기경영 행동원칙'에는 어떤 것들이 있습니까?

[ ]

11월 11일 '변화의 기술'

– 존 코터 저, 김기웅 공역, 김영사.

하버드 경영대학 교수이면서 '기업이 원하는 변화의 리더'를 저술하고, 리더십과 경영혁신 분야의 강연을 하고 있다. 변화는 분석하고 가르치는 방식보다, 변화 욕구를 가지도록 실제적인 내용을 '보여주며(see) 스스로 감정으로 느끼고(feel) 행동변화(change)가 되도록 하는 방식'을 강조한다.

1 단계 : 위기감을 불러일으킨다.

– '이래서는 안 된다'는 위기감의 고조와 변화가 필요한 타당한 증거를 보여주어 필요성을 자각토록 한다.

(예) 경쟁사 벤치마킹 자료, 상품 비교전시회, 불량품 제조현장 동영상 등

2 단계 : 변화 선도 팀을 구성한다.

– 변화에 공감하고 열의가 있으면서, 팀에 알맞은 역량들이 모두 존재하도록 필요한 요소의 인물들로 선발하고, 팀워크를 갖춘다.

3 단계 : 비전과 전략을 새롭게 정립한다.

비전 : 모든 전략과 계획을 통해서 도달하게 될 최종적인 단계의 모습을 명확하게 그린 것이다.

전략 : 비전을 실현하는 가장 좋은 방법으로, 조직에 적합한 새롭게 만든 방안이다.

4 단계 : 효과적인 의사소통을 한다.

– 많은 사람들이 변화의 비전과 전략을 이해하고 공감하여, 실천에 동참하도록 한다.

– 시각적인 이미지로 불안과 궁금증을 해소한다. ⇒ Q&A를 포함한 자료집, 면담 조사 결과, 위성방송과 인트라넷 등을 활용한다.

◈ 위기감의 공감대 형성을 하기 위해 무엇을 하십니까?

[ ]

변화의 기술(2)

성공적인 변화행동을 이끄는 4가지 요소는 '비전, 전략, 계획, 예산'으로 각각 상이한 개발 프로세스를 필요로 한다.

5 단계 : 실행에 장애되는 요소들을 해소한다.

- 권한부여를 방해하는 관리자들을 개편하고, 모든 장벽들을 제거하도록 조치한다.

  ⇒ 뒷다리 잡는 상사나 비관주의자, 부적합한 성과평과와 보상시스템 등

6 단계 : 단기적으로 일차적인 성과를 이끌어 낸다.

- 먼저 사람들의 '눈에 띄고, 명확하고, 의미 있는 성과'를 낼 수 있는 프로젝트나 과제에 집중한다.

  ⇒ 비판과 냉소적인 목소리를 잠재우고, 변화의 추진력을 확보할 수 있다.

7 단계 : 비전이 실현될 때까지 지속적으로 추진한다.

- 위기감의 지속으로 더욱 더 어려운 과제의 변화에 도전한다.
- 비전과 철학이 뿌리내리도록 사업방식을 바꾸고, 모든 일에 비전을 연계하며 비전을 공유한 사람들을 격려해 나간다.

8 단계 : 새로운 문화로 변화를 정착시킨다.

- 조직의 문화 : 한 조직에 속한 사람들이 공유하는 행동의 규범과 가치관의 집합적인 표현이다.
- 새로운 방식의 문화를 만들어 기존의 규범과 가치관을 바꾸어야 변화가 정착된다.

◈ 변화가 실패하는 요인 중에 가장 많은 것은 어떤 것입니까?

[ ]

11월 13일 '인간관계 클리닉'

– 멜 실버맨 공저, 박광엽 역, HR 컨설팅.

성공하는 직장인을 위한 'Working People Smart'세미나를 통하여, 인간관계의 기술을 익히는데 필요한 6가지 전략을 학습하도록 한다. 그리고 상사, 부하, 동료, 고객들과의 문제 상황에 따른 해결 포인트를 제시하여 실천하도록 코치하고 있다.

[전략 1] 화내기 보다는 궁금증을 가진다.

– 일부 사람들의 까다로운 행동에 불만과 분노가 생길 때는
⇒ 먼저 '왜 그런 행동을 하는지?' 질문을 던져서, 그 이유를 알고서 원인을 해소하도록 노력한다.

[전략 2] 일방적으로 말하기보다 쌍방향으로 대화한다.

– 말을 한 방향으로만 하면 '전달과 이해'사이의 Gap을 잘 모른다.
자신이 한말을 상대방이 잘 이해하지 못할 때는 말한 요점이나 요구사항을 질문하고, 일부 의견을 반영하는 주고받기식 대화를 한다.

[전략 3] 침묵하지 말고 재치 있게 의견을 말한다.

– 불만이 있지만 속으로 참거나 침묵하지 않고 자신의 의견(요구)를 표현해야 할 때는, 사람이 아닌 문제(사실)에 초점을 맞추고 분명한 이유와 근거를 제시한다.

11월

◈ 새로 온 상사가 자신의 실력을 존중해 주지 않을 때, 어떻게 하는 것이 좋습니까? [ ]

11월 14일 '인간관계 클리닉'(2)

실생활의 인간관계에서 다른 사람을 바꾸는 것은 불가능하므로, 자신을 바꾸는 것이 최선의 방법이다.
좋지 않은 상황을 변화시키는 데는 일시적인 처방보다는 6가지 전략을 장기적으로 실천하는 노력이 필요하다.

[전략 4] 자신을 돌아 볼 수 있는 피드백을 요청한다.

- 피드백은 서로의 업무수행에 대한 생각을 나눈다는 것으로 성장과 발전에 최고의 보약이다. 패드백을 요구할 때는 무엇에 대한 피드백을 원하고 있는지를 확실히 한다.

  (예) '내 발표가 어땠어요?' 보다는 '이번 발표가 좀 긴 것 같았는데... 어디를 좀 줄였으면 좋았을까요?'

[전략 5] 저항에 맞서 싸우지 말고 저항을 수용한다.

- 훌륭한 일처리는 90%가 설득이다. 의견차이나 갈등에 부딪쳤을 때는 잠시 자신의 생각을 접어두고, 상대방의 우려와 반대의견을 파악하고 해결하도록 노력한다.

[전략 6] 내가 아니라 우리와 팀워크를 생각한다.

- 개인적인 행동보다는 협력해서 성과를 얻는 팀워크는 어느 조직에서나 필수적이다. 팀워크 정신이 부족할 때는 팀의 목표에 공감하도록 하면서, 팀 빌딩 기술을 교육하거나 경험하도록 한다.

◈ 인간관계 클리닉을 위하여 어떤 면에 더 신경을 쓰십니까?

[ ]

11월 15일 **'위대한 승리'**

– 잭 웰치 저, 김주현 역, 청림출판.

GE는 세계에서 가장 존경받는 기업으로 공인받는 배경에는 20년간 GE를 경영한 잭 웰치 회장의 공헌이 크다. 시장가치 120억$ 기업을 4,500억$ 규모의 기업으로 성장시킨 장본인이기 때문이다. 세계 비즈니스계의 우상인 웰치 회장의 승리 비법과 경영의 지혜를 배울 수 있다.

1. 비즈니스의 원칙

– 사명과 가치: 사명은 어디를 향해서 가고 있는지를 정확하게 알려준다. 가치란 사명을 완수하는 방법이며 행동기준이다.

– 정직성: 자신이 생각하는 것을 항상 솔직하게 그대로 말하는 것은 여러 가지 상황을 잘 정리할 수 있게 한다.

– 차별화: 성과에 따라 보상받을 자격이 있는 구성원에게는 차등 있는 보상을 해준다. 인력차별화(20:70:10)에서 하위 10%는 떠나야 비즈니스가 잘 돌아가게 된다.

– 의사표현 : '워크아웃(work out)제도' 로 자유롭게 이야기하고, 해결해야 할 일의 75%는 현장에서 책임자급이 가부를 답변해 준다.

2. 기업의 경영

– 리더십 : 최고의 리더는 임직원들을 열정적으로 배려하여 그들의 성장과 성공을 지원한다.

– 인력관리 : 인재고용은 승리할 수 있는 사람들로 뽑아서 조직을 구성한다. 인재관리는 스타직원, 뒤처지는 사람, 훼방꾼 등엔 정면으로 맞서며 평가 시스템을 제대로 갖춘다.

– 변화관리 : 변화를 신봉하는 자(10%)와 동조세력은 기용하고, 저항세력은 실적이 좋아도 제거해야 한다.

– 위기관리 : 위기 예방에 많은 조치를 하고, 위기가 발생하면 사실에 입각하여 정당하게 해결한다. 수습 후엔 위기의 교훈을 충분히 활용한다.

◈ 워크아웃 제도를 제대로 운영하려면 어떻게 해야 합니까?

[ ]

11월 16일 '위대한 승리'(2)

승리하고 싶다면 전략을 분명하게 선택하고, 추진 계획은 그 실천 행동에 더 많은 노력을 기울여야 한다. 크게 깨달아 핵심을 찾고, 올바른 방향을 설정하고 목표달성을 위해 미친 듯이 일을 추진하여 베스트 프랙티스를 만들면 된다.

3. 자신의 경쟁력

- 전략수립후 평가과정을 거치며, 전략수립은 CEO 또는 사업부 리더가 해야 한다.
- 예산혁신 : 탄력적 예산수립 방법(기존의 것을 완전히 뒤엎고 새로운 효과 중심으로 수립 함)으로 새로운 문화를 만들어야 급성장이 가능하다.
- 조직 확장의 성장 : 신규 사업이 성공하도록 초기투자를 과감하게, 열정에 불타는 인재에게 자율권을 주면서 모든 것을 지원한다.
- 인수합병 성장 : M&A의 원칙준수와 함정을 피한다면 빠른 성장의 효과를 얻을 수 있다.

4. 경력관리

- 적합한 일자리 : 자신이 하고 싶은 일을 선택하고, 자신이 생각하는 급여수준이 되는 일자리에 자신과 맞는 사람들과 함께 일할 수 있는 곳 임.
- 승진의 길 : 승진요건을 충족시키고 업무범위를 넓힌다. ⇒ 부하를 정성껏 관리하면서, 상사가 주목할 만한 업무를 담당한다. 승진 누락시에는 감정을 보이지 말고, 더욱 열심히 하여 놀라운 실적을 보인다.
- 고약한 상사관리 : 보통 상사들은 자신이 좋아하고 필요로 하는 사람들에겐 나쁜 모습을 보이지 않는다. 먼저 자신에게 문제는 없는지 살펴라.
- 일과 생활의 균형 : 우선순위에 의하여 실천하지만 성과를 올리도록 하는 것이 대전제이다. 생활은 '집중해서 시간을 사용하는 방법'으로 만족을 높이도록 한다.

◈ 6시그마(품질혁신 운동)가 추구하는 것은 무엇입니까?

[ ]

11월 17일 'How to be happy'

– 소냐 류보머스키 저, 오혜경 역, 지식노마드.

심리학에서 찾아낸 더 행복해 지는 방법을 연습과제와 함께 제시한다. 행복을 결정하는 요소는 ① 유전적인 요소 50% ② 환경적인 요건 10% ③ 행복을 위한 의도적인 활동 40% 이다(노력으로 가능한 부분임).
행복의 원천은 매일 무엇을 생각하여 어떤 목표를 세우고 어떻게 행동하느냐에 있으며, 본인의 노력으로 '40% 의 행복가능성'을 높이는데 있다.

[연습 1] 의미 있는 목표에 헌신한다.

– 의미 있는 한 가지 이상의 목표를 현명하게 선택하고, 시간, 노력, 열정을 그 목표달성에 쏟아 넣는다.
– 헌신하는 과정이 목표에 도달하는 것보다 행복에 더 중요할 수도 있다.

[연습 2] 몰입체험으로 삶의 기쁨을 음미한다.

– 행복은 몰입대상을 찾고, 최상의 몰입을 이끌어 내는 능력에 달려있다.
– 행복했던 일들을 재생하거나, 감각의 즐거움과 달콤한 체험을 음미한다.

[연습 3] 감사함을 표현한다.

– 자주 감사를 표현하는 사람은 상대적으로 더 행복하고 활기가 차다.
– 감사하는 마음이 생길수록 우울하거나 불안하지 않고 행복을 키운다.

[연습 4] 낙관주의(긍정성)을 기른다.

– 자신이 처한 상황에서 긍정적인 부분을 발견하려고 노력하며, 밝은 미래를 기대하는 것에서 생긴다.
– 낙관적인 사고에도 냉철한 시각이 필요할 때와 현실을 있는 그대로 인식하는 경우가 있다.

◈ 어떤 몰입 체험에서 행복함을 더 느꼈습니까?

[ ]

11월 18일 'How to be happy'(2)

– 행복도 연습이 필요하다!

행복하려면 기본적으로 몸과 정신이 건강해야 하는데, 신체운동, 명상, 종교생활 등으로 건강을 유지하도록 늘 보살펴야 한다.
그 다음은 행복한 사람처럼 미소 지으며 행동을 하는 것이다.

[연습 5] 과도한 생각과 사회적인 비교를 피한다.

– 불쾌함이나 나쁜 기억에 대한 과도한 생각은 정신을 소모시키므로 부담(집착)을 떨쳐버리는 노력이 필요하다.
– 사회적인 비교(돈, 지위, 외모 등)에 너무 많은 관심을 쏟으면 마음이 불안정해져서 행복할 수가 없다.

[연습 6] 친절을 실천하여 인간관계를 돈독히 한다.

– 행복한 사람은 덜 행복한 사람들 보다 더 친절하고, 더 좋은 인간관계를 맺으며 살아간다. 관계가 개선되면 행복감이 증진되고, 더 좋은 관계를 맺게 되는 선순환(상향 나선형)이 이루어진다.

[연습 7] 스트레스 관리의 대응전략을 개발한다.

– 스트레스 요인을 해소하거나 누그러뜨리는 행동이 있어야 행복이 보장된다. 문제 중심이나 감정중심으로 대응방안을 찾는다.
• 자신의 감정을 표현하는 글쓰기, 대화로 유익함 해석하기, 부정적인 생각에 대하여 논쟁하기 등.

[연습 8] 용서를 배우고 실천한다.

– 용서를 잘한 위인들(간디, 만델라 등)이나, 자기 자식을 죽인 범인을 용서하는 부모에게서 진정한 용서를 배워야 한다.
– 용서는 사고전환에서 이루어지며, 편지나 말(전화)이나 마음속으로 가해자를 자기마음에서 풀어주는 것이다.

◈ 넬슨 만델라는 간수들을 어떻게 용서할 수 있었을까요?

[ ]

11월 19일 '행복한 작은 부자의 8가지 스텝'

– 혼다 켄 저, 박 정일 역, 청림출판

일본에서 부자전도사로 통한다. 부자가 되고 싶으면 자신이 좋아하고 잘하는 일을 선택하고, 부자가 될 자질을 스스로 테스트 해보라고 권한다. 대학 때 영어통역 아르바이트로 모은 돈으로 졸업 후 회계사무소와 경영컨설팅 회사를 설립하는 등 8개 회사를 운영하여, 30대 초반에 이미 성공한 기업인이 되었으며, 행복한 작은 부자를 꿈꾸고 있다.

[스텝 1] 자신이 가장 좋아하는 일을 찾고, 그것을 직업으로 삼는다.

– 어렸을 때 가장 좋아했던 일이나, 현재 하고 있는 일 속에서 가장 좋아 하는 일을 찾는다. ⇒ '좋아하는 일, 잘하는 일, 경험이 있는 일. 라이프 워크, 돈 되는 일'의 공통부분을 직업으로 삼으면 된다.

[스텝 2] 시대의 흐름과 사회구조를 파악한다.

– 주력 산업과 사업은 시대에 따라 바뀌어 왔다. 미래는 사물에서 눈에 보이지 않는 것으로 옮겨간다.

– 돈과 비즈니스 법칙에 따르고 가치의 크기에 비례하여 수입도 달라진다.

[스텝 3] 돈의 IQ를 높인다.

– 돈에 관한 IQ 수준을 파악하고, 돈에 관한 지식을 풍부하게 한다.

– 돈을 많이 버는 것, 현명하게 쓰는 것, 돈을 잃지 않고 키우는 방법들을 깊게 안다.

[스텝 4] 돈의 EQ를 갖는다.

– 돈의 EQ가 낮으면 돈 쓰는 것을 즐기지 않고, 모은 대로 저축만하고 나누는 것을 싫어한다. 자신에게 주어진 돈을 기분 좋게 쓸 줄 알면, 돈을 더 버는 기쁨과 베푸는 즐거움을 맛보게 된다.

◈ '행복한 작은 부자'가 되려면 무엇을 먼저 해야 합니까?

[   ]

11월 20일 '행복한 작은 부자의 8가지 스텝'(2)

돈에 대한 자신의 철학을 세운 것은 20세 때 미국 연수중에 만난 대부호 게라 씨의 가르침에서였다.
12권의 저서와 '돈과 행복'에 관한 강연 등의 활동을 하고 있다.

[스텝 5] 비즈니스의 모든 것을 마스터 한다.

- 돈벌이가 되는 사업을 하기 위한 비즈니스 원칙의 모든 것을 배운다.
  - 비즈니스 방식, 마케팅기법, 세일즈, 회계와 세무, 사업시스템 구축 등

[스텝 6] 좋아하는 일에서 돈을 벌수 있는 구조를 만든다.

- 자신이 지금까지 해왔던 일을 자신이 없어도 돌아가는 체제로 바꾸면 비즈니스가 된다.

  (예) 컴퓨터 선생으로 소득 얻음 ⇒ 컴퓨터교실 운영으로 수익을 올림.

[스텝 7] 인간의 심리를 알고 활용한다.

- 성공하기 위해선 사람들에게 호감을 얻는 인간심리의 달인이 되어야 함.
- 판매와 구매심리·행동심리학을 마스터하며, 인간의 감정이 어떻게 움직이는지를 알고 대응한다.

[스텝 8] 자신의 재능과 재산을 나눈다.

- 자신의 재능을 나눈 대가로 얻은 재산을 좋은 일에 기부하거나, 사회에 환원하는 것으로 마음의 희열과 축복받은 삶을 알게 된다.
- 다른 사람들과 함께 할 때가 기쁘고, 도움을 주거나 베풀 때 최고의 행복감을 맛보게 된다.

◈ 비즈니스와 관련해서 마스터하지 못한 부분은 어떤 것입니까?

[ ]

11월 21일 '사랑을 잘하는 사람들의 7가지 습관'

– 게리 채프먼 저, 김율희 역, 청림출판

사랑을 잘하는 사람들의 7가지 특성은 '사랑을 잘 하는 사람이 되겠다'고 진심으로 결심해야 익힐 수 있는 습관들이다. 이런 특성이 습관화가 되면 사랑을 더 잘하게 되는 놀라운 결과가 나타난다. 자기중심적으로 살면 외롭고 공허해지는 반면, 사랑을 생활방식으로 삼으면 굳건한 관계의 만족감을 느낄 수 있다고 강조한다.

[특성 1] 친절하다 – 상대를 먼저 생각하고 친절을 베푼다.

- 친절이란 다른 사람에게 관심을 기울이며, 그 사람에게 필요한 것을 먼저 채워주는 기쁨(배려)이다.
- 친절한 말 한 마디와 친절한 행동이 다시 친절을 낳는 방식으로 실천해가면 사랑이 선순환 된다.

[특성 2] 인내심이 있다 – 다른 사람의 불완전함을 받아들인다.

- 인내를 잘 하는 사람이 되려면 상대방의 생각, 감정, 행동을 이해하기 위해 대화하고, 어떤 상태인지를 알고 나서 인정을 해주면 된다.
  - 감정의 표현을 먼저 하기보다 문제의 해결에 초점을 맞춘다.
  - 화를 내서도 상황이 변하지 않으면, 그 현실을 받아들인다.

[특성 3] 용서한다. – 용서하기를 선택하고 분노에서 벗어난다.

- 사랑을 잘 하는 사람은 작은 문제에도 용서를 실천하고, 작은 상처를 주었더라도 사과를 한다.

① 놓아주기 : 사과하지 않는 상대방은 상처나 분노와 함께 놓아버리는 것이다.
② 잘못을 인정하기 : 화가 나는 어떤 상황에는 자신의 잘못도 일부분 있었다고 인정을 한다.

◈ 자신이 화가 날 때 보이는 반응이 과거와 어떻게 달라졌습니까?

[ ]

11월 22일 '사랑을 잘하는 사람들의 7가지 습관'(2)

사랑의 특성을 적용하여 부부사이, 부모와 자식 간, 직장에서 습관화가 되면, 사랑을 잘 하며 살고 관계 맺기에서도 성공을 한다.

[특성 4] 호의적이다 – 다른 사람들을 친구처럼 대한다.

– 호의적인 행동은 다른 사람들의 삶을 풍요롭게 만든다.

- 자신이 만나는 모든 사람들을 소중하게 여기고 호의를 베푼다.
- 누군가가 무례하게 대하면, 현재 모습의 이면에 어떤 사정이 있는지를 잠깐 생각을 해본다.

[특성 5] 겸손하다 – 다른 사람이 올라서도록 한걸음 내려간다.

– 겸손은 행동이 아니라 태도에 달려있으며 보답을 바라지 않는다.

– 겸손해 지려면, ① 자신이 교만하다는 사실을 깨달아야 한다.
② 자신의 가치 뿐 아니라 상대방의 가치를 인식해야 한다.

[특성 6] 관대하다 – 자신을 다른 사람에게 선물로 내어준다.

– 자신의 '시간, 재산, 능력'을 관대하게 나누겠다는 태도를 가지면, 삶의 모든 부분에서 변화가 일어난다. 관대함은 수많은 사람들이 아니라, 자신의 앞에 있는 한 사람을 돌보는 너그러운 마음이다.

[특성 7] 정직하다 – 자신의 진정한 모습을 드러낸다.

– 정직이란 상대방에게 집중하여 부드럽고 존중하는 말로 진실을 말하는 것이다.

- 약점을 솔직하게 인정한다.
- 말. 행동. 속뜻에서 일관성을 보이며, 약속은 반드시 지키는 것에 있다.

◈ 사랑을 잘 하는 사람이 되면, 어떤 특성이 잘 발휘될까요?

[ ]

11월 23일 최성애 박사의 '행복수업'

– 최성애 저, 해냄출판사

가족치료 전문가로써 부부를 위한 행복 매뉴얼을 만들고, 행복한 가정과 사회를 만들어 가는 데는 '관계방식의 개선'을 강조하며 강연도 한다. 특히 부부들에게 존 가트맨 식의 감정코칭으로 지혜로운 공존기술을 활용하여, 오래 동안 행복하게 사는 방식을 권유한다.

1. 부부의 행복은 '대화방식'에서 결정된다.

– 대화할 때는 상대에게 관심을 보이고, 호응하는 모습으로 대화를 주고 받는다. 즉 공감하고 들어주기 / 다가가는 대화법 / 금지화법 지키기 등.

– 하고 싶은 말을 다하지 않고, 상대의 반응을 고려하고 긍정적으로 표현한다. 이혼은 대화내용 때문이 아니라 싸우는 방식 때문에 하게 된다.

– 대화 주어를 '당신이~ / 왜?~' 에서 ⇒ '나(우리)는~ / 어떻게~'로 바꾼다.

2. 행복한 부부는 '관계의 달인'들이다.

– 상대를 있는 그대로 인정하고, 결점까지도 좋아한다.

– 친구 같은 우호 감정으로 서로의 존재를 즐거워한다.

– 관계를 망치는 4가지 '비난, 변명, 경멸, 담쌓기' 대신에 긍정적인 언행을 한다. 부부행복의 결정은 대화, 싸움, 갈등의 관계방식에 있다.

3. 배우자의 '취향과 기질'을 올바로 파악한다.

– 배우자의 성격, 취미, 좋아하는 것, 싫어하는 것 등을 '사랑의 지도'로 만들어 본다. ⇒ 신뢰감과 친밀감이 더 생긴다.

– 타고난 기질(특성)을 알고, 약점은 건드리지 말고 잘 대응한다.

– 자신과 배우자의 장점 5개 이상을 찾아서 적어본다.

◈ 우리 부부의 대화방식에서 개선할 점은 어떤 것입니까?

[ ]

11월 24일 최성애 박사의 '행복수업'(2)

행복한 부부들은 그동안 '호의, 배려, 사랑'으로 쌓아놓은 정서 통장의 잔고가 넉넉하다. 즉 평소에 사소한 애정표현을 자주 실천하여 점수를 따야한다. 부부문제에서 '타협 불가능한 영역'은 풀리지가 않으므로 해결보다는 관리하고, 문제 속에서 평화롭게 공존하도록 노력하라고 조언한다.

4. 부부간의 문제와 갈등에는 성의 있게 대처한다.

- 타협 가능한 문제는 외면하지 말고, 대화로 해결(타협)을 한다.
- 타협 불가능한 영역은 풀려고 하지 말고 그냥 받아들인다.
- 갈등 해소 후에는 보수작업(사과, 인정 등)을 바로 해야 한다.

5. 격한 감정과 스트레스 상태를 잘 다룬다.

- 부부만의 의식과 신호(예 : 격해지면 손들고 stop한다)를 만든다.
- 스트레스를 줄여 주는 대화(칭찬, 유머 등)나 행동을 취한다. 또한 자신만의 건설적인 스트레스(긴장) 해소방법을 활용한다.
- 부부싸움 후에는 감정을 정리하는 시간을 서로가 갖는다.

6. 새로운 '우리 집 문화'를 만들어 간다.

- 상대의 꿈을 찾아서 소중하게 인정하고 지원해 준다.
- 가족관계에서 호감 가는 '정서의 통장' 잔고를 많이 적립한다.
- 서로 다른 문화에서 '우리 집 문화(헌법)' 만들고 지켜나간다.
  (예) 자녀 교육방식, 음식 먹는 습관, 돈쓰는 방식, 관혼상제 등.

◈ 배우자의 꿈은 무엇입니까?

[ ]

11월 25일 '이채원의 가치투자'

– 이채원, 이상건 저, 이콘출판

영업사원 시절에 기술적 분석이나 모멘텀 투자방식으로는 수익을 올릴 수가 없었다. 벤저민 그레이엄의 '현명한 투자자'란 책을 읽고, 기업이 창출하는 현금흐름이나 자산 등에 주목하면서 가치투자 개념과 기법을 배우게 되었다. 그 후 가치투자로 좋은 수익률을 올림으로써 저자는 확신을 하고 있다.

1. 가치투자란?

- 기업의 가치분석을 통해서, 내재가치 밑으로 가격이 내려간 저평가 주식을 매수하여, 가격이 적정한 가치에 이르렀을 때 매도하는 투자방식이다.
- 가치투자는 저PER, 저PBR 원칙과 프랜차이즈 밸류(시장독점력)를 포함한다.

2. 가치투자의 방식

① 벤자민 그레이엄 : 투자원칙은 '돈을 절대 잃지 말라'는 것이다.
- 순 가치투자법은 순 유동자산이 시가총액보다 많은 기업에 투자를 하는 것.
- 초 저PER 인 주식을 헐값에 사서 제 값에 파는 투자방식을 취한다.

② 피터 린치 : 각광받는 기업보다 사양 산업에 속하는 유망기업을 찾는다.
- 가족들이 구매하는 제품들 기업 중의 주식을 매수하길 선호한다.

③ 워렌 버핏 : 진입장벽이 높은 기업과 독점력을 갖춘 기업의 주식을 매수함.
- 비록 PER가 높아도 기업의 수익이 계속 증가한다면 그 주식은 사야한다.

3. 가치분석의 방법

- 청산 가치법 : 현재 시점에서 청산한다면 얼마가 남겠느냐는 것임.
- 시장가치 비교법 : 시장에서 비슷한 사업모델 기업과 비교 평가하는 것.
- 미래 현금흐름의 환산법 : 미래가치 전부를 현재가치로 할인하는 방법임.
- 가치합산법 : [성장가치 + 수익가치 + 자산가치]

◈ 현재 어떤 투자방법을 활용하고 있습니까? [ ]

11월 26일 '이채원의 가치투자'(2)

누구에게나 다 맞는 완벽한 투자기법은 없다. 그러나 자신의 소질이나 적성에 꼭 맞는 투자방식은 있는데, 그것이 최상의 투자기법이다. 자신에게 맞는 투자기법으로 가슴 뛰는 기업을 찾아서 가치투자를 하면 된다.

4. 가치투자의 사고체계

① 가치 투자자들은 오직 개별기업의 가치와 가격에만 초점을 맞춘다.

② 안전 마진(일정 수준 이상의 저평가 정도 확보)이 있어야 한다. 밑져야 본전이 아니면 투자하지 않는다는 사고방식이다. 안전 마진이 높을수록 돈 잃을 확률이 적다.

③ 투자로 주식을 사는 것은 기업인수 목적으로 사는 것과 같은 생각이다.

5. 종목선택의 방법

- 독점형 기업의 주식
- 배당 수익률이 높은 기업
- 부동산 보유가 많은 기업
- 진정한 우량주식
- 대체재가 없는 비즈니스 기업
- 성장 채권형 같은 주식
- 자사주 매입과 대주주 지분율 높이는 기업
- 차익거래(전환우선주 매입)의 방식 등.

6. 가치투자의 진실

- 가치투자는 업종, 종목을 가리지 않고 내재가치에 비해 싼 종목을 매수한다. 기술주, 대형·소형주, 사양산업도 포함한다.
- 성장성 있는 장기투자와 어쩔 수 없는 장기투자를 혼동하면 안 된다.
- 장세와 관계없이 꾸준히 성장하는 우량기업의 주식을 좋은 가격에 매수하여 장기 보유해야 한다.

(예) 큰 규모의 설비투자 없이 성장할 수 있고, 꾸준히 현금을 창출할 수 있는 기업. 또는 외부환경 변화의 영향을 덜 받고 스스로의 운명을 스스로 결정할 수 있는 사업모델을 보유한 기업. (예) 코카콜라 등.

◈ 가치투자를 한다면 어떤 주식들을 선택하겠습니까? [ ]

11월 27일 '부동산 투자는 과학이다'

– 고종완 저, 다산 북스

부동산 투자전문가로써 불확실한 부동산시장에서 투자자는 무엇을 판단의 기준으로 삼고, 어떤 투자전략을 구사해야 가장 합리적인 선택과 결정을 할 수 있는 것인가? ⇒ 3대 키워드는 '과학적 투자기법의 활용, 고급 정보수집과 인맥형성, 실천행동' 을 제시한다.

[법칙 1] 부동산에 대한 편견을 버린다. (편견필패)

– '돈이 있어야 돈을 번다' 는 편견(고정관념)은 패자의 변명이다.
- 자금이 모자라면 주택구입 자금대출제도 등을 활용한다.

– '나는 부동산과 인연(운)이 없다'
- 부동산 투자의 성공여부는 70% 이상이 투자기법, 정보(입지선택), 전문지식 및 적극적인 자세에 있다.

[법칙 2] 내재가치, 미래가치, 희소가치에 집중한다. (가치투자)

– 내재가치가 저 평가된 부동산에 오를 기회가 있다.
- 토지와 건물의 가치를 분리하여 산출한 후 주변시세와 비교한다.

– 10년 후 미래가치가 높은 곳에 투자한다. (재개발, 재건축 등)

– 희소가치가 있는 부동산을 매입한다. (수도권 토지 등)

[법칙 3] 인생과 부동산은 사이클이다. (사이클 원리)

– 경기변동에 따른 '10년 주기설' 과 '중기 4~5년 단위' 로 상승과 하락이 반복한다.

– 부동산 투자 성공요인 : ①입지분석(지역과 조망권 등) ②법률적 권리 분석(문제점 파악) ③수익성 분석 ④기술적 분석(건물하자 등)

◈ 부동산 투자에 있어서 가장 중요한 요소는 무엇입니까?

[ ]

11월 28일 '부동산 투자는 과학이다'(2)

부동산은 주식이나 채권 등 금융자산에 비해 환금성이 떨어진다. 경기흐름과 정부의 정책변화, 금리기조, 수급상황, 자금의 이동방향 등에 따라 재산 포트폴리오를 융통성 있게 조절하는 전략도 필요하다.

[법칙 4] 신도시에 무주택자의 길이 열린다. (신도시 투자)

– 지역별 신도시나 택지개발 계획을 파악하고 청약자격(조건)을 확인한다.

– 당첨위주의 청약전략(청약저축, 청약예금 등)이 최우선이다.

[법칙 5] 카멜레온처럼 변화에 대처한다. (포트폴리오 재조정)

– 주택시장의 상황변화(시장규제 정책, 시장의 역작용 등)에 따라서 과학적 투자기법을 응용하여 포트폴리오 조정전략을 취한다.

- 무주택자는 신도시에 자신의 미래주택을 장만한다.
- 1주택자는 지역 및 평형의 교체시기로 활용한다.
- 다주택자는 가치 없는 주택을 처분하거나, 임대주택 사업자 등으로 전환을 한다.

[법칙 6] 실전에 강해야 고수익을 올린다. (실전투자)

– 아파트 : 가격 결정요인(지역적, 개별적 등)을 숙지하고 투자한다.

- 지역적 요인 : 위치, 역세권, 환경과 조망권, 학군, 편의시설 등

– 상가 : 현재의 수익률보다 상권에 주목한다. (근린상가, 단지 내 상가 등)

– 토지 : 신도시 택지의 분양, 관리지역과 한계농지, 개발계획 인근 토지 등

◈ 최근에 투자한 부동산에 대하여 평가를 한다면 어떻습니까?

[ ]

11월 29일 '아름다운 노년을 위하여'

– 고광애 저, 아침나라

평균수명의 증가로 60세는 인생의 20~30년 이상을 노년으로 살게 된다. 정보화 사회에서는 노인에 대한 가치관의 변화로 원로로의 권위나 노인의 지혜가 인정을 잘 받지 못한다. 따라서 나이에 적합한 처신과 할 일을 해야 추하게 늙지 않고 멋있는 노후생활을 할 수가 있다.

1. 당당한 노인문화를 실천한다.

– 늙음의 현실을 그대로 받아들이고 거짓말, 남의 탓, 딴청 등을 부리지 않는다.

– 놀이문화 수준에서 여가와 문화생활 분야에 적극참여 한다.

- 체육시설, 영화연극, 전시장, 음악공연, 취미교실, 교양 강좌 등.

– 새로운 것에 호기심을 가지고 배운다.

- 운전, 컴퓨터, 디지털카메라 등.

2. 홀로서기를 잘 한다.

– 혼자서라도 고독 속에서 즐거운 소일거리나 취미생활을 즐긴다.

- 독서, 산책, 음악, 화초 가꾸기, 동물 기르기, 스포츠 관람 등.
- 특히 남자는 식사관련, 세탁하기 등 집안일을 스스로 할 수 있어야 함.

– 동년배와 어울리며 혼자된 경우에는 새로운 이성 친구 찾기도 도움 된다.

3. 세대 차이를 줄여서 더불어 살아간다.

– 신세대는 절대로 변하지 않으므로, 노 세대가 이해하고 적응해야 한다.

– 많은 관심(궁금증) 보다는 한발 떨어져 지켜보는 성숙함이 필요하다.

– 자기 생각과 주장(고집)만 내세우지 말고 젊은 세대의 말을 들어준다.

◈ 신세대와 만족스런 교류가 이루어지지 않는 이유는 무엇입니까?

[ ]

숙년(熟年) 인생 7-up's

1. Clean up
– 몸을 깨끗하게 하고, 주변정리도 깔끔하게 한다.

2. Dress up
– 의복은 때에 맞게 잘 입고, 용모를 항상 단정하게 한다.

3. Show up
– 각종 모임이나 취미활동에 부지런히 참석한다.

4. Shut up
– 남의 말을 잘 들으며 덕담은 하지만 쓸데없는 말은 하지 않는다.

5. Cheer up
– 밝은 모습으로 유쾌하고 기분 좋은 분위기를 만든다.

6. Pay up
– 돈이나 일에서 자기 몫은 먼저 내고 기꺼이 한다.

7. Give up
– 자기 뜻대로 안 되는 것은 과감하게 포기를 한다.

(동아일보 오명철 부국장 칼럼에서)

11월 30일 '아름다운 노년을 위하여'(2)

병과 더불어 살아가는 것이 노년이므로, 자신의 몸 컨디션이나 병을 다스리는 요령을 터득해서, 자기 몸은 자신이 잘 예방하고 관리를 해야 한다.

4. 자식들과 원만한 관계를 만든다.

- 자식이 크면 부모 마음대로 되지 않으므로, 개성적인 생각과 삶의 방식을 인정해 주고 책임감을 갖도록 한다.
- 결혼 후 물리적인 분가와 심정적인 분리를 제대로 해야 갈등이 줄어든다.
- 남남으로 만난 고부(姑婦)는 서로의 개성을 이해하고, 연민의 정을 가지게 되면 고부갈등은 없다.

5. 노후생활의 지혜와 습관을 지킨다.

- 다양성 인정하기 : 내 마음에 맞지 않아도 '그럴 수도 있겠구나' 하고 이해하면서 관용으로 대한다.
- 간편한 생활 : 사용하지 않는 것은 과감히 버리고, 소중한 것들은 쓸 수 있는 사람에게 물려준다.
- 말을 많이 하기보다는 경청 습관을 갖고, 건망증 예방을 위하여 메모를 습관화한다.

6. 노년의 경제학과 마지막을 준비한다.

- 늙어서 돈과 물건에 집착하는 것은 좋지 않다. 부부나 가족 그리고 타인과 공익을 위해서도 돈을 쓸 줄 알아야 한다.
- 유언장 작성도 한 방법이나, 미리 유산을 주는 것이 상속자들을 배려하는 마음이다.
- 죽음은 삶의 자연스런 귀결이므로, 미리 준비하고 의연하게 맞이한다.

◈ 자신만의 '노년 생활수칙'에는 어떤 것들이 있습니까?

[ ]

행 복

헤르만 헷세

행복해 진다는 것
인생에 주어진 의무는 다른 아무 것도 없다네
그저 '행복 하라'는 한 가지 의무 뿐

우리는 행복하기 위해 세상에 왔지
그런데 온갖 도덕, 온갖 계명을 갖고서도
사람들은 그다지 행복하지 못하다네

사랑은 유일한 하나의 가르침
신이 인간에게 주신 한 가지 중요한 것은
그의 가장 깊은 곳, 그의 영혼,
그의 사랑하는 능력이라 네

보리죽을 먹든지, 맛있는 빵을 먹든지
누더기를 걸치든지, 보석을 휘감든지

사랑하는 능력이 살아 있는 한

세상은 순수한 영혼의 화음을 울렸고
매일 행복의 길을 걸어간다네

자기경영 성공멘토 365

12月 성찰

삶에서 가장 중요한 것은 좋은 인간관계이며,
행복은 결국 사랑에 있다고 생각한다.

하버드 의대 조지 베일런트 교수

12월 1일 살아생전에 꼭 할 일

영화 '버킷리스트'(Bucket List : 죽기 전에 꼭 하고 싶은 일의 목록)같이 살아 있는 동안에 할 일들을 적어 놓고 마음껏 해본다. 목록을 작성하고 실천하다 보면 마음속의 응어리도 풀리고, 갈등과 미움으로 외면했던 사람과도 화해하고, 삶의 좌표를 다시 설정할 수 있다.

	나의 소망 목록
– 세상을 위한 일 • 장학기금 ( )억 원 기증하기 • 자서전 쓰기	1. · ·
– 가족과 여행하기 • 문화유적지(국내, 해외) • 산티아고 순례길 걷기	2. · ·
– 취미활동으로 배우기 • 서예 배워 가훈쓰기 • 기타 배워 가족과 노래하기	3. · ·
– 장엄한 광경보기 • 백두산과 킬리만자로 정상오르기 • 태백산 일출, 세링게티 사파리	4. · ·
– 특이한 경험 해보기 • 스카이다이빙, 마라톤 완주 • 몽골 초원에서 말 타기	5. · ·

◈ 꼭 하고 싶은 '나만의 소망목록'을 위에 적어 보세요!

12월 2일 인생 마지막의 후회

사람은 죽을 때가 되면 지내온 일생을 회고하면서, 자기 자신이 좀 더 잘 살지 못한 것에 대한 4가지 후회를 한다. 자신으로 인하여 다른 사람들이 힘들게 살았을 것에 대한 미안함과 죄책감 등을 갖게 된다.

1. 베풀며 살지 못한 것.(좀 더 베풀 걸…)

– '좀 더 주면서 살 수 있었는데…', '이렇게 움켜쥐고 있어봐야 별 것 아닌데…' 참 어리석게 살았구나 하는 후회가 가장 크다.

2. 좀 더 참지 못한 것.(좀 더 참을 걸…)

– 지나고 보니, '그때, 좀 더 참고 좀 더 여유를 가지고 살았더라면…', 참지 못해서 일을 그르친 것들이 몹시 후회가 된다.

3. 즐기면서 살지 못한 것.(좀 더 재미있게 살 걸…)

– '왜 그렇게 일에만 매달려 짜증스럽고 재미없게 살았었는지...', '얼마든지 여행도 하고 행복하게 살 수 있었는데...' 그렇게 하지 못해 후회가 많다.

4. 하고 싶은 일을 제때 하지 못한 것.(그때 그 거 할 걸…)

– '그때 생각했던 것을 용기 내어 했더라면, 내 인생도 좀 달라졌을 텐데…' 하지 못한 아쉬움과 후회가 남는다.

◈ 후회하지 않는 삶을 살기 위해 이제 무엇부터 하시겠습니까?

[ ]

12월 3일

대기만성

'큰 그릇을 만드는 데에는 시간이 걸린다'는 경구로, 큰 사람은 많은 시련과 재기의 노력으로 늦게 이루어진다는 뜻이다. 대기만성형(大器晩成)은 '나이가 들어서 성공하는 사람'을 말하는 것으로, 중도에 좌절하지 않고 열심히 끈기 있게 노력하면 큰 인물이 될 수가 있다.

〈 대기만성형 인물 (예) 〉

- **할랜드 샌더스 :** 65세에 자신만의 비법으로 켄터키 프라이드치킨(KFC)을 창업하였다. (점포 앞에 있는 할아버지 포스터 인물)
- **윈스턴 처칠 :** 66세에 수상이 되어 세계 2차 대전을 승리로 이끌었다.
- **갈릴레이 :** 68세에 천동설을 뒤집고 지동설(地動說)을 주장했다.

〈 성공 요인 〉

- **자신의 능력과 운명에 대한 믿음과 확신이 있었다.**
  - 자신은 대단한 사람이며, 언젠가는 굉장한 일을 할 것이라고 굳게 믿었다.
- **자기만의 성공과 행복기준을 갖고 인생을 살았다.**
  - 남들의 비난과 비평에 신경 쓰지 않고, 자기 방식대로 자신의 때를 위해 준비를 해 나갔다.
- **꿈의 성취에 대한 강한 열망과 집념으로 끝까지 추진했다.**
  - 목표와 하는 일에만 집중하고 완성할 때까지 매진하였다.

◈ 대기만성 인물에서 어떤 교훈을 얻었습니까?

[ ]

12월 4일 가훈 갖기

가족의 일상생활에 지침으로 삼을 덕목을 정해서 실천을 한다면, 자부심도 생기며 힘든 상황에서 소신 있게 대처할 수 있는 정신적인 버팀목이 될 것이다. 이런 집안의 덕목을 '가훈'(家訓 : 가족 헌법)이라고 한다.
좋은 가훈은 음미해볼 가치가 있으며, 한 집안의 근간으로 한마음을 만들고 앞으로 나아가게 하는 가르침과 힘이 된다.

〈 가훈의 예 〉

- 고산 윤선도 : '자만하면 손해가 있고, 겸손하면 이익이 있다.'
- 여주(이씨) 이익(李瀷) : '천금물전'(千金勿錢) – 자손에게 많은 돈을 물려 주지말라.
- 최은희 기자 : '의롭고 깨끗하게 살자.'
- 조지훈 시인 : '삼불차'(三不借) – 재물과 사람 그리고 문장을 빌리지 말라.
- 백남준 아티스트 : '인일기백'(人一己百) – 남들이 한번 할 때 자기는 백번을 한다.

〈 참고 〉

- 일일신 우일신(日日新 又日新)
- 근면과 성실로 보람되게 살자.
- 제자리 찾자!
- 세상에 필요한 사람이 되자.
- 매사진선(每事盡善)
- 더 높은 곳을 향하여
- 꿈은 노력으로 이루어진다.
- 화이부동(和而不同)

◈ 집안의 가훈은 무엇입니까? [ ]

12월 5일 가승보 제작

누구에게나 오늘의 나를 있게 한 사람들이 있다. 그들이 나의 뿌리다.
족보(族譜)는 자신의 뿌리 중에 혈통관계를 알게 해준다. 따라서 조상의 모습과 각 종파의 친족을 알 수 있도록 족보를 만든다.
그 중에 가승보(家乘譜)는 시조에서 본인 대까지 직계존비속의 이름과 사적 내용만을 기록한 것으로 보다 간편하여 알기가 쉽다.

(예) 진주(晉州) 姜氏 掌令公 後 白庵公派

시 조 (始祖)	강이식 (姜以式)	원수공 (元帥公)	•고구려 영양왕 23년 병마도원수	•묘 : 중국 심양현 원수림 •사당 : 진주시 봉산사
중시조 一世	계용 (啓庸)	박사공 (博士公)	•고려 원종 15년 문과 국자박사	•묘 : 합천군 갑산사 •二子 위용(渭庸)
八世	종덕 (宗德)	장령공 (掌令公) 派祖	•조선 태조 1410년 사헌부 장령	•묘 : 예천군 감천면 •二子 우덕, 三子 진덕
22 世 (一代)	四자 종빈 (鍾彬)	백암공 (白庵公) 派祖	•순조 을해년 1. 6일생 병자년 7. 30일 졸	•묘 : 평은면 오운리 •子 종대, 二子 종영, 三子 종순
27 世 (六代)	주호 (柱鎬)	소헌 (韶軒)	•1928. 3. 24일생 •국민훈장 동백장 (1993년 수상)	•묘 : 북후면 연곡리 •室 : 예천 임 봉영 •二子 낙호

◈ 가승보가 있으면 보완하시고, 없으면 새로 편집하여 발간해 보세요.

12월 6일 명예로운 가문

〈 우당(友堂) 이회영(李會榮) 가문 〉

– 백사 이항복 이래 성재 이시영까지 11명의 재상을 배출한 삼한 최고의 가문이다. 일제침략으로 1910년 나라가 망하자 이들 6형제는 전 재산을 정리해서(현 시세 약 600억원) 가족 40명과 함께 만주(길림성 삼원보)로 갔다. 그곳에서 '신흥무관학교'를 설립하였고, 배출된 2,100명이 청산리 전투에서 큰 공을 세웠다.

- 독립활동 중에 우당은 고문 후유증으로 순직하고 4명 형제도 타계하였다.
- 이시영만 귀국한 후 초대 부통령이 되었으며, 1949년 신흥 초급대학(현 경희대학교)을 설립하였다.
- 조국의 독립을 위해 가족의 모든 것을 다 바친 의인들로 길이 칭송받는다.

참고『이회영과 젊은 그들』, 이덕일 저, 웅진닷컴.

〈 문파(汶坡) 최준(崔浚) 가문 〉

– 경주 최부자 집은 임진왜란 시 의병장이던 최진립 장군 이래 400년을 이어온 만석 군이면서 도덕적이고 존경받는 부자 집안이다.

- 12대 최 준은 백상상회를 운영하면서 김구선생에게 독립자금을 제공하였고, 해방 후 전 재산을 대구대학교 재단(현 영남대학교)에 기부하였다.
- 가훈(六訓) 중에 '사방 백리에 굶어 죽는 사람이 없게 하라'가 있고,
- 좌우명(六然) 중에는 '스스로 초연하게 지내라'(自處超然)가 있다.
- 종택(宗宅)은 문화재로, 가주(家酒)는 '법주'(法酒)로 전승되고 있다.
- 부와 명성에 걸맞게 사회에 베푼 선행은, 가문의 철학을 실천한 진정한 부자 가문으로 찬사를 받는다.

참고『경주 최부잣 집 300 년의 부의 비밀』, 전진문 저, 황금가지.

◈ 두 가문의 공통점은 무엇일까요? [ ]

12월 7일 자신과 대화하기

머리가 아니라 입으로 자신과 대화를 하는 '혼잣말'을 하면 성공을 위한 놀라운 위력이 생긴다. 머릿속에 맴도는 불분명한 생각들을 입 밖으로 내어 말로 하면, 훨씬 정리가 잘되고 복잡한 생각도 해결 할 수가 있다. 즉, 혼잣말로 자신의 생각을 자신에게 설명하는 방식이며, 긍정적인 말로 해야 효과가 생긴다.

1. 혼잣말은 기억할 때에 도움이 된다.

- 대사(시나리오)를 외울 때 눈으로만 대본을 읽는 것보다, 크게 소리 내어 읽으면 동작도 자연스럽게 나오고 외울 때에도 효과적이다.

2. 어려운 결정을 내릴 때도 효과가 있다.

- 강점과 단점을 소리 내어 비교하고 정리해 보면, 훨씬 더 명확한 결론을 얻을 수 있다.

3. 용기와 자신감이 생긴다.

- "그래, 오늘 난 컨디션이 좋아", "난 잘할 수 있어" 라고 스스로에게 말함으로서, 부정적인 생각을 떨쳐버리게 된다.

4. 불안과 근심을 없애준다.

- 중요한 면담을 앞두고 두려움을 느낄 때, 상대방이 꺼낼 질문에 대비하여 응답을 미리 생각하고 큰 소리로 연습을 하면 자신감이 생긴다.

◈ 혼잣말에도 조심해야 할 부분이 있다면 무엇입니까?

[ ]

12월 8일

성공체험의 덫

성공한 사람들은 시대와 상황이 바뀐 후에도, 자신이 성공한 경험에 따라 종전의 성공방식을 고집하게 된다.

그 결과 성공을 낳았던 장점요인들이 이제는 단점으로 작용하는 성공의 덫(함정)에 갇힌다. 즉 자신이 변한 것과 상황이 변한 것을 인정하지 않는 데에서 생긴다.

1. 과거에 성공했던 사람들은 자기방식을 과신한다.

– 자신의 능력과 방법론을 절대시하는 오만과 과시에 사로잡히기가 쉽다.

2. 많은 사람들은 목표달성을 한 후에 허탈감(성공 우울증)을 경험한다.

(예) 승진이나 당선 뒤에 병이 생기는 경우 등.

〈 성공의 덫에 걸리지 않는 방법 〉

① 과거의 성공경험과 원칙을 절대시하는 독선과 아집에서 벗어난다.

② 변화 된 자신과 상황의 차이를 올바르고 분명하게 인식한다.

③ 시대와 상황에 맞도록 자신의 생각과 태도를 변화시킨다.

④ 최고책임자는 개인의 성공체험보다 역사에서 교훈을 얻어야 한다.

– 그런 교훈으로 중요한 결정을 할 때 실수할 가능성이 줄어든다.

◈ '성공 우울증'을 극복하는 좋은 방법에는 어떤 것이 있습니까?

[ ]

12월 9일

현대의 5복(福)

행복한 사람이란 복을 많이 받은 삶을 사는 사람이다. 그 중에서 가장 으뜸은 5복을 다 갖춘 삶을 사는 것으로, 현대에 들어서는 의미와 요소에서 변화를 보이고 있다.

5복을 모두 다 누리고 사는 사람은 드물다. 그러나 주변 사람들에게 따뜻한 관심과 덕을 베풀고, 건강관리와 사랑으로 가정을 화목하게 하면서, 사회적인 성공을 위해 부단히 노력하는 과정에서 5복을 얻을 수 있다.

〈 전통의 5복 〉

- 수(壽) : 장수(長壽)로 오래 사는 것.
- 부(富) : 부유한 삶을 영위하는 것.
- 강녕(康寧) : 몸과 마음의 건강으로 아프지 않고 사는 것.
- 유호덕(攸好德) : 덕을 좋아하며 덕을 많이 베푸는 것.
- 고종명(考終命) : 천수(天壽)대로 살며 편안히 죽음을 맞는 것.

〈 현대의 5복 〉

- 건강(健康) : 건강한 몸과 마음을 가지고 사는 것.
- 부(富) : 부자가 되어 베풀면서 살 수 있는 것.
- 귀(貴) : 귀한 삶(명예, 출세)을 영위하는 것.
- 사(事) : 사업이나 자기 일로써 업(業)을 성취하는 것.
- 화목(和睦) : 사랑과 믿음으로 단란(團欒)하게 사는 것.

◈ '노년의 5복'은 '건강, (　　　), 재산, 할 일, 친구'라고 합니다. 두 번째 인 (　　)은 무엇이라고 생각하십니까?

12월 10일 지혜로운 삶

만족감을 느끼는 것은 뇌에서 분비되는 신경 전달물질인 '도파민'이 목적을 이루는 과정에서 분비되기 때문이다. 하지만 목표를 이룬 순간 만족감은 사라지기 시작하고 새로운 욕망이 생겨나면서 욕심은 끝이 없어진다.

삶의 지혜는 경륜(經綸)으로 깨달음과 욕심을 잘 제어하는데 있다.

1. '건강수명'을 늘리는 노력부터 한다.

- 2007년 '평균수명'은 78세였으나, '건강수명'은 그보다 10년이 짧다.
- 즐기는 생활에서 과음, 과식, 도박, 마약, 외도 등은 삼간다.

2. 70세가 지나면 공직이나 책임 있는 지위 등에서 벗어난다.

- 노욕(老慾)으로 인한 추한 싸움과 비리, 탈법 등 뻔뻔스런 행위로 세상을 분노하게 만들지 말아야 한다.

3. 문제해결 시에는 양쪽 의견을 모두 경청한다.

- 한쪽 의견에 치우친 방안이나 해결보다는, 양쪽 의견을 종합하여 더 좋은 방안이나 앞을 내다보는 결정을 한다.

4. 다른 사람의 일이나 관계없는 일에는 참견하지 않는다.

- 올바른 방향으로 나아가는지 지켜보면서, 조언은 요청할 때에 대응한다.

◈ 추가하고 싶은 생활의 지혜에는 어떤 것이 있습니까?

[ ]

12월 11일 건강한 정신

정보기술(IT)의 발전에 따른 생활방식의 급변, 직장과 사회에서 받는 정신적인 스트레스, 가족구조의 변화에 따른 역할전이(轉移)등으로 정신건강에 여러 가지 문제가 생긴다.
신체건강을 기본으로 한 올바른 마음가짐이 정신건강에 중요하다.

⊙ 재충전 없이 임무완수에만 매달리는 강박관념(소진증후군)은 위험하다.

– 일하는 목적을 생각하면서 '목표달성 ⇒ 휴식과 회복 ⇒ 새 목표설정'의 순으로 꾸준히 일하는 자세가 필요하다.

⊙ 정확하고 완벽한 성향은 주변에 스트레스를 많이 준다.

– 너무 빈틈이 없으면 모두 피곤해 지므로, 때로는 관대하고 여유 있는 모습을 갖도록 노력하는 것이 좋다.

⊙ 과거사 청산을 때맞추어 한다.

– 세상은 필요에 따라 변화하므로 과거에 대한 기억 중에서 섭섭함, 분노, 실패, 울분 등은 그때그때 정리하여 정신을 맑게 한다.

⊙ 정기적인 '정신건강 검진'(정신보건센터)을 받는다.

– 신체의 건강검진과 같이 받아서 사전에 예방하는 것이 필요하다. 정신력과 인내심만으로 극복하는 데에는 한계가 있다.

◈ 청산해야 할 '과거사'에는 무엇이 있습니까?

[ ]

12월 12일 행운 만들기

누구에게나 인생에서 2~3번의 운(運)이 찾아온다고 한다. 중요한 것은 지나치거나 놓치지 않고 그것을 기회로 보아서 자신의 행운으로 만드는 것이다. 행운(행복한 운)이란 진실로 그것을 원하고 준비하는 사람에게 깃드는 것이므로 자신이 스스로 만들어 가야 한다.

1. 필요한 일에 적임자가 되도록 항상 준비된 인물로 있어야 한다.

– 새로운 기회에 대비하여 여건을 조성하며 자신을 연마해 놓는다. 그리고 기회의 순간엔 배팅하는 모험도 감수해야 행운을 잡는다.

2. 밝은 얼굴과 긍정적인 자세의 소유자에게 행운의 여신은 간다.

– 얼굴 색상을 좋게 하고, 복이 오는 웃는 모습에, 생각도 긍정적으로 한다.

(예) '감사하다' 는 마음을 말로 표현하며, '나는 운이 좋은 사람이다'라는 긍정암시를 하는 방법 등을 활용한다.

3. 다양한 친구들과 사귀며, 주변의 유력한 인사와 깊은 인연을 맺는다.

– 서로를 잘 알고 신뢰하는 관계에서 새로운 행운(기회)가 생길 수 있다.

4. 독서와 성찰로 정보와 지혜 그리고 예감(豫感)을 얻는다.

◈ 행운을 만들기 위해서 무엇을 준비하고 계십니까?

[ ]

12월 13일 행복의 재발견

자신을 행복하게 만드는 것이 올바른 태도이고, 자신을 불행하게 만드는 것은 잘못된 태도다. 행복은 스스로 만들고 찾는 것에 더 큰 의미가 있다. 행복이란 심신의 욕구가 충족되어 만족감을 느끼는 정신적 상태다. 즉 행복은 올바른 태도로 조화로운 삶을 추구하고, 본성인 '성취, 사랑, 기쁨, 베품 등'을 행동하는 과정에서 깨닫고 재발견하게 된다.

⊙ 행복은 외부조건의 충족보다 자기마음의 만족에 있다.

– 행복이 '돈, 명예, 권력, 쾌락' 등의 조건에 존재한다고 믿지만, 진정한 행복의 파랑새는 자기 마음속에 깃들고 생긴다.

(예) 박지성 선수는 축구공을 보면 행복감을 느낀다고 한다.

⊙ 행복의 가치는 사랑을 받아서가 아니라 사랑을 주는 것에서 찾을 수 있다.

⊙ 원만한 인간관계 유지와 다툼 등에서 지는 것도 행복에 이르는 길이다.

– 예를 들면 각종 시비나 논쟁, 그리고 부부싸움 등이다.

⊙ 남을 돕는 것도 자신의 행복임을 깨닫는다.

– 사회봉사 활동으로 몸은 다소 피곤하지만, 마음의 충전으로 보람과 행복한 느낌을 가진다.

⊙ 인생을 하나의 드라마로 받아들이면 행복한 생활을 할 수 있다.

– 모든 일을 드라마(이야기)나 놀이(게임)로 생각하면, 즐겁고 유쾌한 마음이 생겨서, 자신과 주위를 행복하도록 만들고 행복해 진다.

◈ 어느 경우에 행복을 재발견하게 되십니까?

[ ]

12월 14일 부자들의 생각

부자들은 보통사람들과는 여러 면에서 다르게 생각한다. 돈에 무지하면 돈에 당하고, 좋은 리더가 되지 못하면 사람에 당한다. 그래서 부자들은 '사람관리, 법과 제도, 세일즈와 마케팅, 자금관리기술 등'을 잘 배워야 한다고 생각한다.

1. 수익을 창출할 수 있는 자산(資産)만을 진정한 재산으로 본다.

– 돈을 헛되이 쓰지 않고 자산에 투자해서 돈이 돈을 버는 구조를 만든다.

2. 사업에 대한 '업의 개념' 정의를 다르게 생각한다.

(예) 햄버거 체인점은 햄버거를 팔지만, 햄버거 사장은 자신이 하는 사업을 '부동산 사업'이라고 생각하여, 요지의 부동산 확보에 주력을 한다.

3. 자신이 돈을 위해 일을 하지 않고, 돈으로 투자한 자기 사업체가 자신을 위해 돈을 만들게 한다.

4. 자녀들에게 돈과 사업에 대한 교육을 한다.

– 어릴 때부터 돈을 버는 것과 관리하는 방법 등을 알도록 한다.

5. 자신에게 이익을 가져다 줄 유능한 전문가를 활용한다.

– 우수한 전문가(회계사, 변호사)와 중개인(주식, 부동산)을 찾고, 보수(報酬)를 후하게 지불한다.

참고『부자 아빠 가난한 아빠』, 로버트 기요사키 저, 형선호 역.

◈ 부자들은 배움을 위해 일을 한다고 합니다. 어떻게 생각하세요?

[ ]

12월 15일 역할 모델 되기

젊었을 때는 자신이 닮고 싶은 인물을 '역할(Role) 모델'로 삼고 노력해 왔다. 지천명(知天命)의 나이가 되면, 자신이 후진들이나 자녀들로부터 인생의 선배나 스승으로 존경받는 대상(역할 모델)이 되어야 한다. 모든 계층에 있는 역할 모델들이 솔선수범하는 모습을 보일 때, 사람들은 닮고 싶거나 변화하고자 하는 의욕을 가진다.

⊙ 사회와 국가를 위해 헌신하고 발전에 기여하며, 사회적으로 존경을 받는 위치에 있다.

⊙ 최고 경영책임자로 연임 이상 장기근무 하고, 뛰어난 업적을 올리면서 사회에 공헌을 많이 하고 있다.

⊙ 창업으로 새로운 기술과 제품 및 서비스를 제공하여, 당대에 대기업 수준으로 성장시키는 기업가의 모습을 보인다.

⊙ 문화, 예술, 교육 등의 창조적인 분야에서 훌륭한 작품 활동과 후진을 양성하기 위한 지도에 힘을 쓴다.

⊙ 해외진출과 봉사 등에서 선구자 역할로 지역에서 많은 인정을 받고 있다.

◈ 어떠한 부문에서 역할 모델이 된다고 생각하십니까?

[ ]

12월 16일 성공의 사회 환원

사회적으로 성공하여 명예와 재산을 형성한 것은 본인의 능력과 노력의 결과이지만, 한편으로는 직간접적으로 사회의 도움을 받았음을 부인할 수 없다. 성공을 한 후에 존경받는 인물로 역사에 남는 길은 좋은 일에 돈과 재능을 사용하여 사회와 국가발전에 기여함으로써 더 큰 빛이 난다.

1. 재산 기부하기 : 아무런 대가없이 사회에 희사(喜捨)한다.

(예) 순천 갑부인 우석 김종익(1886~1937)은 현재 가치로 5천억 원을 기부하여, 서울 우석대학과 부속병원(현 고려대 의대)과 순천 농업고등(현 순천대), 순천 고등학교를 세웠다.

2. 재단(財團)설립으로 자선사업 활동을 한다.

'○○재단'을 설립하여 각종 장학사업, 문화·예술·체육사업 등으로 사회 환원을 실천한다.

3. 기념사업으로 사회적인 유산을 계승한다.

○○기념관, 박물관, 미술관, 수목원 등으로 본인의 자산을 공개한다.

4. 지식과 재능의 나눔으로 사회적 기여에 솔선한다.

(예) 'CEO 지식나눔'(조영철 사장 등 CEO출신 30여명)에서는 기업경영의 노하우와 전문지식을 나눠주는 활동을 하고 있다.

◈ 본인은 어떤 방법의 사회 환원을 생각하십니까?

[ ]

세상 체험

살면서 열등의식이나 상실감으로 괴로울 때 아래의 체험을 해보면, 인생 수업에 많은 도움이 된다. 자신이 직접 체험을 하면서 느낀 점과 마음의 충격에서 얻은 깨달음으로 인생을 새롭고 더욱 충실히 살 수 있게 된다.

⊙ **장애인 체험으로 자신의 건강에 감사하고, 장애인에 대해 더 많이 배려하는 마음을 가진다.**

– 눈을 안대로 가리고 집안 생활하기와 안내받으며 길을 걸어가 본다.

– 불편한 다리로 계단 오르내리기와 휠체어를 타고 차량탑승을 해 본다.

⊙ **삶의 현장에서 직접 부딪쳐 보아 치열함을 겪어보거나 느껴본다.**

– 농수산물 경매시장과 동대문 등 의류도매의 새벽시장을 경험한다.

– 새벽에 미화원과 함께 거리를 청소하고 식사를 대접해 본다.

⊙ **국립묘지 및 애국선열의 기념관 등을 참배한다. 묘지명과 행적내용을 읽어 보고, 특정한 분의 경력 등을 인터넷으로 확인한다.**

⊙ **가상 장례식 체험 프로그램에 참가하고 체험의 느낌을 기록한다.**

– 나무관 속에서 자신을 위해 울어주는 사람과 조사(弔辭)내용을 생각하며, 삶과 죽음의 의미를 다시 알게 되고 새롭게 살 것을 깨닫는다.

◈ '장애인 체험'에서 느낀 소감은 무엇입니까?

[ ]

12월 18일 불측사태에 대비

예기치 못한 급박한 사태(事態) – 사고사망, 질병사망 등에 대비하여, 나이가 어느 정도 되면 사전에 '유언장'(遺言狀)을 준비할 필요가 있다. 웰다잉(well-dying)은 웰빙(well-being)의 완성으로, 죽음의 준비는 행복한 이별을 위한 조치들이다. 즉 자신과 남겨지는 사람들을 위한 배려다.

1. 가족에게 남기는 말(꼭 전하고 싶은 것)**을 기록한다.**

(예) 랜디 포시교수는 췌장암으로 죽음 전에 '마지막 강의' 란 동영상으로 꿈과 삶에 대한 내용을 자녀와 세상에 남기고 여행을 떠났다.

2. 본인의 존엄사(尊嚴死) **요청내용을 서류로 작성한다.**

– 진료결정 우선순위 자에게 시한부 삶으로 선고받으면, 품위 있는 죽음을 위하여 '항암제 치료나 인공장치로 연명하지 않도록' 조치를 한다.

3. 대강의 장례절차를 기재한다.

– 장지와 장례방식, 신체나 장기의 기증, 탈상 및 추모방법 등.

4. 재산상속은 '유언 우선원칙'임으로 자필작성과 공증을 받는다.

(예) 병원비등 비용정산 후 재산의 80%는 공평배분(배우자 및 직계자녀)하며, 20%는 배우자와 추모식을 모시는 자녀의 몫으로 한다.

5. 묘비명은 자신의 삶을 한 줄의 문장으로 표현해 본다.

(예) '학문에 거짓이 없어야 한다.' – 최형섭 박사(전 과기처 장관)

◈ 가상의 유언장을 작성해 보세요.

[ ]

12월 19일 가정의 평화

세월이 가면 남자는 여성호르몬의 증가로 부드러워지고, 여자는 반대로 남성 호르몬의 증가로 목소리가 커진다.
부인한테 이겼다고 표창을 주는 것도 아니며, 가정의 평화 차원에서 보면 지는 것이 이기는 것도 된다. 아내 말을 잘 들으면 자다가도 떡이 생기고, 가정에 평화와 행복이 함께 깃든다고 한다.

1. 가정에서 필요한 존재가 된다.
   - 돈 잘 벌기, 청소와 집수리 전담, 운전기사, 집안 분위기 메이커 등.

2. 사소한 것에도 신경을 쓴다.
   - 배우자에게 지적받은 나쁜 습관은 바로 고친다.
     (예) 옷가지나 물건을 정리 안 하는 것, 소리 많이 내면서 식사하는 버릇 등.

3. 가족과 더 많은 교감을 나눈다.
   - 기념일에 선물하고 외식하기
   - 취미생활을 함께하기
   - 서로 고민을 들어주며 지원하고 해결해주기 등.

4. 가족관계의 우선순위를 재정립 한다.
   - 자녀나 부모보다도 부부를 우선순위에 둔다.

◈ 가정의 평화를 위해 어떤 것에 특별히 신경을 쓰십니까?

[ ]

12월 20일 지족의 행복

지족(知足)은 자기분수를 알아서 만족할 줄 아는 것(contentment)이다. 행복도 만족하는 삶이라 한다면, 자기가 만족 할 수 있으면 무엇을 먹고 입든 또 어떤 일을 하던 그것이 바로 행복한 삶이다.
그러므로, 행복은 자기가 하고 싶은 일을 하며, 자기수준에서 자기만족을 할 줄 알고 생활하는 사람에게 찾아온다.

⊙ 먹고, 입고, 살고 싶은 생활수준에서 조금 부족한 재산.

⊙ 모든 사람이 칭찬하기에 약간 미흡한 용모(容貌).

⊙ 자신이 생각하는 것에서 사람들이 절반 정도 밖에 알아주지 않는 명예.

⊙ 겨루어서 한 사람에게는 이기고, 두 사람에겐 질 정도의 체력.

⊙ 연설을 듣고도 청중의 절반은 박수치지 않을 정도의 말솜씨 등.

※ 플라톤의 행복조건은 '완벽하고 만족할 만한 상태에 있는 것들이 아니라, 조금은 부족하고 모자란 상태에서 만족하면서 노력하는 삶 속에서 행복이 있다'고 하였다.

◈ 자신이 만족하는 행복수준은 어느 정도라고 생각하십니까?

[ ]

12월 21일 비교의 불행

살아가면서 남과 비교(比較)하는 것은 어쩔 수 없으나, 남과 똑같이 안 되는 것을 한탄하고 자책한다면, 삶이 불행해지고 자기의 정체성도 잃게 된다. 자신을 출세한 친구와 비교하거나, 자녀도 친구의 잘 된 자녀들과의 비교를 지금부터는 하지 않는다.
즉, '직장, 재물, 출세, 명예, 자식 등' 모든 것의 비교에서 벗어나 서로가 다르고 차이난다는 것을 생각하고 인정할 필요가 있다.

⊙ 자기에게 있는 것에 만족하며, 남과 비교하여 더 큰 것과 더 많은 것을 가지려는 욕망의 쳇바퀴를 멈춘다.

⊙ 비교한다면 그 내용(특성)의 장단점을 알고, 보완할 부분에 노력을 한다.

⊙ 돈, 지위, 사업, 오락 등의 경쟁에 너무 휩쓸리지 않는다.

⊙ 자신에 맞는 브랜드와 디자인의 제품을 선택한 후에는 남의 것(특히 명품)과는 비교하지 않는다.

⊙ 비교하기 보다 더 중요한 본질을 생각한다.

(예) 와인을 마실 때 '예법, 생산지와 연도, 품질 등'을 너무 따지지 말고, 모임 성격과 멤버에 맞는 것으로 선택하여 즐겁게 마시면 된다.

◈ 비교하지 않는 노하우엔 어떤 것이 있나요?

[ ]

12월 22일 달관의 자세

이순(耳順)의 나이가 지나면 탐욕(소유, 출세, 애욕 등)에서 벗어나, 마음을 비우고 사물을 넓게 관찰하는 자세가 필요하다.
마음속에 가득 차 있는 욕심과 미움을 덜어내어, 무엇이든지 구애받지 않고 너그럽고 온화한 얼굴로 살아간다.

1. 헛된 욕심은 버린다.

– '안 되는 승진, 사업, 사랑, 자식성공 등'에서 벗어나며, 포기하는 것도 하나의 방법이다.

2. 어떤 것에도 영향을 받지 않는다.

– 자기 신념, 자기 몫(수준)등에 충실하여 자기방식대로 살면 된다.

3. 옆에서 관조(觀照)한다.

– 남의 것을 갖고 논쟁이나 섭섭한 말을 하지 않고, 크게 벗어나지 않는 한 참견도 하지 않는다.

4. 마음의 여유를 갖는다.

– 고마움을 준 사람에겐 감사 인사를, 미안했던 사람에게는 진심으로 사과를 하면서 마음의 짐을 줄인다.

◈ '마음을 비운다'는 것은 무엇입니까?

[ ]

12월 23일 인생의 흔적

호랑이는 죽어서 가죽을 남기고, 사람은 죽어서 이름을 남긴다. 자신은 어떤 이름을 남기고 싶은가? 또한 자신의 인생 값은 얼마인가? 이 모두가 생애에서 이룩하고 이 세상에 남기는 것으로 평가받는다. 예술가와 같은 명작의 흔적(痕迹)을 남겨야, 가치 있는 인생을 살았고 이 세상에 다녀간 보람이 된다.

⊙ 사회와 인류에 기여하여 노벨상이나 그와 같은 'ㅇㅇ상'을 수상한다.

⊙ 국가와 사회에 봉사하여 'ㅇㅇ훈장'을 받는다.

⊙ 무엇이 된 사람은 발전에 도움이 되는 큰 업적을 이룩한다.

⊙ 명연설, 훌륭한 강의, 뛰어난 연구논문, 많은 저술 등을 남긴다.

(예) • 마틴 루터 킹 목사 : '나에게는 꿈이 있다'(1963년)의 연설.
• 사마천 역사가 : '사기(史記)' 집필 – 궁(거세)형 당하면서 130권 씀.

⊙ 사회활동이나 수집품으로 유산을 후대에 전해 준다.

(예) • 다문화 가정을 지원하는 활동 : '인클로버 재단'(한용외 이사장)
• 에디슨의 발명품을 수집하여 박물관을 운영 : 강릉 '참소리 축음기 에디슨 박물관'(손성목 관장)

◈ 인생에서 어떤 흔적을 남기고 싶습니까?

[ ]

12월 24일 감사하기

감사하는 마음은 기쁨, 감동, 이해 등의 긍정적인 마음상태에서 생기며, 삶을 긍정적인 자세로 살아가게 한다. 즉, 원망이나 증오, 분노에 빠지지 않게 하고, 갈등과 오해 · 번민에서 벗어나게 한다. 작은 감사가 큰 감사를 낳고 감사하기가 많아지면 행복도 많아지고 커진다.

〈 감사하기 〉

- 저녁에 눈을 감을 때 감사하면 잠자리가 편안해 지며, 아침에 일어나서 감사하면 그날 하루가 즐거워진다.
- 도움 받았을 때 감사 인사를 하면 서로의 마음이 행복해 진다.

〈 선물하기 〉

- 감사. 애정. 축하. 격려 등의 선물은 마음과 정성을 주는 것이다. 상대방의 성향을 생각하며 부담을 느끼지 않게 하면서 제 때에 한다.
- 선물이나 인사가 있어야 할 경우에 때맞추어 하지 않는 것과, 무신경하거나 깜박 잊어버리는 것은 성의나 마음이 없는 것으로 간주가 된다.

〈 답례 인사하기 〉

- 선물이나 도움을 받으면 감사하다는 인사나 답례 선물을 하면서, 서로의 마음과 관계를 공유하고 재확인한다.
- 답례인사를 직접이나 간접적으로도 하지 않는 것은, 어떤 경우에라도 문제가 있다.

◈ 오늘은 어떤 일에 감사 인사를 하였습니까?

[ ]

12월 25일 사랑의 실천

진정으로 사랑한다는 것은, 상대의 마음과 입장이 되어 생각하고, 상대가 잘 되도록 하는 것이다. 상대는 배우자를 포함하여 가족, 회사, 고객, 일, 성공자체 등 이다. '사랑을 함으로써 사랑을 얻는다'는 인생의 진리처럼, 적게 실천한 사람은 적게 거두고, 많이 실천한 사람은 많이 거둔다.

⊙ **사랑은 원할 때 곁에 있어 주어야 한다.**

– 사랑한다면 바쁘더라도 틈틈이 시간을 내어 서로 함께한다.

⊙ **흑백논리(이분법)로만 판단하면 사랑은 깨어지고 불행해 진다.**

– 악(惡)을 선(善)으로 대해여, 악을 이기면서 선순환이 시작된다.

⊙ **서로 다른 점을 있는 그대로 인정하고 사랑해야 한다.**

– 나와 다른 생각을 이해하고 받아들여서 함께 사는 길을 모색한다.

⊙ **사랑의 실천은 관심을 기울이고, 챙겨주며, 배려하는 데서 시작된다.**

– 즉, '자신이 대접받고 싶은 대로 상대방을 대접한다'는 진리의 실천이다.

⊙ **사랑의 미덕은 주고받는데 있다.**

(참고) 비둘기 암컷은 수컷한테 아주 헌신적인 사랑을 하는데, 일찍 죽는다고 한다. 그것은 자기도 사랑을 받고 싶었는데... 주기만 하고 받지는 못하여 속병이 생기기 때문이다.

◈ 오늘은 사랑의 실천을 위하여 무엇을 하셨습니까?

[   ]

12월 26일 좋은 마무리

졸업(卒業)은 하나의 마무리이면서, 또 하나의 새로운 시작을 의미한다. 모든 것은 끊임없이 흐르고 변하며 사물을 보는 눈도 바뀐다. 자신의 꿈과 성과를 초심과 대비하여 좋은 마무리로 걸러내서 정립하고 새롭게 나아갈 필요가 있다.

⊙ 개인적이나 사회적으로 무거운 책임은 어느 선에서 내려놓는다.

⊙ 임기의 자리에서는 내려가는 준비를 한다.
⇒ 그렇게 해야 다시 잘 오를 수가 있다.

⊙ 자신의 그릇에서 넘치는 것은 어느 정도 비운다.

⊙ 수많은 의존과 타성에서 벗어나, 보다 성숙해 지고 홀로 선다.

⊙ 살아오는 동안의 다툼과 미움에서 이해와 용서를 베푼다.

⊙ 주변에 신세를 졌던 사람들에게 감사인사와 선물로 보답을 한다.

⊙ 차용한 것을 갚지 못하는 등의 미결은 깨끗하게 상환한다. 등등

◈ 좋은 마무리를 위하여 무엇부터 하실 계획입니까?

[ ]

12월 27일 나는 성공하였는가?

눈에 보이는 결과만으로 성공의 여부를 결정할 수는 없다. 가치관에 따라 성공의 의미가 달라질 수 있으므로 성공은 지극히 개인적이고 주관적이라고 할 수 있다. 인생에서 다른 것들을 희생하면서, 부와 명예를 거머쥐었을 때 성공이 얻어지는 것도 아니다.

성공은 다음의 '4가지 차원'에서 적정한 정도의 균형을 이루어야 한다.

1. 목표한 것을 성취하였다.

- 인생에서 무엇인가 중요한 것을 성취하였으며, 그것은 원래 자신이 정해 놓았던 목표들과 일치한다.

2. 사회발전에 공헌을 하였다.

- 사회활동에서 무언가를 기여하고 헌신하여 그 노고에 인정을 받았다.

3. 후대에 좋은 유산을 남겼다.

- 남들이 본받을 만한 일이나 가치를 만들고 후세에 까지 전승하게 한다.

4. 인생에서 행복감을 느낀다.

- 자신과 가족들이 믿음과 존경심으로 만족감을 함께 갖고 있다.

참고『Just Enough』, Laura Vash & Howard Stevenson.

◈ 자신은 어느 정도로 성공하였다고 생각하십니까?

[ ]

12월 28일 나는 행복한가?

"Are you happy?"질문에 "Yes, I am happy!"라고 답을 하십니까? 행복이 주관적이고 개별적이라고 하지만, 자신이 지금 얼마나 행복할까? 이런 경우 자신이 느끼는 행복감을 점수로 매겨 볼 수 있는 방법이 바로 '행복지수 산출법'이다.

참고 C. Rothwell 과 P. Cohen 연구보고서

〈 로스웰·코언의 행복공식 〉

P + (5×E) + (3×H) = 행복

(개인특성)	(생존조건)	(고차원욕구)
• 인생관	• 건강	• 자존심
• 적응력	• 재산	• 인간관계
• 회복탄력성 (유연성) 등	• 일	• 열정(야망) 등
	• 가정 등	

〈 행복지수 산출 방법 〉

아래 질문을 10점 만점으로 점수를 매겨서, 공식에 대입하고 합산한다.
(점수는 ⇒ 전혀 그렇지 않다 : 0점 ~ 매우 그렇다 : 10점으로 한다.)

P1 : 얼마나 사교적이고 정력적이며 유연하게 변화를 받아들입니까? [ ]

P2 : 얼마나 사교적이고 정력적이며 유연하게 변화를 받아들입니까? [ ]

E : 얼마나 사교적이고 정력적이며 유연하게 변화를 받아들입니까? [ ]

H : 얼마나 사교적이고 정력적이며 유연하게 변화를 받아들입니까? [ ]

(P1 + P2) + (5 × E) + (3 × H) = 점

◈ 자신의 행복지수 점수에 대해서 어떻게 생각하십니까?

[ ]

12월 29일 **용서하기**

가족의 상실, 배신감, 고발사건, 구조조정의 퇴출 등에서 생긴 증오와 복수의 감정을 어떻게 치유할 것인가? 용서하는 것뿐이다.
용서 없는 삶은 얼마나 고난하고 각박할 것인가? 용서할 수 없는 사람은 용서해야만 진정으로 마음의 평화와 행복을 되찾게 된다.

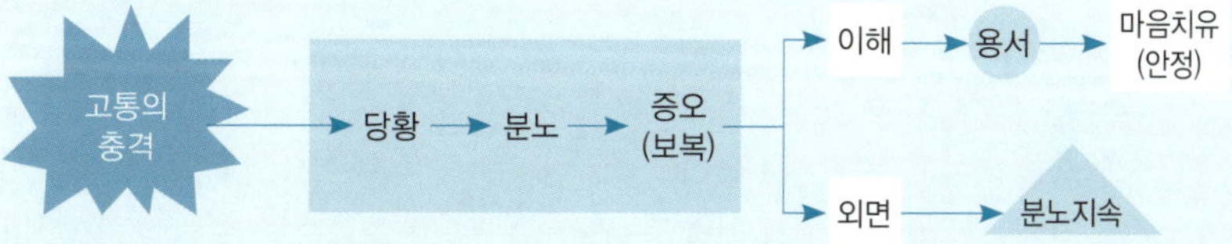

⊙ **분노의 감정을 오래 품고 있으면, 면역체계의 약화와 심장에 부담을 많이 줄 수가 있다.**

⊙ **남을 용서함으로써 자신도 용서받고 치유가 된다.**
- 맺힌 것을 풀고 자책감에서 벗어나, 상처를 준 사람을 잊어야 자유로워진다.

⊙ **용서하려면 '이해'(깨달음)가 선행되어야 한다.**
- 자신에게 일어난 일이 자기에게만 일어난 것이 아님을 알고,
- 가해자도 상처를 남기겠다는 의도 없이 행해진 것으로 받아들인다.

⊙ **'용서를 하자'는 결심을 하고서 실행한다.**
- 상대방의 상황을 인정하고 미움과 원망, 그리고 상대방을 마음에서 놓아준다.

참고『용서』, 프레드 러스킨 저, 장현숙 역.

◈ 용서하자고 다짐을 해도 잘 안되면 어떻게 하십니까?

[ ]

12월 30일 자신만의 송년회

다사다난했던 한 해를 보내기 위한 각종모임에서 음주가무가 분위기를 좋게 한다. 그런 가운데 자신만을 위한 송년회(결산)를 가져 보는 것도 의미가 있다.

1. 연초의 목표대비 성취한 것 : [ ] [ ]

2. 연간 수지차 현황작성

- 연간 총 수입 ( ) 천원
- 총 지출 ( ) 천원
- 수지 차액 ( ) 천원

(총 지출 →)
- 적금등 저축 : 천원
- 보험료 : 천원
- 투자 자산화 : 천원

3. 투자수익 점검

[기말자산 — 기초자산] = 천원

- 순증 자산 금액 : 천원
- 투자 수익률 : %

4. 건강 상태의 확인

- 종합 건강진단 (월 일) ⇒ 결과 및 조치사항 :
[ ]
- 체중( )kg ⇒ 비만도 ( )%
- 혈압 : 최고 / 최저

5. 인맥관리 수첩정리

- 명함정리와 새 수첩에 인맥을 정리하여 재작성을 한다.
- 감사인사 상대를 적어서 안부인사 겸 연락이나 식사를 추진한다.

◈ 중요한 미결사항에는 어떤 것이 있습니까?

[ ]

'계영배의 교훈'

'계영배'(戒盈杯) – 가득 참을 경계하는 잔

'계영배의 교훈' → 과유불급(過猶不及)
계영배는 술이 가득차면 저절로 모두 비워지고, 70% 정도만 채우면 제 기능을 하는 술잔으로 '절주배'라고도 한다.

– 조선시대 도공 유명옥이 만들었고, 거상 임상옥이 곁에 두고 '과욕과 지나침을 경계했다'는 이야기로 유명해졌다.

– 계영배의 교훈인 과유불급은 '지나친 것은 미치지 못함과 같다'는 것으로, 끝없는 욕심을 경계하며 적절한 선에서 멈출 줄 알고, 자기분수에 맞는 마음가짐이 필요하다는 뜻이다.

12월 31일 결산과 구상

송구영신(送舊迎新)하면서 한해의 마무리와 신년도의 좋은 구상을 차분하고 뜻있게 할 필요가 있다.

1. 2가지 질문에 스스로 대답해 보십시오.

① 금년도에 진정한 성취나 기쁨을 누린 것에는 어떤 것이 있나요?

[ ]

② 일 년을 살면서 남들을 진정 기쁘게 한 일은 무엇이 있습니까?

[ ]

2. 신년계획(1/1)과 액션플(1/2)을 점검한 결과를 아래 표↓에 적어 보세요.

3. 새해에 당면하는 '현안과제'엔 무엇들이 있습니까?

[ ]

〈 연도별 결산 (예) 〉

	20 년	20 년	20 년
• 잘한 점			
•아쉬운 점			

※ 3년은 반복해 보세요. – 감사합니다.

"오늘 보다 더 나은 내일을 위하여"

찾아보기

아